多视角的产教融合实证研究

陈 伟 薛亚涛 韩 娟 著

科学出版社

北 京

内 容 简 介

产教融合是当前中国的政策焦点、改革热点和实践难点。本书运用实证研究方法，按照"基层组织—科技创新服务—区域空间"的逻辑线索，依次研究具体实施和推进产教融合的产业学院、公共科技服务平台、产教融合型城市建设，力争多视角地厘清产教融合的组织支撑、科技支撑、空间支撑。

本书适合从事高等教育学、经济学和管理学研究的科研人员，以及从事科技管理、高等教育管理的相关人员阅读、参考。

图书在版编目（CIP）数据

多视角的产教融合实证研究 / 陈伟，薛亚涛，韩娟著. -- 北京：科学出版社, 2024. 12. -- ISBN 978-7-03-079739-1

Ⅰ. G719.2

中国国家版本馆 CIP 数据核字第 20249117QS 号

责任编辑：彭婧煜　陈晶晶 / 责任校对：张亚丹
责任印制：赵　博 / 封面设计：义和文创

科学出版社 出版
北京东黄城根北街 16 号
邮政编码：100717
http://www.sciencep.com
北京华宇信诺印刷有限公司印刷
科学出版社发行　各地新华书店经销
*
2024 年 12 月第 一 版　开本：720×1000　1/16
2025 年 8 月第二次印刷　印张：18
字数：360 000
定价：158.00 元
（如有印装质量问题，我社负责调换）

目　　录

绪论 ……………………………………………………………… 1

第一节　产教融合的政策动向 …………………………………… 1

一、国家的政策推动与倡议 ……………………………… 1

二、产教融合作为政府工作焦点 ………………………… 2

第二节　产教融合的理论动向 …………………………………… 5

一、产教融合的本体论研究 ……………………………… 7

二、产教融合模式、路径研究 ………………………… 10

三、产教融合机制、动力研究 ………………………… 12

四、产教融合困境与出路研究 ………………………… 15

五、产教融合作为学校改革发展契机的研究 ………… 16

六、基于特定区域、学校或专业的产教融合实践研究 … 20

七、产教融合的历史发展、政策变迁研究 …………… 23

八、产教融合的比较研究 ……………………………… 25

九、产教融合的多维研究设计 ………………………… 28

第一章　产业学院：产教融合的基层组织视角 ……………… 29

第一节　产业学院视角的产教融合研究设计 ………………… 31

一、研究设计的理论前提：文献综述 ………………… 32

二、总体研究设计 ……………………………………… 46

第二节　作为共生系统的产业学院 …………………………… 47

一、产业学院的共生要素 ……………………………… 47

二、产业学院的共生特征 ……………………………… 53

三、产业学院的共生系统 ……………………………… 58

第三节　产业学院的共生—演化逻辑 ………………………… 70

一、产业学院的"共生—演化"分析框架 …………… 71

二、要素-结构-功能：产业学院的共生逻辑 ………… 72

三、组织-管理-运行：产业学院的演化逻辑 ………… 81

第二章 公共科技服务平台：产教融合的科技创新服务视角 ……………… 88

　第一节 公共科技服务平台的理论探索 …………………………………… 89

　　一、公共科技服务平台的本体研究 …………………………………… 91

　　二、公共科技服务平台的运行研究 …………………………………… 94

　　三、公共科技服务平台的建设研究 …………………………………… 96

　　四、公共科技服务平台的评价研究 …………………………………… 98

　　五、公共科技服务平台的产学研合作研究 …………………………… 100

　第二节 公共科技服务平台的政策发展分析 …………………………… 103

　　一、科学技术体系建设阶段（1956—1985 年） ……………………… 103

　　二、科技创新体系建设阶段（1986—2005 年） ……………………… 104

　　三、国家创新体系建设阶段（2006 年至今） ………………………… 105

　第三节 公共科技服务平台的省域政策梳理 …………………………… 107

　　一、长三角地区公共科技服务平台建设政策分析 ………………… 107

　　二、京津冀地区公共科技服务平台建设政策分析 ………………… 112

　　三、两湖地区公共科技服务平台建设政策分析 …………………… 113

　　四、川陕渝地区公共科技服务平台建设政策分析 ………………… 115

　　五、广东省公共科技服务平台建设政策分析 ……………………… 118

　第四节 公共科技服务平台促进产教融合研究：以惠州为例 ……… 131

　　一、惠州公共科技服务平台的情况扫描 …………………………… 131

　　二、惠州公共科技服务平台的建设重点 …………………………… 136

　　三、惠州公共科技服务平台建设的问题诊断 ……………………… 138

　　四、公共科技服务平台促进惠州产教融合的对策探究 …………… 146

　第五节 公共科技服务平台助力高质量发展：以广东为例 ………… 148

　　一、广东省公共科技服务平台建设的经济社会环境分析 ………… 148

　　二、广东省公共科技服务平台的类型分析 ………………………… 166

　　三、加快广东公共科技服务平台建设的对策和建议 ……………… 175

第三章 产教融合型城市建设：产教融合的区域空间视角 ………… 192

　第一节 城市视角的产教融合研究设计 ……………………………… 192

　　一、研究设计的价值前提 …………………………………………… 192

　　二、研究框架的整体设计 …………………………………………… 194

　第二节 产教融合型城市建设的地市研究：以惠州为例 …………… 206

　　一、惠州高等教育、职业教育服务产教融合型城市建设的能力分析 … 206

　　二、发展惠州职业教育、服务产教融合型城市建设的对策探析 …… 226

第三节　产教融合型城市建设的省域研究：以广东为例 ……………231

一、面向地方产业，增强省域职业教育的区域适应度 ……………232

二、扎根产业需求，强化省域职业教育的产业对接度 ……………239

三、整合产教因素，提高省域职业教育的体系完整度 ……………267

四、针对产教系统，强化省域职业教育的战略管理有效度 …………273

后记 ………………………………………………………………281

绪　　论

第一节　产教融合的政策动向

　　风云变幻且日趋激烈的国际竞争格局、国内人民群众对美好生活的强烈向往和高质量发展的目标定位，日益迫切地要求强化教育链、人才链与产业链、创新链的有机衔接，助力转变经济发展方式、促进产业转型升级。为了达成上述发展目标，产教融合不仅成为党和国家的政策热点，还成了政府的工作焦点。

一、国家的政策推动与倡议

　　从教育改革发展的角度看，党和国家有关产教融合的政策，经历了两个发展阶段。

　　一是主要限定在职业教育领域的产教融合政策阶段。2013 年 11 月 12 日中国共产党第十八届中央委员会第三次全体会议通过的《中共中央关于全面深化改革若干重大问题的决定》，在"推进社会事业改革创新"部分的"深化教育领域综合改革"领域，主要针对职业教育的改革发展，较早提出"产教融合"命题："加快现代职业教育体系建设，深化产教融合、校企合作，培养高素质劳动者和技能型人才。"2017 年 10 月 18 日习近平总书记的《决胜全面建成小康社会 夺取新时代中国特色社会主义伟大胜利——在中国共产党第十九次全国代表大会上的报告》，在"提高保障和改善民生水平，加强和创新社会治理"部分中的"优先发展教育事业"领域，基于"建设教育强国""中华民族伟大复兴""把教育事业放在优先位置，深化教育改革，加快教育现代化，办好人民满意的教育"等目标，强调"完善职业教育和培训体系，深化产教融合、校企合作"。

　　二是从统筹职业教育、高等教育、继续教育的广阔视域，探究创新产教融合的政策阶段。2022 年 10 月 16 日习近平总书记的《高举中国特色社会主义伟大旗帜 为全面建设社会主义现代化国家而团结奋斗——在中国共产党第二十次全国代表大会上的报告》，首次把教育、科技、人才工作从社会民生领域独立出来，单列为一个部分并命名为"实施科教兴国战略，强化现代化建设人才支撑"，强调"教育、科技、人才是全面建设社会主义现代化国家的基础性、战略性支撑。必须坚持科技是第一生产力、人才是第一资源、创新是第一动力，深入实施科教兴国战略、人才强国战略、创新驱动发展战略，开辟发展新领域新赛道，不断塑造发展新动能新优势"。要求"坚持教育优先发展、科技自立自强、人才引领驱动，加快建设教育强国、科技强国、人才强国，坚持为党育人、为国育才，全面提高人才自主培养质量，着力造就拔尖创新人才，聚天下英才而用之"。为此，提出要"办好人民满意的教育"，"统筹职业教育、高等教育、继续教育协同创新，推进职普融通、产教融合、科教融汇，优化职业教育类型定位"。

二、产教融合作为政府工作焦点

在党和国家产教融合政策的指导下，并且伴随着党和国家产教融合政策的发展，国务院及中央相关部委有关产教融合的具体文件不断深化、持续强化对产教融合改革、发展实践的指导和规范。

教育部 2015 年 7 月印发的《关于深化职业教育教学改革 全面提高人才培养质量的若干意见》（教职成〔2015〕6 号），确立了"完善产教融合、协同育人机制，创新人才培养模式"的指导思想，确立了"立德树人、全面发展""系统培养、多样成才""产教融合、校企合作""工学结合、知行合一""国际合作、开放创新"等基本原则。为了"推进产教深度融合"，该文件提出，"深化校企协同育人""强化行业对教育教学的指导""推进专业教学紧贴技术进步和生产实际""有效开展实践性教学"。从语用角度看，该文件将产教融合定位为理念、机制、途径，提出产教融合的目的是提高教育质量和办学活力，要求在职业教育教学工作的各个层面贯彻产教融合理念。[①]

《国务院办公厅关于深化产教融合的若干意见》（国办发〔2017〕95 号）（以下简称《意见》）认为，"进入新世纪以来，我国教育事业蓬勃发展，为社会主义现代化建设培养输送了大批高素质人才，为加快发展壮大现代产业体系作出了重大贡献"，但是，"受体制机制等多种因素影响，人才培养供给侧和产业需求侧在结构、质量、水平上还不能完全适应，'两张皮'问题

① 孙善学. 产教融合的理论内涵与实践要点[J]. 中国职业技术教育, 2017(34): 90-94.

仍然存在"。有鉴于此，"深化产教融合，促进教育链、人才链与产业链、创新链有机衔接，是当前推进人力资源供给侧结构性改革的迫切要求，对新形势下全面提高教育质量、扩大就业创业、推进经济转型升级、培育经济发展新动能具有重要意义"。基于这一判断，《意见》提出产教融合必须坚持"统筹协调，共同推进""服务需求，优化结构""校企协同，合作育人"的原则，要"将产教融合作为促进经济社会协调发展的重要举措，融入经济转型升级各环节，贯穿人才开发全过程，形成政府企业学校行业社会协同推进的工作格局"。为了"构建教育和产业统筹融合发展格局"，要求"同步规划产教融合与经济社会发展""统筹职业教育与区域发展布局""促进高等教育融入国家创新体系和新型城镇化建设""推动学科专业建设与产业转型升级相适应""健全需求导向的人才培养结构调整机制"。这表明，深化产教融合，一方面需要统筹职业教育与区域发展布局，另一方面还要促进高等教育融入国家创新体系和新型城镇化建设。为了将产教融合落到实处，一方面需高度重视"强化企业重要主体作用"，另一方面要积极"推进产教融合人才培养改革"，具体工作任务包括"将工匠精神培育融入基础教育""推进产教协同育人""加强产教融合师资队伍建设""完善考试招生配套改革""加快高等职业学校分类招考，完善'文化素质+职业技能'评价方式""加快学校治理结构改革""创新教育培训服务供给"。另外，要"促进产教供需双向对接"，包括强化行业协调指导、规范发展市场服务组织、打造信息服务平台、健全社会第三方评价等举措。同时，国务院要求"完善政策支持体系"，比如实施产教融合发展工程、落实财税用地等政策、强化金融支持、开展产教融合建设试点、加强国际交流合作等，鼓励职业院校及普通高等学校引进海外高层次人才和优质教育资源，开发符合国情、国际开放的校企合作培养人才和协同创新模式。

国家发展和改革委员会印发的《国家产业创新中心建设工作指引（试行）》指出，要"在战略性领域组建产业创新中心，服务关键共性技术、前沿引领技术、现代工程技术、颠覆性技术创新，促进科技成果转化，育成新产业、培育新动能"。并且提出了国家产业创新中心的七大主要任务，同时强调"国家产业创新中心应广泛吸纳地方资金和社会资本参与建设投资，支持高等院校、科研院所技术入股"。国家产业创新中心，是在国家战略层面推动实施落实产教融合的具体且重要的形式之一。

《教育部等六部门关于印发〈职业学校校企合作促进办法〉的通知》（教职成〔2018〕1号）指出"产教融合、校企合作是职业教育的基本办学模式，是办职业教育的关键所在"。其中，《职业学校校企合作促进办法》在第一条指出，制订该促进办法的目的在于"促进、规范、保障职业学校校企合作，发挥企业在实施职业教育中的重要办学主体作用，推动形成产教融合、校企合作、工学结合、知行合一的共同育人机制，建设知识型、技能型、创新型劳动者大军，完善现代职业教育制度"，并在第三条规定，"校企合作实行校企主导、政府推动、行业指导、学校企业双主体实施的合作机制。国务院相关部门和地方各级人民政府应当建立健全校企合作的促进支持政策、服务平台和保障机制"。

《国家职业教育改革实施方案》首次规定"职业教育与普通教育是两种不同教育类型，具有同等重要地位"。《国家产教融合建设试点实施方案》要求"健全以企业为重要主导、高校为重要支撑、产业关键核心技术攻关为中心任务的高等教育产教融合创新机制"，并确定 18 个省域和宁波、青岛、深圳三个计划单列市为试点范围，计划 5 年左右试点布局建设 50 个左右产教融合型城市。作为配套政策，国家发展和改革委员会、教育部等部门先后印发了《建设产教融合型企业实施办法（试行）》、《关于教育支持社会服务产业发展 提高紧缺人才培养培训质量的意见》、《国家产教融合建设试点实施方案》、《试点建设培育国家产教融合型企业工作方案》等文件。

为了发挥产教融合的育人功能，相关部门出台了大量的政策文件，比如《教育部产学合作协同育人项目管理办法》、《特色化示范性软件学院建设指南（试行）》等。其中，《教育部财政部关于实施中国特色高水平高职学校和专业建设计划的意见》提出要"创新高等职业教育与产业融合发展的运行模式……推动高职学校和行业企业形成命运共同体"。《现代产业学院建设指南（试行）》进一步强调产业学院建设要突出坚持"育人为本""产业为要""产教融合""创新发展"的建设原则，要"将人才培养、教师专业化发展、实训实习实践、学生创新创业、企业服务科技创新功能有机结合，促进产教融合、科教融合，打造集产、学、研、转、创、用于一体，互补、互利、互动、多赢的实体性人才培养创新平台"。《职业教育提质培优行动计划（2020—2023 年）》强调"育人为本，质量为先"的首要原则，就是要"深化产教融合、校企合作，强化工学结合、知行合一，健全德技并修育人机制，完善多元共治的质量保证机制，推进职业教育高质量发展"；同时强调要"固本强基，综合改革""标准先行，试点突破""地方主责，协同推进"，并重点加强产教融合型城市、产教融合型企业、产教融合实训基地建设。

为了拓展、强化产教融合的空间支撑，2021 年 7 月国家发展和改革委员会办公厅、教育部办公厅认定了 21 个国家产教融合试点城市（或区域）和 63 家国家产教融合型企业，其中国家产教融合试点城市（或区域）依次是：天津市津南区、河北省唐山市、辽宁省沈阳市、中国（上海）自由贸易区临港新片区、江苏省常州市、浙江省杭州市、浙江省宁波市、安徽省合肥市、福建省泉州市、江西省景德镇市、山东省济南市、山东省青岛市、河南省郑州市、湖北省襄阳市、湖南省长株潭城市群、广东省的广州市和深圳市、广西壮族自治区柳州市、四川省宜宾市、陕西省咸阳市、新疆维吾尔自治区巴音郭楞蒙古自治州。以此前的实践探索为基础，国家发展和改革委员会等部门印发的《职业教育产教融合赋能提升行动实施方案（2023—2025 年）》按照"坚持以教促产、以产助教，不断延伸教育链、服务产业链、支撑供应链、打造人才链、提升价值链，加快形成产教良性互动、校企优势互补的产教深度融合发展格局"的要求，确立了进一步的行动目标："到 2025 年，国家产教融合试点城市达到 50 个左右，试点城市的突破和引领带动作用充分发挥，在全国建设培育 1 万家以上产教融合型企业，产教融合型企业制度和组合式激励政策体系健全完善，各类资金渠道对职业教育投入稳步提升，产业需求更好融入人才培养全过程，逐步形成教育和产业统筹融合、良性互动的发展格局。"

　　综观上述政府相关政策可以发现，产教融合不仅在职业教育领域深受重视，而且在高等教育领域日益得到有效落实；不仅被赋予支撑产业发展的功能，还兼具赋能人才培养的功能；不仅教育界在积极推进，产业界和政府部门也都积极参与、强力推动。产教融合被多元主体协同推进，履行多元职能，发挥多重作用，不仅充分彰显了产教融合广泛的政策价值，而且也深刻折射出其广泛的实践价值、深厚的学术价值。

第二节　产教融合的理论动向

　　2014 年以来，有关产教融合的研究渐呈"井喷"之势。截至 2023 年底，以"产教融合"为关键词，以"核心期刊"为搜索范围，在中国知网学术期刊数据库搜索到 2000 多篇论文（图 0-1）。其研究主题主要涉及产教融合、校企合作、高校科技成果转化、职业教育、高职院校、职业院校、人才培养模式、高等职业教育、现代职业教育体系、协同育人、产教融合型企业、现代学徒制、产业学院、应用型高校、应用型人才培养、人才培养质量、产教融合模式、新时代、新工科、办学模式、产教深度融合、高质量发展、应用型本科院校、职业教育改革、工学结合、创新创业教育、专业设置、专业建设、校企共建等。

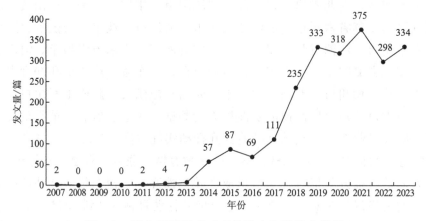

图 0-1　核心期刊发表"产教融合"类论文数量

其中，中文社会科学引文索引（Chinese Social Sciences Citation Index，CSSCI）期刊发表有关"产教融合"的论文 700 多篇（图 0-2），其研究主题涉及产教融合、校企合作、高职院校、职业教育、高职教育、职业院校、产教深度融合、人才培养、人才培养模式、协同育人、新工科、应用型人才培养、新工科建设、科教融合、应用型高校、应用型本科高校、产业学院、创新创业教育、产教融合模式、地方高校、办学模式、产教融合质量、应用型本科院校、我国职业教育、现代学徒制、校企协同育人、高等工程教育、应用型大学、专业群、建设路径、职业教育发展、现代职业教育体系、供给侧结构性改革、工学结合、专业设置、育人模式、专业建设、培养模式、师资队伍等。

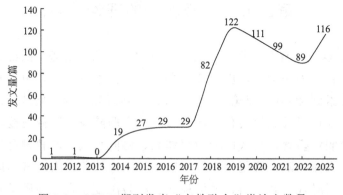

图 0-2　CSSCI 期刊发表"产教融合"类论文数量

郎勇生等[①]在于 2007 年发表的《以"人文"塑造心灵　以"精神"赢得未来——苏州工业职业技术学院"我在乎你"学院精神建构的实践》一文中最早提到了"产教结合"一词。靳润成[②]在 2011 年发表的《全国职业院校技能大赛促进职业教育发展的战略思考》一文同时使用了"产教结合""校企融合"的说法。这就意味着，虽然"产教融合"在当时作为一种新的思想已经开始被研究人员所接受，但是作为一种正式的概念尚未被真正提出。2011年郭静[③]发表的《深化学生实习内涵　推进职教体系建设》一文可以被视为理论探索的转折点，文章正式提出"产教融合"一词并指出"深化学生实习内涵，对于促进产教深度融合、建立现代职业教育体系具有十分重要的战略意义"。陈建民[④]首次在论文标题中使用"产教融合"一词并探讨了产教融合的主要功能。随着产教融合的相关研究成果日益丰富，研究者从多个方面推进了产教融合的实践反思和理论探索。

一、产教融合的本体论研究

（一）产教融合内涵研究

王丹中[⑤]对"校企合作""产学合作""产学研合作""产教结合"等词汇的历史演变和内涵要义进行了梳理和辨析，认为用词上的频繁变化也许能从一定程度上反映出这一理论研究的不成熟，但更反映了学者们对"产学研结合"主观认知上的与时俱进。陈年友等[⑥]认为产教融合就是职业教育与产业企业深度合作，目的是提高人才培养质量，主要包括学校与企业对接、专业与产业对接、教学过程与生产过程对接、课程内容与职业标准对接等内容，实质上是二者之间的一种深度合作。罗汝珍[⑦]对"产教结合"与"产教融合"进行了辨析，认为"结合"指的是人或事物之间发生密切联系，"融合"指的是两种或多种不同事物合成一体，两者在事物联系的深度上存在很

① 郎勇生，吴少华，王震，等. 以"人文"塑造心灵　以"精神"赢得未来——苏州工业职业技术学院"我在乎你"学院精神建构的实践[J]. 中国职业技术教育，2007(26)：50-52.
② 靳润成. 全国职业院校技能大赛促进职业教育发展的战略思考[J]. 教育研究，2011，32(9)：56-61.
③ 郭静. 深化学生实习内涵　推进职教体系建设[J]. 中国职业技术教育，2011(32)：84-86，89.
④ 陈建民. 推进产教融合　巩固与提升示范建设成果[J]. 中国高等教育，2012(S1)：54-56，2.
⑤ 王丹中. 基点·形态·本质：产教融合的内涵分析[J]. 职教论坛，2014(35)：79-82.
⑥ 陈年友，周常青，吴祝平. 产教融合的内涵与实现途径[J]. 中国高校科技，2014(8)：40-42.
⑦ 罗汝珍. 市场经济背景下高等职业教育产教融合机制研究[J]. 教育与职业，2014(21)：8-11.

大的不同。结合是融合的基础，融合是结合的深化。她还认为产教融合不仅丰富了产教关系的内涵，尊重了职业教育发展的基本规律，为职业教育治理体系的建立提供了新的思路，也为多元办学主体提供了合理依据[1]。王玲玲[2]认为职业教育产教融合一般是职业学校与产业相结合或者是企业行业间联合举办学校这两种方式，主要原则是产学结合、双向参与，主要方法是工学交替、顶岗实习。张玲、彭振宇[3]认为，职业资格教育要实现职业教育从学历教育向职业资格教育的转变，必须进行产教融合。王丹中、赵佩华[4]认为"产教融合"中的"产"可以理解为"生产"或是"学做"，是实践教育的重要形态；"教"是教育教学，泛指实践教学活动及内容；"融合"则是对两者交互的要求，实质上是理论与实践的结合。

（二）产教融合功能研究

张文杰、秦登峰[5]认为实施产教融合定向人才培养的意义在于实现专业课程与企业内训课程的共同开发，课程体系与企业内训体系贯通，骨干教师、兼职教师与企业内训师共同培养，积极开展企业员工培训与技术服务项目，进而实现合作发展。冯建业、闫喜亮[6]认为产教融合是地方本科院校应用型人才培养的基本办学理念，有助于促进地方本科院校更新教育观念，深化教学改革，提高应用型人才培养质量，提升学校服务地方经济社会发展的能力等。王健等[7]认为产教融合是区域经济发展和产业转型升级的迫切需要，是新建本科高校转型发展的重要途径，也是培养高素质应用型人才的必然要求。孙善学[8]指出产教融合理论为产教双方共同构建职业教育教学模式、制度和机制，开展职业人才培养实践提供了基础。叶飞帆[9]认为产教融合没有固定的模式或一成不变的方法，不同的地区、高校、专业和课程都可以根据自身特点探索合适的产教融合方式。施惠燕[10]认为产教融合是一种办学模式的转

① 罗汝珍. 职业教育产教融合的价值判断、现实困境及路径选择[J]. 职业技术教育, 2017, 38 (25): 49-53.

② 王玲玲. 现代职业教育产教融合模式构建及实施途径[J]. 湖北社会科学, 2015 (8): 160-164.

③ 张玲, 彭振宇. 确立产教融合思想 促进高职教育升级发展[J]. 中国高校科技, 2014 (8): 36-39.

④ 王丹中, 赵佩华. 产教融合视阈下高职院校协同育人机制探索[J]. 中国高等教育, 2014 (21): 47-49.

⑤ 张文杰, 秦登峰. 基于产教融合的定向班人才培养模式研究: 以上海工会管理职业学院为例[J]. 职教论坛, 2015 (5): 66-69.

⑥ 冯建业, 闫喜亮. 产教融合下地方高校应用型人才培养探析[J]. 中国高校科技, 2016 (5): 47-49.

⑦ 王健, 许秀清, 詹友基. 产教融合: 培养高素质应用型人才的必由之路[J]. 中国高校科技, 2016 (7): 55-57.

⑧ 孙善学. 产教融合的理论内涵与实践要点[J]. 中国职业技术教育, 2017 (34): 90-94.

⑨ 叶飞帆. 产教融合: 普通本科高校向应用型转变的目标和路径[J]. 中国高等教育, 2017 (22): 49-50.

⑩ 施惠燕. 职业教育深化产教融合的思路与路径[J]. 中国高校科技, 2017 (12): 62-63.

变，也是人才培养模式的转变，"产教融合"的重大意义在于全面提升职业教育自身的能力。邹平[①]认为产教融合作为一种重要的教育方式、路径、模式，是基于国内外先进办学模式，针对现有职业教育、高等教育与产业发展在一定程度上不相适应所提出的新发展路径。陈志杰[②]认为职业教育产教融合是一种"产业"和"教育"、"企业"和"学校"、"生产"和"教学"相融合的人才培养模式，具有跨界性、双主体、动态适应等特征。石伟平、郝天聪[③]指出在校企合作思维下，职业教育办学模式改革被看作教育问题；在产教融合思维下，职业教育办学模式改革不仅是教育问题，而且是经济问题。欧阳河、戴春桃[④]认为产教融合既是一个政策性词语，又是一个学术性词语，从政策和学术两个角度认识产教融合有利于更好地贯彻落实产教融合政策。李梦卿、刘博[⑤]认为产教融合是促进高等职业教育体制机制改革的重要战略举措，亦是高职院校优质发展的关键路径。

针对产教融合的功能及其实践成效，许多学者积极探求其评价模型。王莉[⑥]指出，高职院校产教融合评价体系可以从明确产教融合评价体系的设计原则与框架，明确技能、素质、价值为主要评价内容，构建产教融合教育质量评价指标三级结构，优化产教融合项目过程实施环节评价体系，构建多元评价主体的产教融合教育评价体系等方面进行优化。周晶、王斯迪[⑦]认为需要从需求导向、目标导向、问题导向、结果导向四个方面解读职业教育产教融合效能内涵。向罗生[⑧]认为产教融合、校企合作第三方评价是推动职业教育高质量发展的有效手段。周春光等[⑨]从保障条件、组织实施和合作成效三个维度构建了高职教育产教融合绩效评价指标体系。

① 邹平. 以产教融合为核心机制构建新型大学[J]. 中国高等教育, 2018(2): 22-23.

② 陈志杰. 职业教育产教融合的内涵、本质与实践路径[J]. 教育与职业, 2018(5): 35-41.

③ 石伟平, 郝天聪. 从校企合作到产教融合: 我国职业教育办学模式改革的思维转向[J]. 教育发展研究, 2019, 39(1): 1-9.

④ 欧阳河, 戴春桃. 产教融合的内涵、动因与推进策略[J]. 教育与职业, 2019(7): 51-56.

⑤ 李梦卿, 刘博. 高职院校深化产教融合的价值诉求、现实困境与路径选择[J]. 现代教育管理, 2019(3): 80-85.

⑥ 王莉. 高职院校产教融合评价体系优化探析[J]. 教育与职业, 2019(22): 98-101.

⑦ 周晶, 王斯迪. 职业教育产教融合效能评价: 概念基础、价值遵循与指标选择[J]. 现代教育管理, 2021(10): 106-112.

⑧ 向罗生. 职业教育产教融合、校企合作第三方评价研究[J]. 教育与职业, 2021(2): 49-53.

⑨ 周春光, 周蒋浒, 王俊杰, 等. 高职教育产教融合绩效评价研究: 基于灰色聚类评估模型的分析[J]. 教育发展研究, 2021, 41(19): 70-76.

二、产教融合模式、路径研究

（一）产教融合模式研究

李术蕊[①]以海宁市职业高级中学打造的具有海宁地方经济特色的产学研"教学特区"为研究对象，从管理模式、师资建设、人才培养、办学形式、社会服务等方面介绍了"教学特区"的特点。车明朝[②]以常州科教城（又名常州市高等职业教育园区）为例，对科教城的建设历程、管委会的主要职能、运作机制、科教城的建设成效分别做了介绍。柳友荣等[③]总结了应用型本科院校产教融合的几种模式，包括产教融合研发、产教融合共建、项目牵引、人才培养与交流四种。金方增[④]认为地方高校产教融合育人模式的主要形式有建立产教实习基地、校企联合建立学生实习实验室、共同建立工程技术研究中心、推动科技成果向现实生产力的转化、设立各类教学奖励基金等。万伟平[⑤]研究指出中山职业技术学院基于区域产业转型升级需要，依托本校重点专业群和特色专业群，与专业镇（区）政府、企业、行业合作办学，在专业镇（区）产业园区创建多所产业学院。杨如安、张诗亚[⑥]基于产教融合理论、产城融合理论、城教融合理论以及三螺旋理论，结合少数民族地区产业、新型城镇化和高等职业教育的内在关系，提出了产城教融合模式。王雅静[⑦]认为，浙江 JM 学院的创业教育通过构建社会网模式，将地方政府教育政策、产学研平台建设、局部市场企业间的竞争、名牌大学集聚效应等资源整合起来，逐渐形成了创业教育的"浙江模式"，为区域化产教融合模式做出了有益的探索。王云儿[⑧]认为产业学院和专业学院协同发展的"双院制"模式的

---

① 李术蕊. 创建产学研"教学特区"：浙江省海宁市职业高级中学探索产教融合新模式[J]. 中国职业技术教育, 2014(16)：87-89.

② 车明朝. 产教融合：如何实现政府主导——常州市科教城管委会"政府主导、产教融合、协同育人"机制的探索[J]. 中国职业技术教育, 2015(16)：13-18.

③ 柳友荣, 项桂娥, 王剑程. 应用型本科院校产教融合模式及其影响因素研究[J]. 中国高教研究, 2015(5)：64-68.

④ 金方增. 地方高校产教融合育人模式探析[J]. 中国高校科技, 2015(9)：48-49.

⑤ 万伟平. 基于产教融合的"镇校企行"合作办学模式实证研究：以中山职院专业镇产业学院建设为例[J]. 职教论坛, 2015(27)：80-84.

⑥ 杨如安, 张诗亚. 少数民族地区高职院校产城教融合的理论基础与实践探索[J]. 民族教育研究, 2016, 27(3)：77-82.

⑦ 王雅静. 高职教育的区域化发展模式：以浙江 JM 学院创业教育的社会网为例[J]. 中国高校科技, 2018(12)：60-64.

⑧ 王云儿. 产教融合背景下的"双院制"模式[J]. 高教发展与评估, 2019, 35(3)：82-87, 108, 113.

形成既是源于经济转型的挑战、地方高校内涵发展的需要，也是国家政策推动的结果；依据校企合作双方不同需求和介入程度，"双院制"模式可划分出共建共享型、高校为主型和企业为主型三种基本类型。张建云①认为，产教融合园是涉及政府、学校、企业等多方主体，通过园区模式运营，以技能人才培养为根本任务，集多种社会功能于一体的组织平台。易卓②指出，通过重构与职业院校间的组织关系，以校企合作为基本思路、以企业专业化为根本导向、以综合平台建设为实践路径，强化工学交替实训，凸显了技能人才培养的复合性、前沿性与普适性优势，是探索企业主导产教融合实践的一种积极尝试。

（二）产教融合路径研究

要素整合和契约合作是产教融合的两条实现途径。③其中，要素整合是指资金、技术、劳动力等生产要素的重新组合，目的是实现效率最大化。契约合作是指校企之间通过合同协议的方式，建立战略合作关系，形成战略联盟。王丹中、赵佩华④认为，专业设置与产业需求、课程内容与职业标准、教学过程与生产过程的有效对接，是协同育人的根本途径。孔宝根⑤认为，科技指导员制度是深化产教融合的新型路径，具体而言，就是教师进入合作企业承担企业科技指导员职责，助力中小微企业实现技术转型升级，开展科技指导的同时进行新产品和新工艺的研发创新，进而以开展学生生产性实习的方式，构建新型校企合作关系，实现产教融合。苏志刚、尹辉⑥以地方应用型高校为研究对象，对地方应用型高校推动产教融合的路径进行了详细探讨，包括改变以完成项目为重心的短期校企合作方式，建立以长期战略合作为依托的全面合作关系等。付卫东⑦指出，深化产教融合要从全力推进"四大融合"（即"园教"融合、"教产链"融合、"专产"融合、"校企"融合），积极推进具有行业特色的普通本科高校向应用技术大学转型等方面着手。叶飞帆⑧认为产教融合要从国家宏观、专业中观和课程微观等三个层面

① 张建云. 职业教育产教融合园：内涵、动力及功能[J]. 中国高教研究, 2020(11)：104-108.
② 易卓. 组织社会学视角下"引教入企"的产教融合模式探索. 高等工程教育研究, 2021(5)：134-140.
③ 陈年友，周常青，吴祝平. 产教融合的内涵与实现途径[J]. 中国高校科技, 2014(8)：40-42.
④ 王丹中，赵佩华. 产教融合视阈下高职院校协同育人机制探索[J]. 中国高等教育, 2014(21)：47-49.
⑤ 孔宝根. 企业科技指导员制度：深化职业教育产教融合的新路径[J]. 教育发展研究, 2015, 35(3)：59-64.
⑥ 苏志刚，尹辉. 探索多元合作产教融合发展之路[J]. 中国高等教育, 2016(23)：36-38.
⑦ 付卫东. 论全面推进产教融合[J]. 河北师范大学学报(教育科学版), 2017, 19(3)：22-24.
⑧ 叶飞帆. 产教融合：普通本科高校向应用型转变的目标和路径[J]. 中国高等教育, 2017(22)：49-50.

推进,在此过程中,社会、高校、产业都要扮演好自己的角色,积极参与其中。刘斌等[1]认为职业性、技术性和终身性是职业教育的本质属性,因此应以此为逻辑起点,探究职业教育产教融合的实现路径。姜大源[2]认为可以通过改变评价标准和机制、健全科研成果的转换机制、优势互补并形成一条完整的科研成果转化链等方式逐步深化产教融合。马树超、郭文富[3]指出产教融合成为国家教育改革和人才资源开发的基本制度安排,深化产教融合必须将产业先进技术、优秀文化和发展需求融入专业教学,深入推进产业界、教育界的有机衔接,以保证高职教育事业的可持续发展。周建松[4]认为构建完整的产教融合体系应把握好两个方面:一是产教融合在不同层次、不同类型教育中有不同定位;二是高等职业教育应该在壮大和丰富产业发展上主动作为、积极有为。邓子云、张放平[5]认为激发企业参与产教融合的热情,可从为企业出台政策支持、提供决策咨询平台、解决人员身份及聘用问题、减轻负担、给予表彰奖励等五个方面付诸实施。李梦卿、邢晓[6]认为深化产教融合应该借鉴区块链的共识共享思维、自主创新思维、协同合作思维,充分发挥区块链技术与高等职业教育产教融合在强化联盟链、聚焦产业链、拓宽资金链等方面的内在耦合效应,创新产教融合人才培养模式,促进现代高等职业教育高素质技术技能人才培养。孙雷[7]提出了产教融合培育新工科人才的市场认可、合作共赢、深度融合等三项原则,围绕紧密结合学科专业选准合作企业、遵循市场规律共建平台机制、改革现有人才培养方案、以生为本提升人才培养质量等四个方面探索产教融合培育新工科人才的路径。

三、产教融合机制、动力研究

(一)产教融合机制研究

罗汝珍[8]认为构建产教融合的机制必须以技术为切入点,组建产、学、研三位一体的技术平台,遵循企业化的管理机制、产业化的运营机制、价值

---

① 刘斌, 邹吉权, 刘晓梅. 职业教育产教融合的逻辑起点与应然之态[J]. 中国高教研究, 2017(11): 106-110.
② 姜大源. 高校要提升深度参与产教融合的能力[J]. 中国高等教育, 2018(2): 23-24.
③ 马树超, 郭文富. 高职教育深化产教融合的经验、问题与对策[J]. 中国高教研究, 2018(4): 58-61.
④ 周建松. 构建完整的产教融合体系[J]. 中国高教研究, 2018(4): 63.
⑤ 邓子云, 张放平. 企业参与产教融合的问题分析与对策建议[J]. 中国高校科技, 2020(1): 112-115.
⑥ 李梦卿, 邢晓. 区块链视角下高等职业教育产教融合创新模式研究[J]. 教育发展研究, 2020, 40(17): 59-65.
⑦ 孙雷. 新工科背景下产教融合育人路径探析[J]. 江苏高教, 2021(1): 74-77.
⑧ 罗汝珍. 市场经济背景下高等职业教育产教融合机制研究[J]. 教育与职业, 2014(21): 8-11.

主导的评价机制、市场导向的进退机制和行业协会负责的人才流动机制。黄远飞[1]以广州技工院校的现代产业系为研究对象，对产教融合办学模式的制度创新进行了解析，研究认为发挥政府主导作用是推动产教融合的前提；同时需要引导校企建立健全"产校联动"机制，扩大职业院校及其基层系部的办学自主权，鼓励创新治理结构与发展机制，进一步完善产教融合方面的相关法律规制。梁红卫[2]认为在地方本科高校转型为应用技术型高校的过程中，产业技术研究院的构建将起到关键和核心作用；而产业技术研究院在本质上是为地方经济与社会服务的产教融合平台，其主要功能在于拓展师生的实践操作技能，推进学校科技成果转化，支持学生创新创业。张伟萍等[3]以浙江"物流产业学院"为例，对物流学院的机制创新进行总结，认为该物流学院在三个方面实现了创新：一是创建了"战略合作、需求对接、体制保障、项目载体、设施共享、人才共用"校企融合新机制；二是创新了实训教学模式，系统设计了"课程专项实训—综合实训—顶岗实习"实训模式；三是创新实施了学校与企业团队互聘互兼双职机制。刘海明等[4]指出，在深化"产教融合"的教育发展新阶段，高职院校需要在人才发展的战略性目标上重新提炼办学理念、找寻专业特色，摆脱传统的技术应用与模仿，深入更高端的新技术应用与创新探索实践，主动对接区域经济发展，建立与企业协同育人的办学新机制。李海东、黄文伟[5]认为我国产教融合制度建设持续推进，制度的基础建设与框架建设取得了很大成就，但制度的体系建设尚未完成，存在制度边界不清、逻辑不明、协同不畅等诸多问题，难以实现产教融合制度创新成效的最大化。该研究认为可以通过"夯实基础，划定边界""提供平台，统一话语""完善框架，强化协同""围绕技能，补齐短板"等方式，构建起完备的职业教育产教融合制度体系。李梦卿、刘晶晶[6]认为高职院校产教融合的前提在于建立健全相应的体制机制，构建相关主体协同合作的生态体

① 黄远飞. 产教融合办学模式的制度创新与启示：基于广州技工院校现代产业系的考察[J]. 湖南农业大学学报(社会科学版), 2015, 16(2): 90-96.

② 梁红卫. 应用技术型高校产业技术研究院构建研究[J]. 中国高校科技, 2015(8): 94-96.

③ 张伟萍, 俞步松, 王自勤, 等. 基于产教融合的"物流产业学院"机制创新与实践[J]. 中国职业技术教育, 2015(31): 90-93.

④ 刘海明, 谢志远, 刘燕楠. 高职教育人才转型的战略思考：推进产教融合, 服务产业发展——兼谈高职院校"新技术应用"人才培养方略[J]. 高等工程教育研究, 2018(2): 182-188.

⑤ 李海东, 黄文伟. 我国职业教育产教融合制度体系构建的若干思考[J]. 高教探索, 2021(2): 103-108.

⑥ 李梦卿, 刘晶晶. 高职院校深化产教融合的教育生态学意旨、机理与保障[J]. 高等教育研究, 2019, 40(3): 71-75.

系，为此应从政府、学校、企业三个方面同时入手，政府搭建平台，积极加强融合力度；高职院校调适结构，主动满足发展需求；企业对接教育，参与高职人才培养。顾菊平等[1]认为，产教融合的实现基础是互信机制，即价值取向的互信认同、校企资源的互信共享、人才培养的互信联动。张庆民、顾玉萍[2]认为推进产教融合的核心是实现高校教育链、人才链与企业产业链、创新链（简称"四链"）的有机衔接。方益权、闫静[3]分析了作为产教融合制度重要组成的各地相关规范性文件，认为当前产教融合规范性文件的数量增长很大程度上可以归结为一种"自我复制与自我维持"的过程，并未很好地激发与时俱进的制度创新并发挥应有的制度效应。

（二）产教融合动力研究

卢美圆[4]以耗散结构理论为工具，分析了高等职业教育产教融合系统的结构特征及引起系统演变的动力因子，指出随机涨落是推进高等职业教育产教融合的基本动力，并以协同竞争模型为基础构建了高等职业教育产教融合动力机制。马树超[5]认为经济和信息技术快速发展是高职教育发展的重要动力，政府引导是高职教育深化产教融合、面向市场发展的成功探索。顾绘[6]认为产教深度融合的机制内涵所指包括动力机制、互动机制、共享机制、评价机制、学习机制。林丽超、陈兴明[7]认为处于不同成长阶段的企业参与产教融合存在不同的需求侧重点，面对激励政策缺落实、科研合作不紧密、合作育人低成效等现实困境，应立足于企业个性需求，构建政府系统落实政策、高校分享科研资源、校企探究协同育人模式、行业搭建信息平台体系，破解新一轮科技革命背景下产教供需的结构性矛盾。刘志敏、张闳肆[8]认为深化产教融合，必须从根本上破解产教融合所涉及的深层利益协调问题，以重建价值链为基础，建立创新共同体。企业是深化产教融合的一方主体，其动力不足是产教深度融合的主要阻碍。

---

① 顾菊平, 堵俊, 华亮, 等. 高等工程教育产教融合互信机制研究[J]. 高等工程教育研究, 2021(2): 94-98.
② 张庆民, 顾玉萍. 链接与协同: 产教融合"四链"有机衔接的内在逻辑[J]. 国家教育行政学院学报, 2021(4): 48-56.
③ 方益权, 闫静. 关于完善我国产教融合制度建设的思考[J]. 高等工程教育研究, 2021(5): 113-120.
④ 卢美圆. 基于耗散结构理论的高等职业教育产教融合动力机制研究[J]. 教育与职业, 2016(20): 11-14.
⑤ 马树超. 产教融合: 从示范到优质院校建设的主线[J]. 职教论坛, 2017(1): 32-35.
⑥ 顾绘. 产教深度融合: 学理依凭、机制内涵与实施寻径[J]. 中国职业技术教育, 2017(33): 8-11, 26.
⑦ 林丽超, 陈兴明. 如何激发企业产教融合的内生动力[J]. 中国高校科技, 2019(7): 71-74.
⑧ 刘志敏, 张闳肆. 构筑创新共同体 深化产教融合的核心机制[J]. 中国高等教育, 2019(10): 16-18.

四、产教融合困境与出路研究

　　贺伟、李艳文①认为人们对产教融合的认识不足、政府对产教融合的推动不足、产教之间文化差异的冲突、产教融合的良性循环机制的缺乏等问题是目前产教融合所面临的主要困境。为此，研究提出应该从指导思想、政策法规、文化融合、课程和教师一体化培养、质量保障体系与评价机制等方面着手改进。王丹中、赵佩华②认为"产"与"教"要融合，前提是两者要在内容和方向上建立起内在的关系，具体体现在职业教育中就是专业性与生产性、专业核心能力与专业生产技术相联系。涂三广、石伟平③研究了职业学校教师企业实践的身份认同困境，并指出需要从国家政策层面、院校办学层面、教师个体层面超越这一困境。陈星、张学敏④指出，由于经费、声誉、师资、科研、政策等方面的劣势，应用型高校与研究型大学分别处于我国高等教育系统的"中心"和"边缘"，这种"中心-边缘"结构造成应用型高校在产教融合过程中举步维艰。为此，应用型高校应该在主动依附中寻求特色。黄倩⑤认为我国产教融合改革在推动地区经济社会发展和产业升级转型方面做出了巨大的贡献，但也存在理论教学与实践培养严重脱节、教学课程设计单一、师资队伍建设滞后于高职教育改革等诸多问题。因此，高职院校要从实际出发，加强与政府、行业和企业之间的合作，加强理论教学与实践培养有效融合，重新配置课程教学资源。马陆亭⑥研究认为需要积极推动产业界与相关院校的协同育人工作，发挥企业在职业教育中的重要办学主体作用，加快产学研用联盟建设，促进人才培养模式改革。庄西真⑦指出，产业系统与教育系统在运行机制、发展策略、行动准则、改革方式以及主体构成等方面的差异是产教融合过程中各种内在矛盾的源头。因此，需要从产权保护、风险分担、点面合作、问题导向和互益组织五个方面予以解决。李玉倩、陈万明⑧认为需要从客观认识协同育人制度成本并处理好制度建设与平台运行

　　① 贺伟, 李艳文. 市场经济背景下高职产教融合育人模式的统整研究[J]. 现代教育管理, 2014(8): 75-80.
　　② 王丹中, 赵佩华. 产教融合视阈下高职院校协同育人机制探索[J]. 中国高等教育, 2014(21): 47-49.
　　③ 涂三广, 石伟平. 职业学校教师企业实践的身份认同困境及其超越[J]. 河北师范大学学报(教育科学版), 2016, 18(3): 60-64.
　　④ 陈星, 张学敏. 依附中超越: 应用型高校深化产教融合改革探索[J]. 清华大学教育研究, 2017, 38(1): 46-56.
　　⑤ 黄倩. "产教融合"人才培养模式探析[J]. 中国高校科技, 2017(9): 66-68.
　　⑥ 马陆亭. 加强产教融合 共同培育先进制造业亟需的技术技能人才[J]. 职业技术教育, 2017, 38(6): 16-17.
　　⑦ 庄西真. 产教融合的内在矛盾与解决策略[J]. 中国高教研究, 2018(9): 81-86.
　　⑧ 李玉倩, 陈万明. 集成化产教融合平台产权的经济分析与治理对策[J]. 高等工程教育研究, 2018(6): 27-32.

的关系、充分发挥不同主体在平台中的主体作用、持续界定平台产权、采用契约和关系相混合的治理策略、限制平台公共领域的产权等方面着手建设集成化产教融合平台。曹晔[①]认为产教融合的关键是发挥企业的主体作用，构建促进企业主体作用发挥的制度环境。黄文伟[②]提出从现代学徒制视阈开展我国产教融合制度设计的构想。马陆亭、宋晓欣[③]认为高职教育的发展模式难以真正建立的主要原因包括产教"两张皮"分离现象突出、企业缺失主体意识、产教融合的利益机制尚未形成等。其根本出路就在于实现学校和企业"双主体"办学，而这需要从学校主动作为、政府推动落实、行业积极尽责、企业增强意识等多个方面寻求突破。郝天聪、石伟平[④]从组织社会学视角出发，认为在组织间市场关系阶段，职业院校与企业处于松散联结状态，职业教育产教融合会遇到有限理性、不确定性和复杂性、行为投机性、"小数现象"等问题；推进职业教育产教深度融合需要从松散联结到实体嵌入的转变，向组织内科层关系适度回归。翁伟斌[⑤]认为建设企业大学是产教深度融合的诉求。企业大学凸显产教融合的意蕴和价值。同时指出，需要对企业大学建设的要素有清晰的认识，推进企业大学生态系统的完善和企业外部系统建设的创新。王振洪[⑥]认为中小城市高职院校是我国高职教育不可或缺的力量。然而，在"虹吸效应"不断增强的背景下，人财物等资源不断向大城市聚集，地处中小城市的高职院校面临严峻的挑战。

五、产教融合作为学校改革发展契机的研究

（一）产教融合与学校治理研究

和震[⑦]认为需要从建立现代职业教育治理体系的高度，开展职业教育产教融合、校企合作制度的顶层设计；国家应该同时从教育、经济两大领域实施产教融合、校企合作制度创新；坚持校企合作分类建设，探索差异化校企

① 曹晔. 关于新时代产教融合的几点思考[J]. 教育与职业, 2018(18): 5-10.
② 黄文伟. 现代学徒制视阈下我国产教融合制度设计研究[J]. 职教论坛, 2018(5): 30-33.
③ 马陆亭, 宋晓欣. 新时代高等职业教育的模式改革[J]. 吉首大学学报(社会科学版), 2019, 40(2): 70-77.
④ 郝天聪, 石伟平. 从松散联结到实体嵌入: 职业教育产教融合的困境及其突破[J]. 教育研究, 2019, 40(7): 102-110.
⑤ 翁伟斌. 产教深度融合背景下企业大学建设: 诉求·要素·策略[J]. 吉首大学学报(社会科学版), 2019, 40(4): 87-94.
⑥ 王振洪. "虹吸效应"下中小城市高职院校的办学困境及破解策略[J]. 中国高教研究, 2021(2): 91-97.
⑦ 和震. 建立现代职业教育治理体系 推动产教融合制度创新[J]. 中国职业技术教育, 2014(21): 138-142.

合作政策；政府与市场各尽其能促进产教融合。王进思、汪文敏[1]认为产学研合作是实现产教深度融合的有效途径。然而，高职院校科研能力不强是影响高职院校产学研合作的因素之一。毕文健[2]借鉴组织形态管理理论搭建应用型本科院校产教融合教育组织新形态的架构，设计了各个组成结构向新形态演进的路线，全面构建应用型本科院校产教融合教育组织新形态。何润、崔延强[3]认为推进学校治理体系创新是高职学校深化产教融合的"牛鼻子"。高职学校治理体系包括协调学校、政府和社会关系的外部制度体系和以学校章程为统领的协调学校成员及机构关系的内部制度体系。研究认为，可以通过建立"放权＋赋责"式政校治理关系、提升社会参与高职学校治理的动力与能力、优化高职学校内部治理结构、以教育评价改革为核心推动教学科研制度创新等途径实现治理制度创新。阎卫东等[4]将产教融合作为学校内涵式发展的契机和途径，认为产教融合和内涵式发展在逻辑关系上具有目标导向、政策指向和实施路径的一致性。推动地方高校实现内涵式发展，要树立以需求和融合为导向的办学理念，重塑新时代使命，走上以产教融合完善地方高校治理体系，提高治理能力，围绕产教融合改革学科专业、课程体系和培养模式，重塑人才培养体系的发展道路。

（二）产教融合与专业（群）建设研究

朱永坤[5]认为高职院校在加强产教制度合作的同时，不可忽略对专业文化的建设。要通过更新专业理念、引入行业文化、开设专业文化课、提升课程和教学文化内涵、精心设计专业文化实践，以"专业文化"建设为抓手，实现产教深层次融合，立德树人，培养全面发展的高技能应用型人才。陈运生[6]认为高职教育从工学结合、校企合作到产教融合，专业建设始终是当前职业教育发展的重点内容，也是企业产教融合的契合点。孙云飞等[7]指出，

① 王进思, 汪文敏. 产教深度融合与高职科研能力建设[J]. 中国高校科技, 2014(8): 43-45.
② 毕文健. 应用型本科院校教育组织形态创新研究: 基于产教融合的战略思路[J]. 江苏高教, 2020(7): 71-78, 124.
③ 何润, 崔延强. 产教融合背景下高职学校治理体系的供给障碍与创新路径[J]. 西南大学学报(社会科学版), 2021, 47(5): 150-158.
④ 阎卫东, 王素君, 吕文浩. 地方高校产教融合推进内涵式发展的逻辑分析和路径选择[J]. 现代教育管理, 2021(6): 44-50.
⑤ 朱永坤. "产教融合"视域下高职"专业文化"的特征及建设策略[J]. 职业技术教育, 2017, 38(10): 51-55.
⑥ 陈运生. 产教融合背景下高职院校专业群与产业群协同发展研究[J]. 中国职业技术教育, 2017(26): 27-32.
⑦ 孙云飞, 班建民, 罗恒, 等. 基于产教融合、协同育人的专业建设方案[J]. 高教探索, 2017(S1): 16-17.

通过与相关互联网科技企业的深度合作，学校从师资队伍建设、知识传递平台建设、人才培养方案以及校内外实践基地和教学管理等方面进行了全面改革，进而提出了"产教融合、协同育人"的专业建设方案。牟延林等[①]认为以产教融合为引领是建设专业集群的关键，其实践内涵包括学科专业建设一体化、体制机制一体化以及一体化资源共享三个方面。刘晶晶、和震[②]认为深化产教融合是实现"双高计划"的重要保障，"双高计划"高职院校深化产教融合具有技术、资源、利益、制度与文化等多重维度与价值意涵，基于此，研究指出通过加强专业与产业的对接逻辑、发挥教师教学创新团队的结构效应、优化校企优质资源的联结路径、寻求产教主体的价值同构、完善现代职业教育的治理体系以及形成命运共同体的文化关系，能有效满足校企双方诉求，实现"双高计划"高职院校深化产教融合的目标。汪旭晖、李晶[③]认为要通过学科群的建设来实现科研及教学水平的提高，并以科研创新带动产业发展的提质增速，以优质人才服务国家重大战略建设。但是，目前产教融合实践仍以职业院校居多，研究型高校的一流学科群在如何引领产教深度融合方面还缺乏理论研究。为此，研究提出应从合作机制、组建模式、制度结构、资源配置等方面入手，增强一流学科群引领产教深度融合的内生动力；从供需匹配、政策供给、中间组织协调、建立产教融合服务平台等方面实现一流学科群对产教深度融合的实践引领作用。

（三）产教融合与课程或人才培养模式改革研究

李银丹等[④]认为课程是产教融合的出发点和落脚点，课程改革的成功最终决定产教融合的成功。研究发现应用型本科高校一流课程建设存在课程管理"路径依赖"、教师发展"本领恐慌"、质量保障"文化缺失"等困境。为此，需要校企共同实施课程管理，重塑一流课程建设内涵与特色；产教协同教师发展，满足一流课程建设应用型师资需求；厚植工匠质量文化，保障一流课程建设可持续发展。薛勇[⑤]认为产教深度融合的体制创新需要解放思

---

① 牟延林, 李克军, 李俊杰. 应用型本科高校如何以产教融合引领专业集群建设[J]. 高等教育研究, 2020, 41(3): 42-50.

② 刘晶晶, 和震. "双高计划"高职院校深化产教融合的维度及内涵研究[J]. 教育发展研究, 2020, 40(17): 52-58.

③ 汪旭晖, 李晶. 一流学科群引领的产教深度融合机制与路径研究[J]. 江苏高教, 2020(7): 62-70.

④ 李银丹, 李钧敏, 施建祥. 产教融合视角下应用型本科高校一流课程建设策略研究[J]. 中国大学教学, 2020(5): 46-51.

⑤ 薛勇. 产教深度融合: 高校人才培养模式的制度生成[J]. 中国高等教育, 2020(10): 58-60.

想，结合地区产业转型升级和创新驱动发展的需求，进行人才培养的全新变革，在高校人才培养模式上实现专业与产业深度契合、课程与企业实践深度整合、评价与目标深度结合、制度与探索深度联合。荆妙蕾、程欣[①]对传统纺织工程专业升级改造的"五维"实践路径进行解析，认为传统工科专业升级改造的支撑体系包括四个方面：一是制定引领传统工科专业升级改造的行动路线，二是建立支撑传统工科专业升级改造的多元共治格局，三是建立支撑传统工科专业升级改造的教师队伍，四是建立新工科专业动态调整机制。夏雯婷等[②]指出，产教融合项目课程有助于学生对课程知识的掌握，有利于教学满意度的提高，但对提升"课程总体"满意度的效果不明显。马永红等[③]认为多元主体协同推进的产教融合是培养专业学位研究生的鲜明特征，并将"产教融合"分为"弱融合""形式融合""局部融合""强融合"等四种类型。通过纵向的年度对比和横向的学位类型对比分析发现：纵向上，双师型导师指导仍处于"形式融合"阶段，案例教学、实践教学逐渐发展为"强融合"，学生实习实践处于"形式融合"阶段，毕业考核处于"局部融合"阶段，职业资格认证从"弱融合"逐渐过渡到"形式融合"；横向上，医学类专业学位职业导向性更强，多环节实现了"强融合"，管理服务类专业学位对应职业包容性较高，需强化案例教学质量，工程类专业学位实践制度仍需继续完善。

（四）产教融合与教师专业发展研究

潘玲珍[④]认为发展高职教师专业、提高教师的专业水平，是深化产教融合的重要内容。在此基础上，她对当前我国高职教师专业发展存在的问题、特征与结构以及发展路径进行了深入分析。于宪宝[⑤]认为应从教育主管部门、学校和教师三个层面着手提升教师的实践能力。苏志刚、尹辉[⑥]指出，产教融合建设师资队伍的落脚点与目的将始终体现在人才培养上，应用型大学发

---

① 荆妙蕾，程欣. 产教融合视域下传统工科专业升级改造路径研究：以纺织工程专业为例[J]. 高等工程教育研究, 2021(3): 25-31.

② 夏雯婷，周春林，周欣. 产教融合视角下高职课程改革实践研究：以《酒店市场营销》课程为例[J]. 职业技术教育, 2021, 42(2): 24-28.

③ 马永红，刘润泽，于苗苗. 我国产教融合培养专业学位研究生：内涵、类型及发展状况[J]. 学位与研究生教育, 2021(7): 12-18.

④ 潘玲珍. 基于产教融合的高职教师专业发展研究[J]. 高等工程教育研究, 2015(2): 159-163.

⑤ 于宪宝. 地方高校班主任管理的动力机制[J]. 教育与职业, 2016(17): 66-69.

⑥ 苏志刚，尹辉. 科教产教融合 建设高水平应用型本科师资队伍[J]. 中国高校科技, 2018(11): 8-11.

展要处理好科教、产教这两个内外部关系，通过"科教融合"与"产教融合"协同，打造一支高水平师资队伍，已成为建设高水平应用型本科的战略重点。郭广军、朱忠义①发现，目前高职教育产教融合赋能教师专业发展还存在制度设计不完善、教师能力与投入不足、经费投入不充足、基地条件建设不完善等问题。为此，应从能力体系、人才体系、培养服务制度体系、人事管理体系和资源保障体系等五个方面推进。

六、基于特定区域、学校或专业的产教融合实践研究

（一）基于特定区域的产教融合实践研究

阮伟娟②以天津地区为例，从多个角度对天津地区开展馆际联建的实践优势、管理优势、OA 资源优势、馆藏资源优势、人员优势等进行分析，介绍了天津"产业导向型"职业教育信息资源平台的构建思路与过程。李克③探讨了吉林省在深入推进教学改革、加快建立完善产教融合供需双向对接服务体系、出台校企合作法规条例等方面的实践。杨广俊、周凤华④发现国企和特大民企参与职业教育的比例较高，参与形式更为多样；与"硬"投入相比，"软"投入更为普遍；"低"投入企业占比较高，且"低"投入企业聚焦在普通民企。对此，可以从分地分类施策、加大对中小企业的关注力度、科学合理测算企业在参与职业教育过程中的资源投入、加快细化落实组合激励政策等方面改进。章梦雪、杨宇辰⑤在分析"一带一路"倡议下我国西南边疆民族地区跨境教育产教融合背景的基础上，重点探讨了云南省与东盟跨境教育产教融合的发展情况和模式，构建其问题的透析模型，提出推动云南省高校、企业探寻跨境教育产教融合的实践理路。王姣姣、柯政彦⑥认为重构专业、

---

① 郭广军, 朱忠义. 高职教育产教融合赋能教师专业发展的问题与推进策略[J]. 现代教育管理, 2020(11): 80-86.

② 阮伟娟. "产业导向型"职业教育信息资源馆际联建模式探究: 以天津地区为例[J]. 现代情报, 2017, 37(2): 14-18, 24.

③ 李克. 吉林省深化产教融合: 现状、问题及政策建议[J]. 税务与经济, 2018(5): 103-106.

④ 杨广俊, 周凤华. 从企业参与职业教育现状谈产教融合型企业建设: 基于广东、浙江等地企业的调查分析[J]. 职业技术教育, 2020, 41(28): 52-57.

⑤ 章梦雪, 杨宇辰. "一带一路"倡议下中国云南与东盟跨境教育产教融合研究[J]. 云南师范大学学报(哲学社会科学版), 2021, 53(3): 111-119.

⑥ 王姣姣, 柯政彦. 产教融合视域下高职产业学院建设的现状、经验与展望: 基于江西省17个产业学院的分析[J]. 职教论坛, 2021, 37(6): 129-134.

对接产业需求是高职产业学院建设的关键与逻辑。汪旭晖、阙庆迎①认为，在产教融合背景下，应建立以市场需求为导向的政府宏观调控、高校自主调整、社会力量参与的本科专业结构优化调整模式。张晞等②认为在行业学院模式下，政府、学校、行业、企业多元主体可以通过共建组织、共创愿景、共育团队、共筑平台等方式推进产教深度融合，促进学生成长、教师发展、业界增效、校企衔接。于立国等③发现产教融合目前存在缺乏有效的沟通机制、创新驱动力不足、合力不足等问题，为此，可以通过技能大师进课堂、实训基地建设延伸到生产一线，科技平台进专业、创新创业教育延伸到区域创新，政行企进学校、工程素养培育延伸到产业服务等措施予以优化。

（二）基于特定学校或专业的产教融合实践研究

方春龙④介绍了安徽财贸职业学院在深化产教融合方面的一些做法，包括精心挑选企业应对市场变化、满足个性需求提高满意程度、建立联系渠道加强内部沟通、校企资源互补共同开发教材、实行双导师制完善双师队伍、融入企业管理提高契合程度等六个方面。李永健等⑤以长江职业学院环境艺术设计专业为案例，重点探讨了校企合作、产教融合的意义、思路和成效。杨会、迟俭辉⑥以常州信息职业技术学院数字媒体艺术专业为例，从人才培养方向的制定、课程体系的改革、教师团队的构建、实训基地的建设等方面对产教融合人才培养模式进行了探究。无锡科技职业学院⑦以自身学校为例，总结了学校"政产学研、四位一体、协同创新"的办学模式和"科技引领、区校一体、产教融合"的办学特色。胡文超、陈童⑧以产品设计专业为例，对项目教学和产教融合平台建设的互动关系进行了深入分析，以此为基础，针对提高项目教学

---

① 汪旭晖, 阙庆迎. 产教融合背景下高等学校本科专业结构优化调整: 以辽宁省为例[J]. 现代教育管理, 2021(2): 40-47.

② 张晞, 张根华, 钱斌, 等. 行业学院模式的产教融合共同体: 以常熟理工学院光伏科技学院为例[J]. 高等工程教育研究, 2021(5): 128-133.

③ 于立国, 高海军, 杨博, 等. 基于产教融合的河北省高等职业教育发展研究[J]. 职业技术教育, 2021, 42(23): 18-22.

④ 方春龙. 产教融合　强化校外实训基地建设[J]. 中国高等教育, 2014(S2): 74-75.

⑤ 李永健, 苏龙, 李梦玲. 产教融合"四向对接"提升技能型人才培养水平: 长江职业学院环境艺术设计专业校企合作案例[J]. 中国高校科技, 2014(9): 70-71.

⑥ 杨会, 迟俭辉. 产教融合背景下数字媒体艺术人才培养的探索与反思: 以常州信息职业技术学院为例[J]. 教育理论与实践, 2015, 35(36): 21-23.

⑦ 无锡科技职业学院. 科技引领　区校一体　产教融合: 打造高职教育与高新技术产业互动发展的"无锡模式"[J]. 江苏高教, 2015(2): 156.

⑧ 胡文超, 陈童. 项目教学与产教融合平台建设的互动关系研究[J]. 高等工程教育研究, 2016(6): 118-121.

与产教融合平台建设互动实效性提出了路径构想。管丹、黄一波[①]以常州工程职业技术学院为例，对该校产教融合长效机制的建设进行了研究，认为该校从资源整合、机制创新、制度保障等方面探索产教融合长效机制，构建校企合作项目和协同实训平台，取得了实质性的突破。吕海舟、杨培强[②]以嘉兴学院艺术设计类专业为例，探讨了联盟、基地、项目、团队、平台五个核心要素有序推进在深化产教融合方面的重要作用，同时分析了教学机制在五个要素点相互支撑、流动与共享中的匹配关系。李北群[③]以淮阴工学院产教融合试验区为例对产教融合模式进行了探究，研究指出，近年来淮阴工学院主动对接区域产业需求，进行专业集群再造，组建了数个具有明确企业需求导向的、跨学科的专业集群学院。这一新型组织载体使校企合作、产教融合落到实处，有效地突破了学科边界、打破了专业壁垒、实现资源共享，极大地促进了应用型人才培养。卢坤建等[④]研究了广东轻工职业技术学院深化产教融合的实践并指出，该校立足轻工行业面向生活产业，确立了"国内一流、国际知名"的建设目标，通过资源整合建设多个产业学院，有效下放人财事权，促进跨界深度融合，增强了办学活力。蔡小春等[⑤]以上海交通大学为案例，分析了加强产教融合课程教学在全日制专业硕士培养中的迫切性，深入研究了高校对接不同行业企业的合作需求，以及面向不同专业的全日制专业硕士构建不同产教融合课程教学路径的实践与探索。王桂林等[⑥]对重庆邮电大学深化产教融合的实践进行了研究，认为产教融合提供了解决产业需求与人才供给侧之间的矛盾的有效途径。钱炜等[⑦]以上海理工大学"产业技术学院""1+N"开放式校企合作的实践为例，探讨了产教融合的机制。钟秋波等[⑧]以宁波工程学院机器人学院为例，探讨了新工科教育开辟"政产学研资用"产教融合的新路径。

---

① 管丹, 黄一波. 高职院校产教融合长效机制的建设: 以常州工程职业技术学院为例[J]. 职业技术教育, 2016, 37(27): 61-63.

② 吕海舟, 杨培强. 应用型跨界人才培养的产教融合机制设计与模型建构[J]. 中国大学教学, 2017(2): 35-39.

③ 李北群. 产教融合试验区的创新与实践[J]. 中国高等教育, 2017(8): 25-26.

④ 卢坤建, 周红莉, 李作为. 产业学院推进产教深度融合的实践探索: 以广东轻工职业技术学院为例[J]. 职业技术教育, 2017, 38(23): 14-17.

⑤ 蔡小春, 刘英翠, 熊振华, 等. 全日制专业硕士产教融合课程教学路径的案例研究: 以上海交通大学为例[J]. 高等工程教育研究, 2019(2): 161-166.

⑥ 王桂林, 林金朝, 胡学刚. 产教融合下新工科 ICT 人才培养路径探索[J]. 中国高校科技, 2019(5): 41-45.

⑦ 钱炜, 丁晓红, 沈伟, 等. 应用研究型地方大学产教融合培养机制探索[J]. 高等工程教育研究, 2020(2): 130-134.

⑧ 钟秋波, 李青合, 鲍吉龙. 以新工科教育开辟"政产学研资用"产教融合新路径: 以宁波工程学院机器人学院为例[J]. 职业技术教育, 2021, 42(14): 11-16.

七、产教融合的历史发展、政策变迁研究

（一）产教融合历史发展研究

曹晔[①]对新中国 20 世纪五六十年代半工半读教育制度进行了研究，认为其在职业教育领域中试行学校办工厂、工厂办学校、产教融合、工学结合、服务生产、以产养教的做法，对指导职业教育的发展具有重要的现实意义。罗汝珍[②]认为中国职业教育的产教关系经历了从产教合一到产教分离再到产教合作的变化过程，相应的政策变迁也经历了计划—市场—计划和集权—放权—集权的反复，这种现象的出现主要受到了宏观制度环境、行动者认知方式以及历史积淀的影响。周晶[③]认为我国职业教育产教融合呈现出一定的规律性和特征，即从计划经济向市场经济过渡时期的联合办学，到社会主义市场经济体制建设时期的产教结合，再到全面建设小康社会开展阶段的校企合作，全面建成小康社会发展阶段的产教融合。刘文杰[④]将新中国成立 70 年以来职业教育的经历划分为发轫期、确立期、完善期和内涵发展期四个阶段。其主要经验表现为，职业教育体系结构从"分等"走向"分类"，职业教育发展方式从"管理"走向"治理"，职业教育发展理念从"小职教观"走向"大职教观"，校企合作方式从"学徒制"走向"现代学徒制"。袁平凡、谌雷元[⑤]认为新中国成立初期职业教育确立了产教融合改革发展的基本范式和范畴；改革开放后，我国职业教育人才培养模式改革发展与渐进式市场经济变革具有高度相关性；进入新时代，市场在产教融合中发挥资源配置的决定性作用，政府主要运用引导、付费、激励和监管等方式更好地发挥其功能，社会组织作用也越来越明显。沈洁等[⑥]认为我国高等教育产教融合政策演变历经产教紧密耦合阶段、产教松绑阶段、产教关系恢复阶段、产教融合阶段。针对产教融合政策实施困境，研究认为政策主体在"追求经济效益的工具理

[①] 曹晔. 新中国初期半工半读教育的形成及其实现形式[J]. 职业技术教育, 2013, 34(16): 72-77.

[②] 罗汝珍. 职业教育产教融合政策的制度学逻辑分析[J]. 职业技术教育, 2016, 37(16): 8-13.

[③] 周晶. 中国职业教育发展的根本方向: 40 年来职业教育产教融合发展的历程、规律与创新[J]. 职业技术教育, 2018, 39(18): 6-16.

[④] 刘文杰. 新中国成立 70 年我国职业教育发展回顾与前瞻[J]. 内蒙古社会科学(汉文版), 2019, 40(2): 192-197.

[⑤] 袁平凡, 谌雷元. 新中国 70 年职业教育产教融合的历史经验与演变逻辑: 对 25 份职业教育政策法律法规文本的分析[J]. 职业技术教育, 2019, 40(33): 18-24.

[⑥] 沈洁, 徐守坤, 谢雯. 我国高等教育产教融合政策的逻辑理路、实施困境与路径突破[J]. 高教探索, 2021(7): 11-18.

性"与"以人为本的价值理性"间的失衡及权力结构与权力资源的错位匹配是影响高等教育产教融合政策实施的深层因素。为了突破高等教育产教融合政策实施困境，政策主体应回归对"人"的关注，破解扭曲沟通之殇；打破边界，破解权力失衡之困。

（二）产教融合政策变迁逻辑研究

李玉珠[①]发现产教融合制度是由社会建构的，其形成涉及政府、企业、学校、学生、社会合作者等多元利益相关者，这些利益相关者的利益诉求及利益冲突影响着产教融合制度的形成。祁占勇、王羽菲[②]研究发现，产教融合政策总体经历了初步探索阶段（1978—1995 年）、多样化创新阶段（1996—2010 年）和不断深化阶段（2011 年至今），且具有不断追求长效发展的价值取向、积极倡导多元主体参与、始终重视"双师型"师资建设、持续完善职业教育与产业精准对接等特点。方绪军[③]认为，政策语境下职业教育产教融合的逻辑本质是职业教育内在发展对"产""教"概念的辩证认识与深化而形成的政策性框架，体现出职业教育的教育属性和社会属性的有机调和。陈鹏、王辉[④]指出，我国产教融合政策的生产先后经历了以学校为主导的内生式产教结合、校企共同参与的外延互动式产教结合和校企多要素衔接的内涵渗透式产教融合三个阶段。肖靖[⑤]指出产教结合是校企合作、工学结合的初级阶段，产教融合是校企合作、工学结合的高级阶段。在政策变迁方面，我国职业教育工学结合和校企合作经历了从产教结合到产教融合的变迁过程。潘海生等[⑥]指出，当前基于成本补偿理念出台的产教融合政策，在实施过程中存在针对性不强、时效性欠佳、政策体系不完善等现实困境，且存在政策"越位"、"错位"与"脱轨"等问题。张绪忠、郭宁宁[⑦]运用政策扩散理论，结合深化产教融合政策的扩散情形，深入分析探讨深化产教融

---

① 李玉珠. 产教融合制度及影响因素分析[J]. 职教论坛, 2017(13): 24-28.

② 祁占勇, 王羽菲. 改革开放 40 年来我国职业教育产教融合政策的变迁与展望[J]. 中国高教研究, 2018(5): 40-45, 76.

③ 方绪军. 政策语境下职业教育产教融合的逻辑及启示[J]. 中国职业技术教育, 2018(12): 13-18, 55.

④ 陈鹏, 王辉. 我国产教融合政策的生产、分配与消费：话语分析的视角[J]. 教育研究, 2019, 40(9): 110-119.

⑤ 肖靖. 从产教结合到产教融合：40 年职业教育的政策变迁[J]. 中国高校科技, 2019(8): 66-71.

⑥ 潘海生, 宋亚峰, 王世斌. 职业教育产教融合政策框架建构与困境消解[J]. 吉首大学学报(社会科学版), 2019, 40(4): 69-76.

⑦ 张绪忠, 郭宁宁. 省级行政区域深化产教融合政策的扩散机制研究[J]. 教育发展研究, 2020, 40(7): 15-21.

合政策的四种扩散机制。王羽菲、祁占勇[①]发现拥有完备的政策体系、注重与产业相匹配、发挥企业重要的参与作用、倡导新型现代学徒制模式、建立合理的经费投入机制、细化多元主体协调合作机制等，是先发国家发展职业教育的基本经验。王坤等[②]的研究表明，产教融合政策的部门协同逐渐形成了以"国务院-教育部-发改委"为核心的联合发文网络。欧阳恩剑[③]认为我国职业教育产教融合制度演进经历了包含一体期、分离断裂期、改革完善期和相交融合期等四个变迁阶段。尤莉等[④]将我国国家层面颁布的高等职业教育产教融合政策划分为供给面、需求面和环境面三类。修南[⑤]认为产教融合作为一种跨界融合的制度，通过非正式制度和正式制度两条路径发生了制度变迁。

八、产教融合的比较研究

（一）产教融合的国别比较研究

蒙菊花[⑥]研究发现，印度产教融合存在合作质量偏低、合作效率不高、合作界面不广等问题，为此，我国在深化产教融合的过程中，要加强政策引导、推动创业型大学的建设、增强产业界社会责任。刘其晴[⑦]总结了芬兰职业技能竞赛的经验，其主要包括围绕职业教育发展重点，明晰技能竞赛举办目标；以需求为导向，使技能竞赛类型多样化；以效益为指引，兼顾各方主体利益；积极申办世界技能大赛，充分发挥媒体宣传效应；创建卓越技能训练体系，提供指导资源保障。卿中全[⑧]指出，新加坡职业教育走产教融合、校企合作之路的成功经验一直沿袭至今，并不断被赋予新的内涵。马良[⑨]通过介绍英国产教融合型企业的实践经验，提出了可供参考的"中英技能合作

① 王羽菲，祁占勇. 国外职业教育产教融合政策的基本特点与启示[J]. 教育与职业，2020(23)：21-28.
② 王坤，沈娟，高臣. 产教融合政策协同性评价研究（2013—2020）[J]. 教育发展研究，2020, 40(17)：66-75.
③ 欧阳恩剑. 我国职业教育产教融合的制度变迁：制度供给理论的视角[J]. 中国职业技术教育，2020(13)：5-12.
④ 尤莉，钱丽明，王晓梅. 高等职业教育产教融合政策工具分类及优化路径：基于2010—2019年国家政策文本的量化分析[J]. 重庆高教研究，2021, 9(3)：99-110.
⑤ 修南. 产教融合的制度变迁、问题及优化路径[J]. 职教论坛，2021, 37(1)：20-27.
⑥ 蒙菊花. 印度高校产教融合发展的现状及启示[J]. 中国高校科技，2017(5)：60-61.
⑦ 刘其晴. 产教融合视角下芬兰职业技能竞赛的经验及启示[J]. 教育与职业，2017(21)：36-40.
⑧ 卿中全. 新加坡职业教育发展述评：探索、改革与经验[J]. 高等工程教育研究，2018(2)：195-200.
⑨ 马良. 英国"学位学徒制度"及"产教融合型企业"浅析[J]. 中国高等教育，2019(10)：63-64.

计划"。李俊、李东书[1]从行业企业参与形式、学校适应产业界需求主动性、产教融合层面、成本分担机制、政府角色等五个维度提出了新的适合分析包含中国在内的职业教育产教融合国际比较框架。托马斯·雷明顿、杨钋[2]回顾了中、美、俄三国支持技能供求匹配的全国性政策，之后聚焦于国家内部的区域创新，并基于"资本主义多样性"文献与三个国家若干地区的实地调研，以技能合作的深度和广度为基础，发展出对技能形成领域公私合作伙伴关系模式的分类方法，并尝试解释各种合作模式之间的差异。鄢彩玲、李鹏[3]发现德国工程教育通过"学习工厂"建设实现了产教深度融合，打通了产教融合的"最后一公里"。德国"学习工厂"依据工程实践全流程与生涯全阶段确定学习内容，设计并组织"目标-过程-方法"协同推进的教学实施，建构"服务学习、真实体验"的工程实践学习情境，不仅在组织结构上实现了工业生产与高校教学的有机整合，而且成功地将工程实践知识转化为具体的教学内容，为工程教育产教融合积累了丰富的实践经验。秦咏红等[4]诠释了德国能力导向的技术教学论的相关思想，即技术教学对能力的促进取决于行动体系和学科体系双方面的建构，为了实现行动能力与专业知识的协同开发，需要整合双重校企学习场所、学习系统和认知方法路径。曾阳[5]横向比较了美国、德国、澳大利亚三国的职业教育产教融合制度，着力探讨了如何通过制度创新和合作生态构建，推进职业教育与区域产业良性互动，进而推动产教融合创新发展。

（二）产教融合的院校比较研究

白逸仙、郭丹主要探讨了美国德雷塞尔大学[6]、欧林工学院[7]的合作教育模式。其中，德雷塞尔大学工学交替的运行模式、严格的申请标准、多样的合作教育项目类型以及相关指导课程富有特色；欧林工学院的合作实验室模

① 李俊, 李东书. 职业教育产教融合的国际比较分析: 以中国、德国和英国为例[J]. 高等工程教育研究, 2019(4): 159-164.

② 托马斯·雷明顿, 杨钋. 中、美、俄职业教育中的校企合作[J]. 北京大学教育评论, 2019, 17(2): 2-25, 187.

③ 鄢彩玲, 李鹏. 德国"学习工厂"的经验与启示: 兼论如何打通产教融合的"最后一公里"[J]. 国家教育行政学院学报, 2020(10): 70-77.

④ 秦咏红, 郑建萍, 王晓勇. 产教融合实训基地的技术教学论基础与建构方案[J]. 高等工程教育研究, 2020(5): 95-100, 109.

⑤ 曾阳. 比较视域下职业教育产教融合的制度分析与合作生态构建[J]. 职业技术教育, 2021, 42(4): 42-47.

⑥ 白逸仙, 郭丹. 美国德雷塞尔大学合作教育的实践及启示[J]. 中国高校科技, 2014(5): 75-77.

⑦ 白逸仙, 郭丹. 欧林工学院产教融合模式研究及启示[J]. 中国高校科技, 2015(10): 66-68.

式、创新实验室模式、高级工程项目模式、企业合作伙伴模式等四种模式充分体现了产业发展和技术进步对高等教育的支撑和引领。向美来、易伟松[①]对北美地区工程教育领域采用合作教育的做法进行了介绍。王辉[②]介绍了美国社区学院在校企协作、产教融合方面的做法，研究发现，该"项目群"的兴起有力地推动了社区学院系统的应用技术强化，进而为其产教融合奠定了基础。此外，他还对芝加哥城市学院群"应用技术强化"改革进行了仔细的观察和研究[③]，研究指出，其改革成功的关键包括领导者团队对改革进程的全力推进、产教主体间的紧密协作与深度融合、人才培养项目集群的"精心打磨"与"全方位覆盖"以及制度体系的改革与完善。杨舒然等[④]介绍了加拿大高校开设的创新创业课程，以及辅助创新创业课程的教练引导法，并发现加拿大创新人才培养从项目到模式再到具体的课程教育，都体现了产教融合的理念。胡天助[⑤]研究发现，泰国阿卜杜拉国王科技大学将研究生教育发展航向锁定为"产业导向"。胡德鑫、纪璇[⑥]发现，世界一流大学产教融合的组织建构形态划分为院校与企业的协同研发、院校与产业集群的资源置换、院校与联邦政府的科研攻关、院校与州政府及企业的互利互惠四种模式。沈黎勇等[⑦]研究认为，解决高校产教融合内卷化困境的有效途径包括建构"教学主体＋社会力量"的"工程教育共同体"、形成"问题导向＋学科交叉"的"工程教育新体系"、探索"教学实验＋企业实践"的"工程教育新模式"、强化"科研教师＋工程导师"的"工程教育新师资"。此外，谢笑珍[⑧]也以麻省理工学院（Massachusetts Institute of Technology，MIT）为研究对象，探究了其面对外部环境变化与挑战实施的历次"大胆变革"的"新式教育"，以期为新工科运动提供可借鉴的工程教育范式嬗变与创新范本。

---

① 向美来，易伟松. 产教融合背景下新工科建设途径：北美合作教育启示录[J]. 中国高校科技，2019(S1)：80-84.

② 王辉. 校企协作助推产教融合：美国社区学院校企协作"项目群"的兴起[J]. 高等教育研究，2015，36(3)：102-109.

③ 王辉. 校企协作助推产教融合：芝加哥城市学院群"应用技术强化"改革的经验与启示[J]. 比较教育研究，2016，38(1)：39-44.

④ 杨舒然，杨洋，包崇许. 加拿大产教融合的创新人才培养研究[J]. 现代教育技术，2019，29(1)：120-126.

⑤ 胡天助. 产业导向：泰国国王科技大学研究生教育改革的经验与启示：以 ChEPS 项目为例[J]. 外国教育研究，2019，46(6)：74-88.

⑥ 胡德鑫，纪璇. 世界一流大学产教融合的组织建构研究：以加州大学伯克利分校为例[J]. 中国人民大学教育学刊，2021(4)：63-78.

⑦ 沈黎勇，齐书宇，费兰兰. 高校产教融合背景下人才培育困境化解：基于 MIT 工程人才培养模式研究[J]. 高等工程教育研究，2021(6)：146-151.

⑧ 谢笑珍. MIT "初心"初探：基于产教融合的视角[J]. 高等工程教育研究，2021(5)：166-172.

九、产教融合的多维研究设计

学术界已有的研究，高度关注了产教融合的政策价值、政策焦点、政策内涵、政策内容、政策路径等，广泛探究了产教融合的实践案例、实践经验、实践模式、实践路径等，还深度探讨了产教融合的学术意蕴。作为政策、实践、理论研究的三重焦点，产教融合可谓"万千宠爱集于一身"，聚焦了各个方面的目光，也被揭示出了众多的内在逻辑和实践规律。

尽管如此，产教融合仍有许多内容和领域尚待探究和开拓。本书拟从组织学的角度，运用共生理论，从基层学术组织的角度，探究产教融合的组织机理；拟从科学学的角度，基于"教育-科技-人才"一体化的国家战略，以省域为研究的空间范围，以广东省为案例，探究产教融合中的科技创新服务实践逻辑；拟从空间地理学的角度，基于"郡县治，天下安"的传统治理逻辑以及产教融合型城市建设的国家战略，以广东省为空间范围，以惠州市为案例，探究产教融合型城市建设的地市策略。综合上述分析，本书按照"基层组织—科技创新—区域空间"的逻辑线索，从三个方面分三章具体阐释产教融合的实践路径及改革对策（图 0-3）。

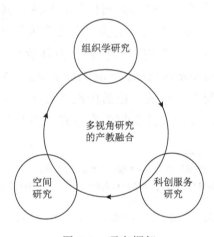

图 0-3　研究框架

第一章　产业学院：产教融合的基层组织视角

产业学院，是中国的应用型高等教育、职业教育领域具有创新特征的基层组织。在创建产业学院方面，广东率先探索且成就卓著。国内许多学者认为，2012年中山职业技术学院依托政府、学校企业的力量、按照"一镇一品一专业"模式陆续兴建6所产业学院，是国内政府、学校、企业共建产业学院的标志性开端。①

作为率先探索产业学院的省份之一，广东省广泛遴选和积极建设示范性产业学院。广东省教育厅于2019年遴选出首批10所示范性产业学院，它们是：华南理工大学的微电子学院和软件学院、华南农业大学的温氏集团产业学院、惠州学院的旭日广东服装学院、东莞理工学院的粤港机器人学院和先进制造学院（长安）、佛山科学技术学院的半导体光学工程学院和机器人产业学院、广东白云学院的曙光大数据学院、华南理工大学广州学院的智能制造产业学院。2020年遴选出第二批16所示范性产业学院，它们是：华南理工大学的自动化科学与工程学院、华南农业大学的大北农产业学院、华南师范大学的人工智能机器人教育产业学院、广东工业大学的集成电路设计产业学院、广东海洋大学的现代滨海畜牧产业学院、广东石油化工学院的广油-瑞派创新设计学院、广州大学的智能软件学院、广州医科大学的金域检验学院、深圳大学的微众银行金融科技学院和腾讯云人工智能学院、惠州学院的仲恺信息学院、东莞理工学院的粤台产业科技学院和西门子智能制造学院、佛山科学技术学院的中国中药产业学院、肇庆学院的电子信息产业学院、吉林大学珠海学院的阿里云大数据应用学院。这些示范性产业学院以及部分院校重点建设的产业学院，都是极好的实践案例，也是极佳的调查研究对象。

2020年，教育部、工业和信息化部研究制定的《现代产业学院建设指南（试行）》在指导思想上强调"以立德树人为根本任务，以学生发展为中心，突破传统路径依赖，充分发挥产业优势，发挥企业重要教育主体作用，深化产教融合，推动高校探索现代产业学院建设模式，建强优势特色专业，完善

---

① 易雪玲，邓志高. 探索"专业镇产业学院"高职教育发展新模式[J]. 中国高等教育，2014(Z3)：59-61.

人才培养协同机制，造就大批产业需要的高素质应用型、复合型、创新型人才，为提高产业竞争力和汇聚发展新动能提供人才支持和智力支撑"，提出了经过四年左右时间，以区域产业发展急需为牵引，面向行业特色鲜明、与产业联系紧密的高校，重点是应用型高校，建设一批现代产业学院的建设目标，确定了育人为本、产业为要、产教融合、创新发展的建设原则，确立了创新人才培养模式、提升专业建设质量、开发校企合作课程、打造实习实训基地、建设高水平教师队伍、搭建产学研服务平台、完善管理体制机制等建设任务。

教育改革发展和应用型人才培养的实践经验及其内在规律表明，学校与企业之间全面、深入的跨界合作是产教融合的关键，校企合作共建产业学院是其组织载体，具有中国特色、能够解决广东问题的校企共建产业学院的实践模式和具体路径是撬动改革与发展的杠杆支点，也是当前的理论焦点和学术热点。

探究产业学院问题，具有较高的应用价值。第一，它有助于科学总结基层自发的实践探索经验。从实践上看，率先探索建设产业学院的省市及院校，在无意识、自发性的创新中摸索了校企共建的路径，形成了一些值得总结的模式，但这些路径尚待对比分析，这些模式尚待梳理提炼。第二，能为后发型院校建设产业学院提供模式借鉴和路径参考。随着产教融合的日益深入，建设产业学院日益成为当前职业院校、应用型本科院校以及专业学位研究生教育深化改革、推进发展的组织变革契机。总结先发的院校通过自主探索而形成的建设经验，能为后发院校提供有益的参考、启示和借鉴。第三，可为政府提供决策咨询参考。在中央和广东等各级地方政府高度重视推进产教融合、建设产业学院的背景下，本书能为各级政府提供有益的决策咨询和参考。

探究产业学院问题，具有较高的学术价值。在产业学院建设领域，本书有助于拓宽研究论域、深化理论研究。从理论上看，本书针对校企合作共建产业学院的论题，拟借鉴、运用组织学与生态学理论，从"建成了什么""如何建设"两个方面，围绕校企共建产业学院的模式和路径两大论题开展研究。相对于目前国内学术界习惯于以产业学院"是什么"为重心的研究而言，本书在研究论域上更为宽广；同时，本书借鉴多学科的研究视角开展研究，有助于深化相关命题的探究。

在积极建设产业学院以高质量发展职业教育和高等教育、大力推进产教融合的进程中，根据产业学院的改革发展动态和趋势，亟须具体探讨以下问题。其一，目前学术界已经做出了哪些前期成果？如何基于前期研究成果，针对产业学院研究中存在的不足，从产业学院视角，围绕产教融合问题，做出总体研究设计？其二，如何借鉴共生理论，深度探究产业学院的共生特性？其三，如何立足于中国的产业学院建设实践，系统探究产业学院的共生—演化逻辑？

第一节　产业学院视角的产教融合研究设计

对于产业学院，学术界有不同的认识。李宝银有关产业学院的功能性定义被学界所熟知，他认为产业学院是高校与行业、企业、地方政府等用人单位或组织融合资金、专业、平台、基地、人才、管理等多种合作资源及要素，以行业专门人才培养、企业员工培训、科技研发、文化传承等为共同目标指向而构建的二级学院或以二级学院机制运作的办学机构。[①]如果从办学主体的角度看，产业学院其实就是由政府、学校、行业、企业等其中两个或者两个以上的主体共建而成的新型学院，一般以本科高校或高职院校中的二级学院机制运作，部分学院直接建立于产业园区或者科技园区。产业学院作为校企合作平台，旨在推进产教融合，创新人才培养模式，进行科技研发、社会服务，为区域经济发展以及产业结构升级提供新动能。[②]

既然产业学院是政府、学校、行业、企业等多方主体协作运行的平台与协作发展的结果，那么非常有必要借鉴、运用共生理论来开展研究。"共生"起源于生物界，表示两种或多种生物之间彼此依靠、相互利用的生存状态。20世纪，共生理论开始延伸至人类社会，在经济、政治、社会与管理等方面得到了广泛运用，本书主要基于袁纯清教授关于共生理论的相关论述，将产业学院看作一个共生系统，分别从共生单元、共生环境、共生界面、共生能量、共生模式等方面展开探讨。共生单元是共生体形成的基本物质条件，本书的共生单元主要指产业学院中的各合作主体，主要包括政府、学校、行业、企业等单元；共生环境是指共生单元以外的元素总和；共生界面是共生单元之间进行物质、信息与能量交流的通道；共生能量是指共生单元之间通过相互作用而产生的价值增值；共生模式是指共生单元之间由于相互作用的方向、强度方式等不同而产生的不同组合。本书借鉴共生理论，对产业学院的形成逻辑与组织类型进行分析，为对称性互惠共生产业学院作为理想的产业学院模式而作理论上的探究。

① 李宝银，汤凤莲，郑细鸣. 产业学院的功能设计与运行模式[J]. 教育评论，2015(11)：3-6.
② 李宝银，陈荔，陈美荣. 转型发展中应用型本科院校产业学院建设探究[J]. 教育评论，2017(12)：3-6.

一、研究设计的理论前提：文献综述

（一）产业学院

1. 产业学院的理论研究

2006 年以来，中国知网上开始出现以"产业学院"为关键词的学术论文，2013 年后研究数量呈现平缓上升趋势，2018 年之后相关论文发表数量大幅上升并不断增高（图 1-1），这表明产业学院正迅速成为当今乃至未来的研究热点。从主题上看，产业学院的研究几乎贯穿了高等教育、职业教育的所有领域、所有论题。

图 1-1　以"产业学院"为关键词的发文数量年度趋势

从相关主题来看，在文献中，与产业学院有关的主题词出现频率较高的有校企合作、高职院校、企业管理、产教融合、人才培养、校企共建、协同育人、专业镇、新工科、职业技术学院、工学结合、中山职业技术学院等，这些均是产业学院不可回避的研究内容。关于产业学院的研究内容从以下几个方面进行梳理。

1）产业学院的要素研究

首先是产业学院的性质研究。有学者发现，1998 年英国教育与就业部策划的产业大学[1]，与中国的产业学院在字面表达上极为相近，基于此，国内有学者甚至将其看作中国产业学院的开端和起源。但深究其内涵和外延，则可发现它们之间的差异较大。英国的产业大学主要是利用现代化的网络技术向企业和个人提供开放式的远程学习方式，并将学校教育和培训、公司企业、图书馆等利益群体聚集在一起，刺激包括公共部门和私营部门在内的组织机构开发各类学习产品；相对于普通教育机构而言，产业大学为英国提供的教育产品更为丰富，服务群体更为广泛，更能提高企业的生产力与个人的就业

---

① 黄丹青. 英国产业大学的发展及其特色[J]. 中国电化教育, 2001(8): 55-57.

能力。但是，英国的产业大学指向的是终身教育，在组织运行上逐渐向着商业运行性质的机构发展，在组织特性上更类似于中国的国家开放大学以及部分大学设置的网络教育学院。与英国产业大学不同的是，中国的产业学院主要是高校、职业院校开展校企合作、推进产教融合的组织载体。

其次是产业学院的内涵研究。多个学者基于各自研究视角提出了不同的定义。大致分为以下几种定义方式：一是功能性的定义，立足于人才培养的中心目标，为参与产业学院组建的政府、高校、行业、企业等各主体以及区域经济发展带来利益与效用。例如，徐秋儿认为产业学院是高职院校为了提升人才培养质量，促进工学结合而进行的一种积极探索，是在与企业深度合作的基础上建立的以教学为主体的实践教学基地。[①]产业学院在提高企业生产能力与效益以及培养素质技能型人才方面具有新型的作用。在此基础上，李宝银等进一步丰富了产业学院的功能范围并将产业学院定位为高校内部的组织机构。[②]二是组织性的定义，将关注的重点聚焦于产业学院本身的组织结构和运行机制方面，是关于"产业学院本身是什么"的定义。比如，朱为鸿、彭云飞认为产业学院是"以资源共享与合作共赢为目标，依托高校建立的具有健全的独立运行机制，服务于某个行业企业的新型办学机构"[③]。该定义突出了产业学院的独立运行机制，每个产业学院都有独特的治理结构，并且提出了产业学院实体组织与虚拟组织两种类型的办学机构，更加丰富了产业学院的内涵。此外还有一些学者对产业学院进行了较为狭隘的定义，比如，提出了高职产业学院、混合制产业学院[④]等不同类型产业学院的定义。在本书中，产业学院被看作不同主体为了实现各自利益而组成的共生体；尽管产业学院的模式多样，但具有共同的特点：紧密对接区域经济发展与地方产业，通过政府、学校、企业、行业各方力量的共建共享，促进政治行政资源、教育资源、产业资源的深度融合，实现各方利益主体的共赢发展。

再次是产业学院类型的研究。不同的协同育人主体、投资方式和运行管理机制造就了类别多样的产业学院。把层次、内容、体制等作为划分依据，产业学院展现多类型运行模式。比如，李宝银等[⑤]通过对作为二级学院的产业学院内部的组织制度及运行机制的分析发现，在对产业学院功能进行理论

① 徐秋儿. 产业学院：高职院校实施工学结合的有效探索[J]. 中国高教研究, 2007(10)：72-73.
② 李宝银, 汤凤莲, 郑细鸣. 产业学院的功能设计与运行模式[J]. 教育评论, 2015(11)：3-6.
③ 朱为鸿, 彭云飞. 新工科背景下地方本科院校产业学院建设研究[J]. 高校教育管理, 2018, 12(2)：30-37.
④ 张艳芳, 雷世平. 论混合所有制产业学院的内涵、地位及属性[J]. 中国职业技术教育, 2018(34)：50-55.
⑤ 李宝银, 汤凤莲, 郑细鸣. 产业学院的功能设计与运行模式[J]. 教育评论, 2015(11)：3-6.

分析的基础上，依据不同合作主体提出了校企综合型、校企订单型、校行合作型、校地合作型、校会联合型五种产业学院组建方式，这是对 2007 年以来零星出现的产业学院研究的理论性总结，成为研究产业学院分类发展的重要文献，具有节点性意义；朱为鸿、彭云飞[1]从产业学院的功能、合作要素、合作对象、高校类型进行产业学院多维度类型的划分，归纳出产业学院的多种组合类型和运行模式。

最后是关于产业学院功能的研究。已有的研究文献大多涉及产业学院的功能定位研究。综观这些研究可以发现，产业学院的功能主要表现在三个方面：服务区域经济、科技建设等；促进高校专业建设与产业紧密对接，创新协同育人培养方式、提高学生就业职业能力、改善实践教学环境、培养应用型师资队伍等；促进企业、产业、行业的发展。

2）产业学院的运行研究

产业学院在运行过程当中，以人、财、物为主体的各项活动遵循着内部基本的准则并且形成了相应的制度，内外因素彼此联系并且相互作用保证了产业学院的顺利运行。产业学院的运行机制主要包括投资体制、管理体制、育人模式等。易雪玲、邓志高以"专业镇产业学院"为代表探讨高职教育发展的模式，将中山职业技术学院的四个产业学院的投资体制、管理体制、运行机制等进行了介绍性分析。[2]何鹏则基于企业以及学校双元主体角度，对高职学院混合所有制二级产业学院的运行机制和模式进行了探究。[3]王忠诚等指出，由于校企合作缺乏与之相配套的政策法规，政府、学校、企业合作三方在权利、义务上存在较大分歧和矛盾，阻碍了校企合作的深入发展，研究提出了基于理事会管理模式下二级产业学院的办学体制与培养模式。[4]由于不同种类的产业学院的功能和运行机制大相径庭，因此各学者在对产业学院运行机制进行梳理与研究时往往基于不同类型的产业学院，并在运行机制的分析基础上形成了诸多特色的运行模式。较为著名的有镇校企模式、滕头园林模式、黄金珠宝学院人才培养模式、四双融合培养模式、紫金模式、新工科培育模式（人才培养-产业升级-高新技术孵化-科研成果转化），此外还

① 朱为鸿, 彭云飞. 新工科背景下地方本科院校产业学院建设研究[J]. 高校教育管理, 2018, 12(2): 30-37.

② 易雪玲, 邓志高. 探索"专业镇产业学院"高职教育发展新模式[J]. 中国高等教育, 2014(S3): 59-61.

③ 何鹏. 创新混合所有制二级产业高职学院建设探究[J]. 辽宁高职学报, 2017, 19(1): 24-26.

④ 王忠诚, 潘维琴, 张健, 等. 理事会管理模式下二级产业学院办学体制与培养模式创新研究与实践[J]. 中国职业技术教育, 2016(2): 60-64.

有"三三制"①、"四双融合"②、"六共协同育人"③等针对不同专业的人才培养模式。

首先是产业学院投资制度的研究。主要包括投资的主体、结构、内容以及利益划分等方面的研究，其中学者关注较多的是投资经费、设备、场地、人力等多方面的研究。易雪玲、邓志高对中山职业技术学院的专业镇产业学院的投资体制进行了研究，提出其在"镇校企"多元办学投资体制下的混合制特色。④万伟平研究了中山职业技术学院的产业学院除常规性资金保障外，还包括慈善基金等其他渠道的资金筹措方式。⑤良好的投资体制依托政府经费和场地的投入，企业对仪器设备、实训基地、师资等的支持，以及学校对人力资源的投入。虽然大部分产业学院在投资方面还未形成规范的制度体系，但这些产业学院在进行建设管理时都进行了不同程度的思考。

其次是关于产业学院管理体制的研究。由于每个学者对管理体制所包含的范围认识不一，因此所探讨的重点略有不同。比如，有些研究从学院管理内容入手，有些研究从产业学院的发展规划、人才培养、课程教学、实习实训、学生管理、项目申报等方面展开。其中董（理）事会领导下的院长负责制是当前产业学院探索最多的领导管理体制，研究者以学校的实践案例介绍为主，对管理目标、管理制度流程、权责利益关系等进行探讨。万伟平从董（理）事会制度、院长负责制度、产业学院管理机构与管理制度三方面对产业学院的管理体制创新进行了研究。⑥总体而言，对于产业学院管理体制的研究较少，且主要局限于个别产业学院的实践案例或者经验介绍。

3）产业学院的实践研究

第一，以新工科为背景，立足工科自身特点，探讨新工科类产业学院的运作模式、人才培养、功能创新等内容，主要是在相关理论支撑下对本科院校的案例进行分析与研究。焦以璇以东莞理工学院为例探讨了四种产业学院

---

① 沈孟康, 吴立军, 肖红. 市场营销专业"三三制"人才培养模式的改革与实践——以中山职业技术学院为例[J]. 中国商论, 2016(18): 183-184, 186.

② 龚惠兰. 高职院校"四双融合"人才培养模式探索: 以中山职业技术学院产业学院为例[J]. 当代职业教育, 2017(4): 80-85.

③ 沈绮云, 万伟平. 产教融合提升校企合作中的企业主体地位: 以中山职业技术学院产业学院校企合作长效机制建设为例[J]. 辽宁高职学报, 2015, 17(8): 31-34.

④ 易雪玲, 邓志高. 探索"专业镇产业学院"高职教育发展新模式[J]. 中国高等教育, 2014(S3): 59-61.

⑤ 万伟平. 职业教育助推区域产业转型升级的路径研究: 基于中山职业技术学院"校镇合作"共建产业学院的实践探索[J]. 当代职业教育, 2016(9): 9-13.

⑥ 万伟平. 职业教育助推区域产业转型升级的路径研究: 基于中山职业技术学院"校镇合作"共建产业学院的实践探索[J]. 当代职业教育, 2016(9): 9-13.

的建立与运行模式,归纳出 9 个特色产业学院所形成的产教协同育人新模式[①];李伟等以佛山科学技术学院（2024 年更名为佛山大学,下同）为例探讨了"3+1"工科人才培养模式[②];范立南、李佳洋对新工科背景下多方协同产业学院的发展机制进行了研究。[③]

　　第二,以普通本科高校向应用型高校转变为背景,将产业学院作为其转型平台,探索在此背景下产业学院的建设任务与内容。李宝银等提出产业学院是应用型本科院校转型发展深入探索的结果和关键环节,并从建立组织机构与管理机制、明确建设目标与培养定位、构建育人模式与课程体系等方面阐明了应用型本科院校产业学院的建设任务和内容。[④]值得注意的是,针对本科的文化与体育类产业学院进行现状和对策分析,以及对地方文化产业进行理论探索的文章居多。例如,袁嘉刚提出云南文化产业学院的创建是解决文化产业人才培养难题的重大举措,他立足云南省的经济、文化背景,进行了产业学院地方性人才培养的探讨。[⑤]陈继岩采用文献资料法、调查法,从经济学角度探讨了文化创意产业学院发展体育产业化的现状并提出对策性建议。[⑥]

　　第三,有关高职院校层次的产业学院研究较为丰富。主要以广东省、福建省、浙江省与江苏省等的高职院校为研究对象。尤其值得重视的是,以广东省的中山职业技术学院为实践案例进行产业学院研究的文献占到了总数的 1/6,说明广东省中山职业技术学院的"一镇一品"模式在全国已形成特色品牌,但另外也表明我国的产业学院仍处于起步探索阶段,其相关的理论研究与实践建设亟须加强。

　　高职院校产业学院的研究基本从以下两个方面展开。第一,以利益相关者多方协同视角,围绕政府、学校、行业、企业等多方协同的合作机制进行研究,主要包括产业学院的运行模式、针对产业学院中各合作主体所承担的职责定位等内容。例如,盘红华以浙江经贸职业技术学院为例,对高职"校企一体化"合作办学模式的必要性和实施途径进行了研究。[⑦]姚奇富提出由

① 焦以璇. 东莞理工学院 产教融合共育人才[N]. 中国教育报,2018-07-20(1).

② 李伟, 叶树林, 华蕊. 地方本科院校"3+1"工科人才培养模式探索[J]. 高教论坛,2017(10):58-61.

③ 范立南, 李佳洋. 新工科视域下多方协同产业学院的共建共管机制研究[J]. 教育现代化,2018, 5(1):129-131,143.

④ 李宝银, 陈荔, 陈美荣. 转型发展中应用型本科院校产业学院建设探究[J]. 教育评论,2017(12):3-6.

⑤ 袁嘉刚. 云南文化产业发展中的人才培养初探:兼论云南文化产业学院的创办[J]. 云南社会主义学院学报,2006(3):50-53.

⑥ 陈继岩. 文化创意产业学院体育产业化现状及策略研究[J]. 科技展望,2014,24(24):234.

⑦ 盘红华. 高职"校企一体化"合作办学模式探索与研究[J]. 价值工程,2014(15):271-273.

于组织方式和行为方式的不同组合，高职院校与县域发展形成的共生关系模式表现为多种共生状态，对称互惠一体化共生状态则是高职院校与县域共生发展的良性共生关系，这一形成过程也是深化"县校协同创新"的过程。[1]第二，在产业学院的专业、课程以及教学方面，多以某一高校具体专业为例，对高职产业学院课程教学现状进行调查分析，并提出改进措施及建议。唐正玲认为，在高职产业学院建设的背景下，集系统性、独立性、指向性、开放性等特点于一体的课程群是课程组织形态的理想选择，课程群建设方式较大程度上满足了产业学院对明确的产业服务面向、灵敏的市场需求跟进、高效的资源配置与利用、产业服务综合性功能发挥等的需求。[2]唐建兵针对成都大学旅游文化产业学院的课程教学的现状和问题，提出改进措施。[3]李微波、黄春平探究了中山职业技术学院实践教学模式的改革与创新。[4]

4）研究述评

综上所述，有关产业学院的研究呈现出以下特征。

第一，理论性研究还有很大的空白之处，研究的数量以及质量都有待提升。具体而言，具体到某一产业学院的实证研究、个案研究占绝大部分，相较于建设实践的介绍，相关的理论研究数量较少，内容多集中于产业学院功能、运行模式、制度逻辑、政策意义、办学体制机制的创新、办学模式、人才培养模式等，经验性的总结较多，关乎产业学院建设所遵循的共性规律缺乏相应的理论探究。理论与实践相辅相成，二者缺一不可，是辩证统一的关系。用理论去指导实践，在实践中创新理论，两者只有结合起来才能发挥最大的作用。

第二，有关产业学院的研究，不仅需要"向后看"，总结其建设经验，亦需"向前看"，探索其发展规律。产业学院作为新生的院校组织，建设实践本就先于理论发展，因此个案调查与案例介绍成为主要的研究方式，而以实践研究、院校案例分析为基础的理论研究和逻辑梳理仍较欠缺。

第三，一些学者基于实践的发展，提出了与产业学院有关的理论模式、运行模式、功能设计、育人模式等，体现出研究者从实践到理论的抽象概括。

---

[1] 姚奇富. 高职院校与县域发展的共生模式研究[J]. 教育发展研究, 2016, 36: 120-124.

[2] 唐正玲. 课程群建设：产业学院建设背景下的课程改革策略[J]. 职教通讯, 2016, 31 (18): 16-19.

[3] 唐建兵. "旅游规划与开发"课程教学现状与改革分析：以成都大学旅游文化产业学院为例[J]. 教育与教学研究, 2010, 24 (1): 85-88.

[4] 李微波, 黄春平. 协同育人范式下的实践教学模式改革与创新：以中山职业技术学院为例[J]. 辽宁高职学报, 2016, 18 (3): 61-65.

但同时，由于产业学院的专业性比较强，因此基本是限制于某一具体的专业或者专业群领域，对其学理性的分析有待结合我国的经济发展背景、地方发展状况、院校自身条件等进行持续深入思考。总之基于一所院校的自身研究比较多，但是基于多个院校的综合性、宏观性论证比较少；对遇到的现实难题的讨论比较多，但是对产业学院的整体的逻辑和规律的考虑比较少，特别是运用一些理论框架和视角进行产业学院发展逻辑的研究依然有很多有待深化之处。

2. 产业学院的相关政策梳理

产业学院的建设旨在解决人才培养供给侧与产业需求侧存在的结构性矛盾，畅通教育链、人才链、产业链与创新链的衔接，而政府从政策层面给予支持意义深远。但我国直接关于产业学院建设的政策文件屈指可数，唯一明确提到产业学院建设的文件是 2017 年的《国务院办公厅关于深化产教融合的若干意见》（国办发〔2017〕95 号）。具体到各省市，产业学院的建设仅在广东、浙江、福建、上海等地进行了一定探索，带有试点性和区域性，直接性的政策鼓励也仅在福建省和广东省发布的示范型产业学院建设中有所提及。

1）国家层面的政策梳理

与产业学院相关的国家政策梳理如表 1-1 所示。

表 1-1　与产业学院相关的国家政策梳理表

时间	文件名称	要点
1998 年	《面向二十一世纪深化职业教育教学改革的原则意见》（教职〔1998〕1 号）	"职业教育教学工作必须贯彻产教结合的原则。"
2000 年	《教育部关于加强高职高专教育人才培养工作的意见》（教高〔2000〕2 号）	"学校与社会用人部门结合、师生与实际劳动者结合、理论与实践结合是人才培养的基本途径""教学与生产、科技工作以及社会实践相结合是培养高等技术应用性专门人才的基本途径"
2004 年	《教育部关于以就业为导向深化高等职业教育改革的若干意见》（教高〔2004〕1 号）、《教育部关于印发陈至立国务委员在全国职业教育工作会议上的重要讲话的通知》（教职成〔2004〕7 号）	部分地区探索"职教集团""订单式培养""政府投入""行业企业办学"，职业教育规模化发展，得到更多企业、社会的支持
2011 年	《教育部关于推进高等职业教育改革创新引领职业教育科学发展的若干意见》（教职成〔2011〕12 号）	"现代学徒制""校中厂""厂中校""顶岗实习"等校企合作形式出现

续表

时间	文件名称	要点
2012 年	《国家教育事业发展第十二个五年规划》（教发〔2012〕9 号）	"促进职业教育与经济社会发展有机结合。着力推进政府主导、行业指导、企业参与的办学机制建设，落实各方主体责任；大力推行校企合作、工学结合、顶岗实习的人才培养模式，创新职业教育人才培养体制；完善政产学研的协作对话机制，推进行业企业全过程参与职业教育；积极探索多元主体合作共赢的集团化办学机制。充分发挥劳动力市场对人才培养的引导作用，根据产业需求优化专业结构，促进职业教育与劳动力市场的开放衔接，推动职业院校面向市场自主办学。加强行业指导能力建设，有效发挥行业在建立健全行业人才需求预测机制、行业人才规格标准和行业职业教育专业设置改革机制等方面的指导作用。鼓励各地、各行业从自身实际出发，实行多种形式的产教结合和校企合作，促进职业院校的专业设置与产业布局对接、课程内容与职业标准对接、教学过程与生产过程对接、学历证书与资格证书对接、职业教育与终身学习对接。建立职业教育与产业体系建设同步协调制度，实现职业教育体系与现代产业体系、公共服务体系的融合发展。"
2014 年	《国务院关于加快发展现代职业教育的决定》（国发〔2014〕19 号）	"产教融合、特色办学"：同步规划职业教育与经济社会发展，协调推进人力资源开发与技术进步，推动教育教学改革与产业转型升级衔接配套；突出职业院校办学特色，强化校企协同育人。 "鼓励多元主体组建职业教育集团"。研究制定院校、行业、企业、科研机构、社会组织等共同组建职业教育集团的支持政策，发挥职业教育集团在促进教育链和产业链有机融合中的重要作用。鼓励中央企业和行业龙头企业牵头组建职业教育集团。探索组建覆盖全产业链的职业教育集团
2015 年	《教育部 国家发展改革委 财政部关于引导部分地方普通本科高校向应用型转变的指导意见》（教发〔2015〕7 号）	指导思想："贯彻党中央、国务院重大决策，主动适应我国经济发展新常态，主动融入产业转型升级和创新驱动发展，坚持试点引领、示范推动，转变发展理念，增强改革动力，强化评价引导，推动转型发展高校把办学思路真正转到服务地方经济社会发展上来，转到产教融合校企合作上来，转到培养应用型技术技能型人才上来，转到增强学生就业创业能力上来，全面提高学校服务区域经济社会发展和创新驱动发展的能力。"
2017 年	《国务院办公厅关于深化产教融合的若干意见》（国办发〔2017〕95 号）	鼓励企业依托或联合职业学校、高等学校设立产业学院和企业工作室、实验室、创新基地、实践基地，促进人才培养供给侧与产业需求侧结构要素全方位融合，培养大批高素质创新人才和技术技能人才，这是国家政策层面第一次明确表述设立"产业学院"的开端
2018 年	《教育部 2018 年工作要点》（教政法〔2018〕1 号）	提出启动中国特色高水平高职学校和专业建设计划，这将是继国家示范性高职院校建设之后又一次具有战略意义的重大举措，其中"深化产教融合、校企合作"是关键

2）省域、地市层面的政策梳理

部分省域的产业学院政策梳理如表 1-2 所示。

表 1-2　部分省域的产业学院政策梳理表

时间	省份	文件名称	要点
2017 年	福建省	《福建省教育厅办公室关于做好示范性产业学院遴选工作的通知》（闽教办高〔2017〕14 号）《福建省教育厅关于公布 2017 年示范性产业学院名单的通知》（闽教高〔2017〕38 号）	为进一步深化产业学院改革，支持高校主动面向区域、行业办学，提升精准服务能力，打造产教融合品牌，决定遴选 5 个左右建设基础较好、创新特色明显、办学成效显著的示范性产业学院
2017 年	福建省	《福建省现代职业教育发展规划（2017—2020 年）》（闽教职成〔2017〕69 号）	充分发挥行业对职业教育的指导作用、企业的办学主体作用。到 2020 年，初步建立政府主导、行业指导、企业参与的职业教育办学机制，建设 10 个左右国家级示范性职教集团和一批省级、市级职教集团
2018 年	广东省	《广东省教育厅关于推进本科高校产业学院建设的若干意见》（粤教高函〔2018〕102 号）	通过产业学院建设，构建产学全方位全过程深融合的协同育人长效机制，促进人才培养供需双方紧密对接，改善高校专业结构，实现校企之间信息、人才、技术与物质资源共享，将产业学院建设成为集人才培养、科学研究、技术创新、企业服务、学生创业和继续教育的多功能基地，实现区域教育和产业的联动创新发展，破解产学错位难题，形成高等教育应用型人才培养的广东模式
2018 年	山东省	《山东省教育厅关于开展山东省高等学校协同创新中心（产业对接类）认定工作的通知》（鲁教科函〔2018〕2 号）	聚焦新旧动能转换"十强"产业，特别是新一代信息技术、高端装备等 5 个新兴产业，决定在省内高等学校新认定一批对接行业产业的协同创新中心。是山东省高校主动对接产业和新经济发展的举措

　　据上述省域政策可知，在高校办学过程中，产业学院与产教融合、协同育人、实践基地建设、双师型教师培育、组建职业教育集团等改革发展内容密切相关。产业学院正是在相关政策的指引下不断完善育人本位，坚持正确的办学方向，以深化产教融合校企合作为目标，以创新人才培养模式、提高人才培养质量为根本任务，以共建、共管、共享、共赢为基本准则，以区域或行业企业需求为导向，深度融合校内外资源，创新办学机制与人才培养模式，形成可持续、可推广的人才培养特色，不断提升学校、学科专业影响力与竞争力。

（二）共生理论

1. 共生理论的提出及发展

　　作为"共生"概念最早提出者的德国学者德贝里（Anton de Bary）认为，共生是不同生物种属按照某种联系而生活在一起的状态[①]，共生双方均能从

[①] 周益斌，肖纲领. 职业教育产教融合共生体的发展困境及推进策略研究——基于共生理论的视角[J]. 苏州大学学报（教育科学版），2023, 11（2）：80-87.

对方获利、实现共同发展。生物学领域的共生现象旨在揭示，生物群落中不同种类的生物生活在一起，互相存在活体性的营养联系，且这种联系保持长久性存在。德贝里之后的研究进一步表明，共生即是两个或两个以上的生物在生理上的相互依存，共生是合作者之间形成的稳定、平衡、持久的组合关系，是生物适应复杂多变的环境、逐步与其他生物联合且彼此互利的相互关系。[①]

20世纪中期，研究者们逐渐将研究的焦点转移到了人类社会当中，从一开始的自然生物领域研究转向了经济、社会、政治、管理等各个领域。学者们利用共生理论对某些经济现象、组织间的关系等进行研究，拓展了新的研究空间。随着生物学家不再独享共生的概念和相关理论，共生概念和方法理论逐步被人类学家、社会学家、经济学家、管理学家甚至政治学家借鉴使用，人们对共生的认识开始上升到哲学高度，人类社会的介入扩大了共生原有的内涵和功能。共生理论应用范围的拓展，使得它的方法论价值甚至大于其理论本身的价值。比如在日本，共生哲学逐渐成为哲学研究的主流，并认为共生关系具有异质性、创造性、积极性、相互性等特征，强调人类社会的共生就是要彼此尊重、相互依存。[②]

20世纪后半期，不同学科之间的联系开始加强，社会科学发展势头良好，共生理论下的普遍联系开始应用于不同的学科和领域，包括哲学、社会学、经济学、民族学、管理学等诸多领域，其中工业与企业生产中引入共生研究方法的研究较多。1977年，汉纳和弗里曼结合组织生态学的理论，通过建立数学模型解释种群演化的主要途径，分析了企业个体的发展演变。他们研究了企业生存与变迁的重要影响因素——种群密度，而技术与制度条件是影响种群密度的关键因素，进而对企业的发展变迁路径产生深刻作用。在此基础之上，后来的学者还提出了企业生态位、企业超级竞争模型、企业生态系统协同进化理论、企业生态系统演化理论等，将共生理论渗透到企业生产发展的研究中。此外，西方学者中还将共生运用到心理学、伦理学研究中。比如，瑞士心理学家维雷娜·卡斯特认为，共生就是一个人与另一个人、与具有一定思想的团体、与一片土地、与一位死者等的融合。[③]加塞尔认为，共生即并存，同生同灭。总的来说，西方学术界把共生看作"在一起生活的智慧"[④]，并从共生理论的视角出发，对人与世界的关系进行了深入探究。

① 苗泽华, 彭靖. 工业企业生态系统及其共生机制研究[J]. 生态经济, 2012, 28 (7): 94-97, 104.
② 龟山纯生. 共生理念的具体深化与佛教思想的参照意义[J]. 神部明日香译. 国外社会学, 2002 (1): 58.
③ 维雷娜·卡斯特. 体验悲哀[M]. 赖升禄译. 北京: 生活·读书·新知三联书店, 2003: 132.
④ 埃德加·莫兰. 复杂性理论与教育问题[M]. 陈一壮译. 北京: 北京大学出版社, 2004: 60.

在将共生理论转化运用到其他领域的过程中，袁纯清的贡献不可忽视。他梳理了共生的三要素、共生系统、共生的基本原理以及运用共生理论分析的基本逻辑，进而分析了我国小型经济的发展现状与特征并提出小型经济的发展战略。[①]在此之后，我国其他学者在不断深究共生理论本身的同时，开始运用共生理论探索不同领域的共生系统运行问题，其中在经济领域的研究占比较高。比如，高材林对共生经济领域的基本内容进行了界定，总结出了"经济组织体""资源和成果性质""共生体"等[②]。鲍博分析了不同规模企业的共生模式和共生关系。[③]此外，在营销、贸易、财务、金融等细分的经济领域，共生理论也被广泛运用。

2. 共生要素研究

共生，是共生单元之间在一定的共生环境之下按某种共生模式共同存在的状态，可从共生单元、共生环境、共生界面、共生模式、共生能量等方面具体分析共生。[④]综合国内相关学者的研究，共生理论中共生要素的含义、性质、地位、类别如表 1-3 所示。

表 1-3　共生理论中的共生要素

基本概念	含义	性质	地位	类别
共生单元	共生系统的最小构成单元，彼此间依靠物质、信息、能量等的流动和交换维持联系	外部特征：象参量 内部特征：质参量 象参量兼容	共生的基本物质基础	同类共生单元；异类共生单元
共生环境	共生关系存在与发展的空间条件，与共生单元共同组成了共生系统	因时、地、其他条件（不同的共生单元）而变化	共生的外生变量	正向、负向、中性
共生界面	共生界面是共生单元之间进行能量交流和交换形成的机制和方式，或者说是共生单元之间进行物质、能量和信息传导、交流和分配的中介物质	共生界面依靠并且相互作用的物质的或精神的媒介	共生关系中的载体和通道	有形共生界面与无形共生界面、有介共生界面和无介共生界面、内共生界面和外共生界面、单一界面和组合共生界面
共生模式	共生单元之间按一定准则进行能量、物质和信息的交流而形成的最终结果，表现为共生关系	是共生单元之间、共生单元与共生环境之间相互作用的关系	共生的关键	点共生、间歇共生、连续共生、一体化共生；寄生、偏利共生、非对称性共生、对称性互惠共生

① 袁纯清. 共生理论及其对小型经济的应用研究(下)[J]. 改革, 1998(3): 75-85; 袁纯清. 共生理论及其对小型经济的应用研究(上)[J]. 改革, 1998(2): 100-104.

② 高材林. 共生经济决定合作创新行为[J]. 国际经济合作, 1995(7): 54-55.

③ 鲍博. 中小企业发展理论及其发展政策[J]. 中州学刊, 2000(6): 40-42.

④ 袁纯清. 共生理论及其对小型经济的应用研究(下)[J]. 改革, 1998(3): 75-85; 袁纯清. 共生理论及其对小型经济的应用研究(上)[J]. 改革, 1998(2): 100-104.

3. 共生原理研究

共生起初是由强调个体间发展关系而提出的一种理念，不同领域的学者对其进行解释、运用、改造之后，一些学者也对共生理论本身进行了总结与概括。除了在具体领域对其思想理念进行运用外，学者们也对共生理论的基本原理、依据以及结论等进行了概述和分析。比如，袁纯清最早对共生理论的基本原理进行了梳理，并详细阐述了"质参量兼容原理""共生能量生成原理""共生界面选择原理""共生系统相变原理""共生系统进化原理"[①]等内容。这些原理作为共生理论的核心精华，体现了共生的基本特点，是其他学科领域的研究进行借鉴的重点内容。

4. 共生理论的拓展应用

肇始于生物学领域的共生概念，逐渐被生物学、经济学、政治学、教育学等不同学科领域借鉴使用。在我国，自1998年袁纯清将共生理论引入到经济研究之后，社会研究、教育研究等领域的学者也迁移、借鉴共生理论，开展实证研究和理论分析，其中，把共生理论作为研究视角的硕士、博士学位论文已超过500篇。

基于共生理论的经济研究，既有关于宏观经济的理论思考，也有基于具体经济组织运行的研究。在宏观经济领域，最早引入共生理论的是我国学者袁纯清，他以共生理论为基础，对我国的小型经济的研究[②]，对城市商业银行改革问题的探索[③]，都较具开创性意义。高材林基于共生视角的经济研究，提出了"经济组织体""资源和成果性质""共生体""内部经济收益""外部经济收益"等与共生经济密切相关的五个主要因素[④]。在微观经济领域，企业研究的文献占比最大。程宏伟运用共生理论对资本共生模式与企业财务治理结构的关系进行了探讨[⑤]；徐光华的博士学位论文《基于共生理论的企业战略绩效评价研究》[⑥]、郑晓军的博士学位论文《民营企业共生机理及模

---

① 袁纯清. 共生理论及其对小型经济的应用研究(下)[J]. 改革, 1998(3): 75-85; 袁纯清. 共生理论及其对小型经济的应用研究(上)[J]. 改革, 1998(2): 100-104.

② 袁纯清. 共生理论及其对小型经济的应用研究(下)[J]. 改革, 1998(3): 75-85; 袁纯清. 共生理论及其对小型经济的应用研究(上)[J]. 改革, 1998(2): 100-104.

③ 袁纯清. 金融共生理论与城市商业银行改革[M]. 北京: 商务印书馆, 2002.

④ 高材林. 共生经济决定合作创新行为[J]. 国际经济合作, 1995(7): 54-55.

⑤ 程宏伟. 资本共生模式与财务治理结构[J]. 山西高等学校社会科学学报, 2002(2): 43-45.

⑥ 徐光华. 基于共生理论的企业战略绩效评价研究[D]. 南京: 南京农业大学, 2007.

式研究》①，都将共生理论运用于企业绩效评价。郝陶群的博士学位论文《基于仿生学视角的区域创新系统构建理论及应用研究》运用仿生学的研究方法，通过与生物个体、种群、群落和整个生态环境的比较分析，依次对技术创新、技术创新动因、技术创新主体、区域创新系统及其内部机制和演化过程进行了仿生化研究。②吴飞驰的著作《企业的共生理论：我看见了看不见的手》以共生律、共生力及其相关概念为起点，对企业在发展中的共生本质进行了剖析，从"企业的权威共生""企业的交换共生"角度进行了共生分析。③程大涛运用共生理论对企业集群特点进行了深度剖析，并就浙江中小企业集群化模式进行了大量实证研究④；鲍博则基于企业的不同规模，论述了企业共生模式和共生关系⑤。有学者借助共生理论研究企业融资行为、合作创新、产业集群中的企业利益共同体等问题，代表性成果有任志华的博士学位论文《中小企业融资行为与商业银行制度和业务创新》⑥、尹碧涛的硕士学位论文《基于共生理论的合作创新环境研究》⑦、佘波的硕士学位论文《产业共生体的生成机理与实证研究》⑧等。在工业领域，共生理论常常被用于工业生态学研究，侧重研究企业间优势资源项目等的交流与互换、生态工业园区⑨等。陶永宏从共生的视角研究船舶产业集群形成的机理，包括共生结构、共生关系以及共生模式，并基于 Logistic 模型对其稳定性进行了验证分析，从共生视角探讨了船舶产业集群共生发展模式的四个影响因素，对于船舶产业集群的发展具有创新思考的价值。⑩李丹认为，生态工业园区建设有利于控制企业的共生成本、提高共生效益、实现利润最大化，从而产生良好的工业共生经济效益与社会效益，增强中小企业的融资信心和能力。⑪

　　2002 年胡守均教授所著的《走向共生》一书是第一次运用共生理论进行社会学研究的著作，并提出，"社会共生论以人人平等为前提，每个人生而平等。个人之间有不同利益，团体之间有不同利益，阶级之间有不同利益，当

---

① 郑晓军. 民营企业共生机理及模式研究[D]. 武汉: 武汉理工大学, 2007.
② 郝陶群. 基于仿生学视角的区域创新系统构建理论及应用研究[D]. 长春: 吉林大学, 2008.
③ 吴飞驰. 企业的共生理论: 我看见了看不见的手[M]. 北京: 人民出版社, 2002.
④ 程大涛. 基于共生理论的企业集群组织研究[D]. 杭州: 浙江大学, 2003.
⑤ 鲍博. 中小企业发展理论及其发展政策[J]. 中州学刊, 2000(6): 40-42.
⑥ 任志华. 中小企业融资行为与商业银行制度和业务创新[D]. 天津: 天津大学, 2003.
⑦ 尹碧涛. 基于共生理论的合作创新环境研究[D]. 武汉: 华中科技大学, 2006.
⑧ 佘波. 产业共生体的生成机理与实证研究[D]. 上海: 上海社会科学院, 2006.
⑨ 尹碧涛. 基于共生理论的合作创新环境研究[D]. 武汉: 华中科技大学, 2006: 12-15.
⑩ 陶永宏. 基于共生理论的船舶产业集群形成机理与发展演变研究[D]. 南京: 南京理工大学, 2005.
⑪ 李丹. 基于共生理论下生态工业园区内企业融资能力研究[D]. 沈阳: 沈阳工业大学, 2006.

然有冲突有竞争，但是冲突和竞争并不是要消灭对方，而是以共生为前提"[①]。金应忠借鉴共生理论，开展了构建良性国际共生关系、共建人类命运共同体的政治学领域研究[②]；刘荣增以共生理论为基础，讨论了人与自然共生、城乡共生、区域间共生、社会各阶层间共生以及经济与文化共生五大关系[③]；张桂华以社会共生论为理论基点，认为在经济飞速发展的同时不可避免地存在一些亟须解决的社会问题，并基于社会发展的哲学视角提出了调整结构、理顺社会关系进而构建和谐社会的目标。[④]

有关教育领域的共生研究成果越来越多。张蕾、孟繁华从多个学校联合组成的基础教育集团出发，基于社会制度环境、参与教育集团的各成员学校、教育集团共生网络、资源链四大要素，构建了基础教育共生网络，并划分出四种运作类型：核心—轴承型、区域—拓扑型、级别—直线型和嵌套—复杂型，并以实际案例予以证明。[⑤]张翔的博士学位论文，以教师教育为出发点，以提升培养教师专业素养为研究重点，探究了大学与小学的共生性合作作为教师教育重要途径的作用，并对 U-S 共生性合作的机制、当下模态、实践困境以及制度变革进行了探究。[⑥]刁叔钧从共生视角出发，认为产学双方应在产学研共生系统中，本着互惠互利的原则进行合作。[⑦]周金其从高校组织变革角度探讨了独立学院与母体高校的共生发展，并归纳出独立学院与母体高校共生的28 种形态、独立学院变革发展的 2 种基本模式（"蜕变再生""逆生退化"），对独立学院与母体高校之间的共生发展进行了创造性思考。[⑧]姚奇富从大学与县域发展的关系出发，基于共生模式中的组织和行为两大划分维度，探究了高职院校和县域的共生关系与共生模式，为校县协同创新发展提供了新的研究思路。[⑨]王银花梳理了澳门高等教育四百多年的历史，探讨了澳门高校、市场、政府、社团、教会五个共生单元之间的互动组合，并将澳门高等教育与城市之间的共生关系进行分类，提出建构互惠互利共生良性互动关系的建议。[⑩]

① 胡守均. 走向共生[M]. 上海：上海文化出版社, 2002: 22.
② 金应忠. 国际社会的共生论：和平发展时代的国际关系理论[J]. 社会科学, 2011(10): 12-21.
③ 刘荣增. 共生理论及其在构建和谐社会中的运用[J]. 中国市场, 2006(Z3): 126-127.
④ 张桂华. 社会共生——和谐社会的发展哲学[J]. 博览群书, 2007(1): 98-103.
⑤ 张蕾, 孟繁华. 基础教育集团共生网络的运作机理与类型研究[J]. 上海教育科研, 2018(11): 83-87.
⑥ 张翔. 教师教育 U-S 共生性合作问题研究[D]. 重庆：西南大学, 2012.
⑦ 刁叔钧. 论基于共生理论的产学合作教育联盟[J]. 高教探索, 2012(2): 144-146.
⑧ 周金其. 基于共生理论的高校独立学院演变研究——以浙江省为例[D]. 杭州：浙江大学, 2007.
⑨ 姚奇富. 高职院校与县域发展的共生模式研究[J]. 教育发展研究, 2016, 36: 120-124.
⑩ 王银花. 澳门高等教育与城市之间的互动共生关系研究[J]. 高校教育管理, 2015(5): 57-62, 83.

二、总体研究设计

（一）研究思路

　　本书以现有的产业学院研究为学术基础，引入生物学领域的共生理论，具体分析产业学院的共生逻辑。具体而言，主要探究以下问题。首先，借鉴共生理论，简要分析作为共生系统的产业学院。具体而言，从共生单元、共生环境、共生界面、共生能量等方面分析产业学院的共生要素，厘清产业学院共生关系的多重性、共生能量的流通性、共生体的共进化性等共生特征；从组织维度探究产业学院的点共生、间歇共生、连续共生、一体化共生状态；从行为维度分析产业学院的寄生、偏利共生、非对称共生、对称性互惠共生。然后，基于产业学院的中国实践，具体探究产业学院的共生—演化逻辑（图 1-2）。

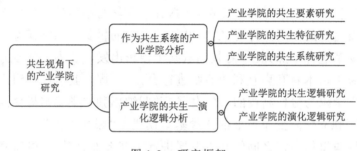

图 1-2　研究框架

（二）研究方法

1. 研究整合法

　　文献分析法虽然不能作为一种独立的研究方法[①]，但在研究中可以以文献分析为基础，通过整理分析有关产业学院与共生理论相关的文献、著作以及会议纪要等，对共生理论的研究思路及框架做出明确梳理，并对将共生理论运用于各领域特别是教育领域的文献进行细致归类和分析，找到以共生理论作为分析框架的关键点，同时将前人对产业学院的理论文献研究、建设实践介绍等进行全方位的搜集梳理，进而针对文献开展元分析、元研究[②]，从而为本书探究产业学院的共生逻辑以及共生对策提供理论依据。

① 姚计海. "文献法"是研究方法吗——兼谈研究整合法[J]. 国家教育行政学院学报, 2017(7): 89-94.
② 姚计海. "文献法"是研究方法吗——兼谈研究整合法[J]. 国家教育行政学院学报, 2017(7): 89-94.

2. 比较分析法

收集全国产业学院建设资料，以政府、高校、企业为产业学院建设主体。不同主体之间有各自不同的分类，不同类型主体之间的合作造就了迥异的产业学院运行模式，通过比较其不同点归纳出各类型产业学院的共生特色。此外，本书依据共生模式划分出不同的产业学院共生类型，以探究产业学院的共生逻辑。

第二节　作为共生系统的产业学院

共生，是产业学院建构与运行的基本特征。从共生的理论视角出发，可以深入分析产业学院的共生要素、共生特征以及共生系统。

一、产业学院的共生要素

（一）产业学院的共生单元

共生单元是构成共生体或共生关系的基本能量生产和交换单位，是形成共生体的基本物质条件[①]。生物领域中的共生较为简单，例如海葵和小丑鱼。海葵用身体的毒刺保护小丑鱼不受其他生物的伤害；而小丑鱼通过海葵消化完的残渣保证自身食物供给，同时也帮助海葵清理了身体。社会领域中的共生分析较为复杂。比如，在企业集群组织共生体中，处于生产线上的上中下游企业个体是共生单元；在学校共生体中，共生单元包括专家、大学老师、中小学老师、行政领导、学生、家长等[②]。在产业学院中，共生单元有政府、高校、企业、行业等。产业学院的每个共生单元具有不同的性质，且各自可做出不同层次和类型的划分，因此，依据政府、高校、企业、行业等不同共生单元的不同层次和类型，可形成若干种不同的理论上的组合（表1-4）。

表 1-4　产业学院中共生单元不同类型划分

共生单元 A（政府）	共生单元 B（高校）	共生单元 C（企业）	共生单元 D（行业等）
A1 省政府	B1 高校	C1 单个企业	D1 第一产业（农林牧渔）
A2 市政府	B2 二级学院	C2 多个企业	D2 第二产业（制造、电力等）

---

① 袁纯清. 共生理论及其对小型经济的应用研究（上）[J]. 改革, 1998（2）: 101-105.

② 彭婷. 共生理论视域下教师学习共同体分析[D]. 重庆: 西南大学, 2016.

续表

共生单元 A（政府）	共生单元 B（高校）	共生单元 C（企业）	共生单元 D（行业等）
A3 县政府	B3 专业群	C3 龙头企业	D3 第三产业（第一、第二产业之外的产业）
A4 乡镇政府	B4 专业	C4 产业园区	—

　　上述单元之间的不同组合，可形成各异的产业学院共生体 A-B-C-D。在"政府"这一共生单元中，依据政府的不同行政级别划分出常见的四种单元类型：第一，省政府一般提供政策支持或发挥中间沟通作用；乡镇政府则对产业学院的场地、资金提供直接帮助。第二，"高校"作为共生单元，是大多数产业学院的主体；在共建产业学院时，可能是整所高校与企业、政府等建立合作，也可能是高校中的某个二级学院与企业、政府合作，还有可能是高校中某个专业单独与企业合作，或不同二级学院中的某些专业协同对接某个产业链（比如，广州科技贸易职业学院动漫游戏产业学院对接了动漫游戏产业链，在产业链的上游对接的是设计类专业、中游对接的是制作类专业、下游对接的是服务类专业）。第三，"企业"作为共生单元，可以是自发与高校合作的单个或多个企业，也可以是政府牵头下产业园区当中的企业集群（比如，浙江工商职业技术学院智能电子学院的电子专业、计算机网络技术专业和自动化技术专业三个专业组成的专业群对接宁波区域企业集群）。第四，"行业"作为共生单元，并不具有普遍性，仅在部分产业学院中发挥中介沟通或资源供给的作用。除此之外，还有科研院所、研究机构等组织作为共生单元，参与产业学院的建设。

　　在共生理论中，质参量和象参量是衡量共生单元的两个指标。质参量是指决定共生单元内在性质及其变化的因素，象参量是指反映共生单元外部特征的因素[①]。在组成产业学院的各共生单元中，质参量是多种类的，产业学院中的"人才"无疑是各共生单元中的核心要素，人才培养是产业学院各主体的利益共同点。

　　高校的任务是培养人才，企业的目标在于吸纳人才，区域经济发展需要利用人才，此外作为人才重要来源的学生也完成了由学校向社会中"职业人"身份的转换，因此人才培养是产业学院中重要的质参量。产业学院当中存在多个质参量，但各质参量的地位是不同的，往往存在一个主质参量，其对产

---

① 袁纯清. 共生理论及其对小型经济的应用研究（上）[J]. 改革, 1998（2）: 101-105.

业学院起到决定作用，专业建设作为构建产业学院的基础，就扮演了主质参量的角色。产业学院应该将专业建设作为"重中之重"[①]，将课程、教学、师资、实践统一到专业建设中来，专业设置与建设紧密对接产业发展，专业教学内容也与地方产业特点、生产技术保持一致，以此作为产业学院核心而展开建设。同时，在产业学院组建的共生关系中，各共生单元的象参量也具有多维度特性，象参量从不同角度反映了共生单元的外部特征，例如国家整体战略布局、区域经济的特色发展、企业发展的规模等等，这些象参量也会直接或间接对共生单元产生一定影响，并且最终对共生体——产业学院的设计与运行起到重要作用。

需要指出的是，共生单元同时受到质参量、象参量的影响，但是质参量和象参量对于共生系统的作用效果并不完全相同。其中质参量的变化往往起着根本性的决定作用，在产业学院共生体中体现为学院的运行管理、人才培养、企业协同方式、政府政策支持等，其变化会对产业学院共生系统起到决定性的作用；而象参量本身变化较为平缓，在一定阶段突变的可能性较小，在一定时间段内对共生体产生积极或消极作用。此外，共生单元中的质参量相互兼容也是共生体发展的重要前提，即产业学院人才培养方式符合区域经济发展，产业学院的专业设置、课程建设、实践教学能够与区域经济发展和产业结构相匹配，这样便能够共同促进共生系统的稳定发展。

（二）产业学院的共生环境

共生环境是指共生关系（共生模式）存在发展的外生条件。共生单元以外的所有因素的总和构成共生环境[②]。同时共生环境与共生单元集群之间往往存在物质、信息、能量的交流。在生物领域，地衣是藻类和真菌共生的复合体，藻类进行光合作用依靠的太阳光、真菌依靠的水分和无机盐就是共生单元之外的共生环境。在社会领域，以旅游产业为例，共生环境包括国家的政策法规、景区景点的自然环境、景点本地居住民、自然灾害、经济危机等。学者们对共生环境进行了如下分类：一种是自然环境、政治经济环境，一种是直接共生环境和间接共生环境[③]，还有一种则是主要共生环境与次要共生环境。在产业学院当中，共生单元之外的所有因素构成了共生系统的环境，

① 宣葵葵，王洪才. 高校产业学院核心竞争力的基本要素与提升路径[J]. 江苏高教，2018（9）：21-25.
② 袁纯清. 共生理论及其对小型经济的应用研究（上）[J]. 改革，1998（2）：101-105.
③ 王璠. 基于共生理论的中小城市空间结构发展策略研究[D]. 哈尔滨：哈尔滨工业大学，2010.

完善和谐的共生环境，能够有助于产业学院的稳定运行，进一步促进共生体的良好发展。共生环境包括经济发展状况、产业种类及集群程度、资源供给、宏观经济政策环境等等，这些环境因素对产业学院共生体的影响也有直接与间接、主要与次要之分。从中山职业技术学院 6 所专业镇产业学院来看，直接、间接的共生环境和主要、次要的共生环境，能共同影响产业学院的建设与发展（表 1-5）。①

表 1-5　中山职业技术学院专业镇产业学院共生环境分析表

共生环境种类	直接共生环境	间接共生环境
主要共生环境	专业镇经济发展特色、区域产业结构升级、企业实践教学环境	国家产教融合支持政策、"1+X" 证书制度
次要共生环境	行业发展特征、企业生产环境	高校运行管理的宏观政策

从产业学院的自然、政治、经济环境分类来看，自然环境系统包括产业学院所处的地理位置与自然资源；政治环境系统包括各级政府相关政策、学校企业等享有的权利等；经济环境系统包括市场运行与人才就业环境等。产业学院的共生环境系统就是以上三种环境的并集。例如，基于各省迥异的经济发展状况，政府出台不同的政策予以支持，宁波在率先出台的《宁波市职业教育校企合作促进条例》中提出成立职业教育校企合作促进会，为宁波市职业教育校企合作建立公共服务平台，形成政府主导、行业企业参与的办学制度；广东省在产业转型升级和新旧动能转换的背景之下，从 2015 年起率先启动高水平理工科大学和理工类学科建设工作，并于 2016 年 1 月出台《中共广东省委　广东省人民政府关于加强理工科大学和理工类学科建设服务创新发展的意见》（粤发〔2016〕1 号），将华南理工大学、广东工业大学、南方科技大学、佛山科学技术学院、东莞理工学院 5 所高校作为首批高水平理工科大学建设高校。产业学院作为探索新工科建设的新路径，精准对接产业结构调整以及产业转型升级需求，探索"高校+研究院+企业"的合作模式，而 2019 年 7 月公布的 10 所示范性产业学院中有 7 所来自理工类高校。可见产业学院的兴建与该地区政治经济等环境密切关联，直接影响着产业学院的

① 中山职业技术学院. 镇校企共建产业学院推进产教深度融合[EB/OL]. https://tzpy.centv.cn/article/1223 [2021-11-24].

共生类型。

此外，共生环境并非一成不变，而是会随着时空条件的不同而有所差异，进而对共生体造成持续性影响。这一影响集中表现在对产业学院的模式、类型的建设上。例如，福建省 2017 年公布的 5 所示范性产业学院中只有一所是有关信息技术类专业的（三明学院-中兴通讯 ICT 学院），而广东省 2019 年公布的 10 所示范性产业学院中有 8 所类属信息技术、新兴智能，这与省域经济发展状况以及产业结构特色有着十分重要的关联，以此可见共生环境对于产业学院建设的影响。同时，产业学院不仅会受到共生环境的影响，也会反过来对共生环境产生影响，例如，中山职业技术学院所属产业学院培养的人才，从以往劳动密集型所需的简单操作工人升级为现在的复合型创新人才，满足了企业产品的设计、生产、销售链条式的人才需求，同时为中山市产业转型升级提供了专业的人力资本。

（三）产业学院的共生界面与共生能量

在共生理论中，共生界面主要指共生单元之间接触的方式和机制的总和，它是共生单元之间物质、能量和信息交换的介质、载体和通道；共生能量是共生系统生存和增殖能力的具体体现，是共生单元通过共生界面作用所产生的物质成果。共生单元如果是基本原材料，则需依靠共生界面才能形成各种各样的共生关系，其实质也就是共生单元之间的相互作用。共生界面不仅决定共生单元的数量和质量，而且决定共生能量的生产和再生产方式。在社会领域中，共生能量的增加包括密度增容和维度增容等方式。产业学院共生能量的增加有多种办法、多条途径。具体而言，可以通过增加各主体之间的合作内容，拓展合作形式，例如，在专业设置、课程建设、实习实训、师资培育等方面发挥高校和企业的互通作用；还可以通过增加共生介质的多样性、稳定性等保障产业学院的运行，例如，政府、高校、企业共同组成董事会等组织机构，共同对产业学院实施领导和管理，且政府出台相关保障与资助政策，确保企业的积极性与利益不受损失；另外，高校与相关企业还可以签订合作协议，约定各方出资比例，形成正式的制度安排等。

共生界面的类型有很多，依据不同的划分维度可分为：有形共生界面与无形共生界面、有介共生界面和无介共生界面、内共生界面和外共生界面、单一界面和组合共生界面。产业学院中的人才流动就属于有形共生界面，而政校之间的政策信息、校企之间的技术共享等属于无形共生界面。产业学院的共生单元之间一般都是有介共生界面,高校和企业签订共同的项目合作计划,签订的协议作为有介共生界面受到政府以及相关法律的保护。内共生界面一般是共生单元为了形成共生关系而自行生成或者进化的,产业学院根据经济社会发展状况、产业升级等迫切需要,不断调整人才培养模式,和企业、产业园区形成良好的合作伙伴关系,而企业对从高校所接收的"员工"采取迥异的对待方式;外共生界面则是由不直接参与共生关系的第三方建立和维护的,是共生关系之外的间接参与要素。例如,中山职业技术学院的"镇校行企"模式的产业学院基于区域性政策优势,分布在中山市不同的镇,每个镇本就具有特色的产业布局,成为校企之间合作的天然外共生界面,且学校管理层和政府领导层之间存在流通,使得高校和政府之间存在天然的联系,给产业学院的建设与运行带来极大便利。由此可见,共生界面极大程度上对产业学院建设产生重要作用。

以广州科技贸易职业学院为例①。2018 年 9 月,广州市教育局与广州开发区合作共建广州市产教融合示范区。以此为契机,广州科技贸易职业学院以广州开发区的产业集群为依托,主动融入广州开发区科技产业园区,对接智能制造产业链,与一批科技企业共同打造了 6 万平方米的广州开发区产业学院。在产业学院中,坚持育人为本、产业为要、产教融合、创新发展的原则,形成"入园建院、课岗融合"的育人模式,极大促进了应用型人才的培养和科技成果的转化落地,获得了广东省科技进步奖一等奖、广州科技创新南山奖、广东省专业领军人才、广东省创新团队等奖项。在产业学院中设立的 20 多个工作室,成为政校企之间的组合共生界面。在这些共生界面中,教师带领学生组建团队、承接周边企业的项目,不断实现产业学院的密度增容与维度增容,拓展合作渠道,增加合作项目类型,依托共生界面实现共生单元之间的协调合作,推动共生系统的共进化。

产业学院的共生界面,是一个既涉及高校、企业、政府、行业、研究机构等单元,又依靠政治、经济、地域等环境的复杂界面。其中,产业特征、区域发展、国家政策、合作主体、合作方式、合作机制、人才培养等均是其具体表现形式。依据共生单元之间的不同组合以及共生界面之间的内容传递(表 1-6),可以发现产业学院共生界面的运行特性。

---

① 叶伊倩. 广州科技贸易职业学院: 以现代产业学院为抓手 推动产教融合发展[J]. 广东科技, 2022(1): 55-57.

表 1-6 产业学院共生系统的共生界面

界面特性	校企	校政	政企
物质共享	共享仪器设备；共建实践教学基地；共同研发企业产品	政府提供建校场地	共建产业园区
信息交换	人才需求导向；就业信息传递	政府出台鼓励政策	政府政策性向导
能量共生	双师聘用；课程共建；合作技术研发	培养国家、地区经济发展的对口人才；为政府提供决策信息	完善的体制机制

表 1-6 展示了产业学院构成主体中共生界面的诸种特性。不过，各种共生界面并非始终保持一致，不同形态的共生界面所发挥的功能也各有差异。产业学院共生单元之间所生成的共生界面复杂而又多样化，有两个共生单元之间所生成的共生界面，也会有三个共生单元形成的界面。例如，由政府、高校与企业共同出资建设的实践基地，由行业、企业与各类研究院共同组建、作为产业学院领导管理机构的理事会，都是三个共生单元形成的共生界面。此外，共生界面还存在一个重要的特征系数 λ，即阻尼系数（用阻尼值表示），用来表示共生单元之间进行物质、信息、能量交换的效率。在一个合作界面中，共生介质数量越多、性能越好，则 λ 越小，表示通过该合作界面的能量损耗越小。另一个反映共生界面分配特性的是分配因子 α（$\alpha[-\in 0，1]$）；当 $\alpha=0$ 时，表示共生系统中的共生单元之间物质、信息与能量交换完全对称分配，意思就是建立了较为和谐共进的共生系统，而当分配不对称时，就会出现有损于一方的共生现象。产业学院中各共生单元之间，尤其是校企之间的能量交换就是以对称性分配作为最终目标，以此建立平等的互惠合作关系。例如，县域背景下的经济发展状况与高职院校的办学定位相匹配，县域发展与高职院校在物质、资金和信息等交流分配方面处于平等地位，以此最大限度地发挥资源集聚优势。

二、产业学院的共生特征

通过对产业学院共生要素的梳理，为探究产业学院共生体在运行过程中的共生特征奠定基础。通过对共生关系、共生能量、共生环境等要素的研究，归纳出产业学院以下三大特征：共生关系的多重性、共生能量的流通性以及共生体的共进化性。

（一）产业学院共生关系的多重性

产业学院是由异质性共生单元组建而成的共生系统，丰富的共生单元种类以及多样化的共生界面塑造了多重性的共生关系。依据共生单元之间的隶属关系，存在种内共生和种间共生。但从产业学院的建院方式看，多是种间共生，即高校与政府、企业、行业等共建共生关系。以广州科技贸易职业学院所建立的游戏动漫产业学院为例（表1-7）。该产业学院按照"产业链-专业群"的建设逻辑建设而成。其中，政府作为共生单元起到了统筹规划作用，游戏动漫产业学院的入驻很大程度上取决于广州市教育局的决策，基本宗旨是全面匹配开发区的产业格局，为开发区培养产业人才队伍。专业群的选择则是基于开发区需要、就业市场需要以及学校内部的专业资源，由广州科技贸易职业学院遴选出11个专业，分别对应产业链上游行业——设计行业（含艺术设计与文化创意行业）、中游行业——动漫产品及影视产品制作行业以及下游行业——产品的展览与营销、品牌经营与管理等服务行业。

表1-7　广州科技贸易职业学院游戏动漫产业学院的共生关系

共生类别	单元1	单元2	单元3
种间共生	高校	政府	开发区产业园区
种内共生（高校）	上游设计类专业（艺术设计、产品艺术设计）	中游制作类专业（动漫制作技术、计算机应用技术、云计算技术与应用、电子信息工程技术、模具设计与制造、机电一体化技术）	下游服务类专业（会展策划与管理、市场营销、电子商务）
种内共生（产业）	上游行业——设计行业（含艺术设计与文化创意行业）	中游行业——动漫产品及影视产品制作行业	下游行业——产品的展览与营销、品牌经营与管理等服务行业

　　根据共生单元数量，可将产业学院的共生关系划分为二元共生、三元共生和多元共生。例如，广东金融学院的保理与供应链金融产业学院，既包括广东金融学院联合的多家行业龙头企业，还依托了广东省商业保理协会、深圳市商业保理协会的大力支持。行业作为共生系统中的单元之一，对产业学院共生系统的建设方向、资源供给、沟通协调等起到重要作用，因此该共生体当中的共生关系就是典型的高校、行业、企业三元共生；而由东莞理工学院所建的长安先进制造学院则是由长安镇人民政府提供的办学场地、基础设施、部分教学仪器设备和办学经费，机械工程学院入驻当地产业园区，高校负责学院的日常管理工作，开展教学与实训，并为当地企业提供技术培训与服务。因此该类型共生体也是政府、高校、企业三元共生。以上由共生单元不同数量及性质而构成的共生系统，展现出彼此交织的共生关系，也是形成多种类型模式产业学院的前提基础。部分产业学院共生关系见表1-8。

表 1-8 基于共生单元数量的产业学院共生关系分类

类别	二元共生关系	三元共生关系	多元共生关系
举例	浙江物产-浙经院物流产业学院（浙江经济职业技术学院+浙江物产物流投资有限公司）	成都大学旅游与文化产业学（国家相关部委+四川省、成都市相关局委+学院相关专业：旅游管理、森林资源保护与游憩、园林景观设计、文化产业管理等）	宁波城市职业技术学院滕头园林学院（政府搭台引导+行业+企业+学校共建）
	浙江树人学院浙江省养老与家政产业学院（浙江省民政厅+浙江树人学院）	龙岩学院专用机械装备学院（龙岩市政府+龙工集团+经管学院）	东莞理工学院长安先进制造学院（东莞市长安镇人民政府+东莞理工学院机械工程学院+产业园区丰富资源）

　　根据系统的不同层次，产业学院的共生关系可划分为微观共生关系、中观共生关系和宏观共生关系。在宏观共生关系中，产业学院是社会经济运行当中的一个单元，产业学院与地区的经济、政治、文化、城市等宏观共生单元之间形成互动共生关系。在中观共生关系中，产业学院各共生单元之间保持交流合作关系。在微观共生关系中，产业学院的各共生单元具体探究人才共育、课程共建等问题，探索专业设置与产业需求对接、课程内容与职业标准对接、教学过程与生产过程对接的具体对策，为在宏观共生关系中实现学历证书与职业资格证书对接、职业教育与终身学习对接奠定基础。

　　从共生单元之间的力量对比和从属关系看，可划分出产业学院的横向共生关系、纵向共生关系。在纵向共生关系中，产业学院中的某个共生单元处于主导地位，起着关键性的决定作用。例如，在中山职业技术学院的专业镇产业学院中，政府起到非常重要的引导和决定作用，政府为产业学院的建设提供场地、投入资金、给予政策优惠等。在横向共生关系中，产业学院的各共生单元彼此协调、协同合作，各自贡献出自己的资源，并通过资源交换而追求共赢发展。

（二）产业学院共生能量的流通性

　　共生能量生成的前提是存在质参量兼容、共生界面得到稳定搭建。[①]共生能量的大小，表征的是共生系统生存能力的强弱；增强共生能量，是共生系统提高质量和实现进化的前提。在生物领域，共生能量的流通性有利于维持生态系统中的共生。例如，在海葵和小丑鱼所组建的共生系统中，共生能量的流通主要表现在食物生存能量和安全能量的共享上。具体而言，海葵为

---

① 袁纯清. 共生理论及其对小型经济的应用研究(上)[J]. 改革, 1998(2): 101-105.

自己和小丑鱼营造安全的生存环境，小丑鱼则通过进食食物残渣来维系自己的生存，同时也为海葵营造得以继续生存的洁净环境。各自单独存在时并不具备但两者共生时可以产生的能量，就是两者之间彼此依赖的共生能量。在产业学院中，多个共生单元之间的协同作用可促进共生能量在共生单元之间的传递，不过，考虑到多个共生单元之间的作用方式较为复杂，可采取二元组合的方式来描述共生单元之间共生能量的产生及作用方向（表1-9）。

表 1-9　产业学院共生单元之间共生能量的产生及作用方向

基本概念	高校（A）→	政府（B）→	企业（C）→	行业（D）→
高校（A）	人才对接、科研攻关	政策环境支持，场地、经费、资源供给	实习实训基地、实践师资、项目资源	信息资源、人才供给
政府（B）	科技成果	—	经济结构升级	人才、区域产业结构升级
企业（C）	技术、理论创新研究、人才、劳动力	政策扶持、倾斜政策	—	环境资源支持
行业（D）	人才供给	政策支持	人才、环境	—

产业学院共生能量的流通过程，其实也就是产业学院功能得以发挥的过程。在此过程中，产业学院的各共生单元之间通力合作，发挥教育教学、人才培养、科技研发等功能，并为实习实训、技能鉴定、职业技能大赛、企业员工培训、实践项目开发等搭建平台，从而在科研、生产、技术服务、创新创业、考核培训方面实现能量流通，进而将人才培养与市场经济效益统筹结合起来。共生能量的生成与流通，是保证共生系统正常运作的必要条件。产业学院会建立稳定的共生界面，以保证在政府、高校、企业与行业之间进行有效的信息沟通和物质能量交换，实现共生能量的顺利流通。在产业学院中，承载、生成、激活共生能量的重要载体是教师。唯其如此，一方面，高校及其二级院系积极推动本校教师进行校外实践、企业实训以增强教师的实践教学能力，激励教师积极申请校外项目、与学生共建工作室以提高教师的生产实训能力；另一方面，企业派出管理人员、技术人员等担任产业学院的兼职导师，为校内师生带去企业真实项目和一线实训等宝贵的实践资源，带领学生参与产品开发、技术改造、服务创新与提升等。为了鼓励企业开展生产、经营、管理等方面的真实情境教学，政府发挥自身宏观调控的能力，出台"双师型"教师等旨在提升教师实践素质和能力的政策文件——比如，2004年教育部公布了《高职高专院校人才培养工作水平评估方案（试行）》，鼓励高职院校聘用"双师型"教师。教师作为产业学院共生系统中共生能量的载体，

不但是高校聘用的人力资源，更是产业学院众多共生单元之间交流与互动的桥梁。通过持续不断的共生作用，教师作为共生界面，不断生成新的共生能量。

（三）产业学院共生体的共进化性

在共生系统中，不仅共生单元之间存在着物质、信息、能量的流动和交换，共生单元与共生系统之间也存在着能量的流通，进而带来共生单元、共生系统的相互促进、彼此激发，甚至持续进化与创新。进化不一定是对称性的，某些共生单元在进化过程中可能会稍微滞后，在进化发展力度上可能会相对较弱。但是，只要是良性共生状态下的共进化，均能反映共生系统的普遍本质；而有序、协同的共进化，会加速共生系统的进化发展。生物学领域的研究已经证明，对称性互惠共生是自然界中最为重要的组织规律，而且互惠共生影响着生物的生存与繁殖。在产业学院中，从各共生单元到整个共生系统，都体现了共进化性特征。以共生单元为例，各主体分别提供自身的优势资源与对方进行交换，各方在满足各自需要的基础上创造出新的共生能量，从而使整个共生系统获得前进的力量。中山职业技术学院按照"一镇一品一专业"的方式建设而成的多个产业学院，体现了共进化性。以中山职业技术学院沙溪纺织服装产业学院为例，沙溪镇政府为主要投资方，将学院建在沙溪时尚创意城，发挥其天然的地理区位优势，深度推进校企合作、高效服务产业转型升级、全力带动中小微企业技术创新。这些措施使得沙溪纺织服装产业学院在办学水平、人才培养质量、师资队伍建设水平、社会服务能力、辐射示范作用等各方面都得到了明显提升。在互联网、物联网快速发展的背景下，该产业学院紧跟时代步伐、紧扣经济社会发展需求，整合电商协会、商盟、电商服务中心等资源，推动电子商务平台建设、引入电子商务服务商、推进电子商务应用，培育了一批知名网络品牌。在此过程中，沙溪纺织服装产业学院有效促进了沙溪镇政府、服装产业、中山职业技术学院等共生单元在共生系统中的共进化。

在新一轮的科技革命与产业变革背景下，新工科专业的转型升级也较好地彰显了产业学院的共进化特征。新工科建设，其实就是通过推动现有工科转型、改造和升级，或通过现有不同工程学科的交叉复合，以及通过工程学科与其他学科的交叉融合等，努力促使工程教育的发展适应国家战略发展新需求。广东省在率先推动高水平理工科大学建设的过程中，借助政府资金和政策倾斜的优势，将产业学院作为新工科大学建设的重要抓手。在产业学院的带动下，广东省大力推进理工科大学与企业的协同创新，积极鼓励理工科大学服务地方产业发展和科技创新，为地方产业结构调整和转型升级提供科技支撑和智力支持。在此背景下，东莞理工学院借助广东省实施高水平理工科大学建设计划的契机，以长安先进制造学院为平台，积极开展"校政企协"协同育人工作。在长安先进制造学院的共生系统中，长安镇政府提供教学场地、部分办学经费等，东莞理工学院机械工程学院实际负责日常管理，将实践教育平台建立在企业或者产业园区内，实现教学过程与企业、园区产业的良性互动，保证教育与产业、人才与市场、学业与就业的紧密衔接，打通学校到企业的"最后一公里"，实现产业学院共生系统及其内部各共生单元的共进化。

三、产业学院的共生系统

上文对产业学院共生要素、共生特征的梳理分析，较为清晰地阐释了产业学院的基本构成与一般特点。在此基础上，同时为了进一步探索产业学院的运行过程，拟借鉴共生理论中的组织分析维度，探究产业学院的组织特征；借鉴共生理论中的行为分析维度，探索产业学院的改革发展行为特征。

（一）产业学院的共生组织

共生组织维度主要反映共生单元之间相互作用的组织方式。按照共生单元之间联系与合作的程度，可划分出四种模式：点共生模式、间歇共生模式、连续共生模式以及一体化共生模式。下面我们将从概念界定、开放性、共进化性等方面，比较分析产业学院的四种共生组织模式（表 1-10）。

表 1-10　四种共生组织模式比较分析

模式类型	点共生模式	间歇共生模式	连续共生模式	一体化共生模式
概念界定	在某一时刻发生作用；共生单元有一次且仅在某一方面发生交互作用；共生关系不稳定且具有随机性	在某一时段内发生作用；共生单元有多层交互关系且彼此之间在少数几个方面发生交互作用；共生关系不稳定并有随机性	共生单元之间有连续交互关系；共生单元彼此在多方面发生作用；共生关系较稳定并具有必然性	共生单元形成了共生体；共生单元彼此之间存在全方位的相互作用；共生关系稳定且具有必然性
开放性	共生单元更依赖于环境；共生关系与环境之间不存在明显的边界	共生单元有时依赖环境，有时则依赖共生关系；共生关系与环境之间存在不稳定的边界	共生单元对共生关系的依赖更大，对环境的依赖较小；共生关系与环境之间存在的边界较稳定但较不清晰	共生单元的发展主要依赖共生关系；对环境的开放表现为共生体整体的对外开放；共生体与环境存在稳定的、清晰的边界

续表

模式类型	点共生模式	间歇共生模式	连续共生模式	一体化共生模式
共进化性	事后分工，属单方面的交流；共进化作用不明显	事后事中分工；少数方面交流，有明显的共进化作用	事中事后分工，存在多方面的交流；有较强的共进化作用	事前分工为主，全线分工、全方位交流；有很强的共进化作用

资料来源：吴超. 城市区域协调发展研究[D]. 广州：中山大学，2005. 制作表格时有综合性调整。

　　"产业学院"概念早在 2007 年就出现在中文文献中，研究者认为"产业学院是指高职院校在与企业深度合作基础上建立的实践教学基地，它是高职院校实施工学结合的有效形式"。[①]产业学院这类共生组织，并非偶然情况下的突现，而是高校作为单元之一、在时代的变化与发展的背景下，以遵循办学规律与学生认知成长规律为前提，不断适应经济社会需求，加大与其他组织单元合作交流，从初阶合作到逐渐加大共生度，不断演变而最终展现出的一种新形式。在中国不同地区的院校中，产业学院呈现出多样化状态，其共生组织呈现出点共生、间歇共生、连续共生、一体化共生等成熟度各不相同的模式。

1. 点共生

　　产业学院的点共生，指的是政府、高校、企业、行业等共生单元仅在某一方面或者某几方面展开合作，并且这种合作并非单纯的自发行为，而是基于一定的行政计划指令或者限于某些具有时代特征的行业。校企之间的点共生，会发生在两种情况下。一是合作程度较浅的情况，往往是校企合作的初级阶段，合作各方之间的互动关系尚欠深入。二是合作实践尚处于初始起步阶段，比如在新中国成立之初。在后一种情况下，中国从中央到地方，积极做出探索。1950 年周恩来总理在全国高等教育会议上讲话中指出："现在我们国家的经济正处在恢复阶段，需要人'急'，需要才'专'，这是事实。为了便于联系实际，适应建设的需要，由企业部门举办短期训练班或专科学校是必要的合理的。"[②]同时，1958 年 5 月 30 日刘少奇在中共中央政治局扩大会议上的讲话——《我国应有两种教育制度、两种劳动制度》[③]探讨了两种劳动制度与两种学校制度相结合的思路，并把"半工半读""半农半读"的

---

① 徐秋儿. 产业学院：高职院校实施工学结合的有效探索[J]. 中国高教研究，2007(10)：72-73.

② 周恩来. 在全国高等教育会议上的讲话(一九五〇年六月八日)[C]//中共中央文献编辑委员会. 周恩来选集(下卷). 北京：人民出版社，1984：19.

③ 中共中央文献研究室. 建国以来重要文献选编(第十一册)[M]. 北京：中央文献出版社，1995：293-296.

教育制度和劳动制度看作教育适应当时社会发展需要的形式。学校办工厂、企业办学校，学生具有学生和工人的双重身份，从而在新中国成立之初就形成了具有中国特色的"校企合作"。当时的技工学校以及中职院校培养了社会特别是工业发展所急需的技术工人，不仅有助于青年就业，而且还为解决贫下中农以及工人等的教育问题提供了有效对策。

　　点共生的共生界面较为单薄，且因制度性管制或合作欠深入而具有一定的特殊性。比如，新中国成立初期，百废待兴，社会各领域特别是工业领域需要大批的技术工人。当时培养技术工人的基本原则是教育与生产劳动相结合，在计划经济体制的支撑下，统筹建设学校与工厂，以最大限度地节约资源、降低成本。在此背景下，校企合作的类型往往较为单一，甚至会基于计划经济体制而出现学校办企业、企业办学校等"校企合一"的情况。具体而言，新中国成立初期的职业教育大多由行业企业举办，70%的技工学校和职工大学由企业举办，职业院校作为企业的附属品而依存于行业企业中。当时的校企合作并非出于资源或者市场的需要，而是在计划经济体制中通过行政命令而促成的依附关系；校企之间的合作过程简单，学校的专业设置与教学内容体现的均是企业行业需要。例如，上海仪表电讯专科学校根据上海市仪表电讯工业发展的需要，按照行政计划，对口六个工厂，设置相应的专业（表1-11），截至1990年底，共培养966名学生，其中90%的毕业生在上海市仪表电讯工业局的系统内就业。[①]而校企双方的合作，主要限于教学内容、师资队伍建设、教学场所等方面，共生介质较为单一。与此相关，点共生状态下，政府、高校、企业、行业之间的信息交流较为简单，物质和能量交换较少，共生界面的阻尼值很大，共进化特征与实效有限。

表 1-11　上海仪表电讯专科学校对口专业设置

服务工厂	上海广播器材厂	上海灯泡厂	上海亚美电器厂	上海光学仪器厂	上海电表厂	上海医疗器械厂
学校专业	广播电视通讯	电真空器件	无线电微波测量仪器	精密光学仪器制造	电工仪器	精密医疗器械制造

资料来源：兰小云. 行业高职院校校企合作机制研究[M]. 上海：上海教育出版社，2021：37-38.

2. 间歇共生

　　随着市场力量的影响日益扩大，政府、高校、企业、行业各共生单元基

---

① 兰小云. 行业高职院校校企合作机制研究[M]. 上海：上海教育出版社，2021：45.

于自身的发展需求，在学生顶岗实习、专业与产业对接、实践课程建设等方面建立起较为松散、自由、多样的合作关系，并借助不断增多的共生介质，形成各种虽不连续但日益广泛的间歇共生关系。

在间歇共生关系中，其共生界面会呈现出两种可能。一是时间意义上的间歇共生，即共生关系在时间维度上表现出间歇性和非连续覆盖性。二是空间意义上的间歇共生，即共生关系在空间维度上表现出间歇性和非全面覆盖性。正因为存在空间的间歇性和非全面覆盖性，这类具有创新性的共生关系往往会通过创新扩散而扩大其空间覆盖面。比如，为了促进基层的政校企合作，中国在 20 世纪 80 年代探索创新出一种新的形式：职教中心。1987 年，国家教育委员会和河北省政府开始共同进行农村教育综合改革实验。1990 年，全国的第一所县级职教中心——河北省获鹿县（现石家庄市鹿泉区）职教中心初步建成，并实行"政府统筹、部门联办、教委协调、多校一体"的办学体制，已经开始探索"人才培养、生产示范、技术推广、社会服务"[1]等多项功能。1991 年，河北省政府决定每个县（市）都建立一所职教中心，到 1995 年，河北省 139 个县（市）先后分三批全部建成职教中心。此后，各省学习河北经验，相继实施县级职教中心建设工程。2002 年，国务院提出县级以上地方政府要"重点办好起骨干和示范作用的职业学校和职业培训机构"。2004 年，教育部等七部委强调"要发挥县级中等职业技术学校或职业教育中心的龙头作用"。2005 年，全国县级职教中心工作座谈会在陕西召开，同年国务院要求各地"加强县级职教中心建设"，并开始安排专项资金予以支持。[2]

由于共生介质的增加，间歇共生模式的共生系统拥有更具自主性的共生界面，政府、高校、企业、行业之间在人才培养、科教融汇、校企合作等方面的共生阻力逐渐减小，各共生单元之间的共进化关系有所强化。《国家教委关于组织实施"燎原计划"的意见》（1988 年 5 月 4 日）[3]所启动的"燎原计划"，具有明显的政校企间歇共生系统特征。"燎原计划"的主要任务是，在做好普及义务教育工作的基础上，充分发挥农村各级学校智力、技术的相对优势，积极开展与当地建设密切结合的实用技术和管理知识的教育，培养大批新型的农村建设者；积极配合农业与科技等部门，开展以推广当地

---

① 周志刚, 孙志河. 对新形势下县级职教中心办学模式的思考[J]. 中国职业技术教育, 2003(36): 8-10.

② 中国职业教育. 县级职教中心的历程、问题和重要意义[EB/OL]. https://mp.weixin.qq.com/s?__biz=MzAx MjAzODUzNw==&mid=2652211000&idx=6&sn=30f0521d482428a4b134d3b23a2b6f29&chksm=8056dfdeb72156c8d7 1cd9e464847e1ba9ea54d2f37e3a313987ca23b6065cd5e95771f4351f&scene=27[2024-10-28].

③ 国家教委关于组织实施"燎原计划"的意见(摘要)[J]. 人民教育, 1988(12): 2-3.

适用技术为主的试验示范、技术培训、信息服务等多种形式的活动，促进农业的发展。为了顺利实施"燎原计划"，拟大力发展灵活多样的职业技术教育，从而提高农业劳动者的素质，增强其吸收、运用科学技术的能力，加快农业发展和农民致富的步伐。在当时全国缺乏促使校企合作的共生组织的情况下，"燎原计划"只能发挥其作为间歇共生组织的功用，拟在"七五"期间在全国 500 个县内建设 1500 个实施"燎原计划"的示范乡，主要布局在农业规模经营试验区、国家重点开发农业资源的地区和重点扶持的贫困区；"八五"期间扩展到全国大多数县，使 1 万个乡达到示范乡的水平。为了保证间歇共生组织顺利运行，当时要求各省、自治区、直辖市和有关县、乡政府因地制宜制订具体计划、提出具体目标和实施措施。[①]

3. 连续共生

在连续共生组织中，政府、高校、企业、行业等共生单元依托校企合作平台，在专业对接产业、创新人才培养模式、改善实践教学环境、推进应用型师资队伍建设等方面协同共进。与间歇共生组织相比较，连续共生组织中的各共生单元之间的合作，内容更为丰富，合作更具程序化、制度化，政府、高校、企业、行业之间（或者其中的某几个共生单元之间）的相互作用更具连续性，合作关系更稳定，共生体内部的凝聚力进一步增强。

从共生界面看，连续共生组织中的政府、高校、企业、行业等共生单元之间的共生界面更为多样、稳定，更具共进化性。如果说 20 世纪 80 年代的"燎原计划"具有典型的间歇共生组织特性的话，那么 20 世纪 90 年代后的中国产学研联合开发工程、科教兴国战略，体现的则是连续共生特性，其带来的结果是企业与高校之间建立了更为稳定密切的交流合作关系，以及更为强劲的科研成果转化和高新技术产业化应用。这一时期依托产教结合、校企结合而成立的一批高新技术企业，比如清华同方、北大方正、天大天财等，就是其科教融汇的实践成果；同期探索建立的各类职业教育集团，包括行业型职教集团、区域型职教集团，都是其校企合作、产教融合领域的实践成果。

从共生系统特征看，在连续共生组织中，政府、高校、企业、行业各共生单元之间在一定时间内会形成较为密集且制度化的合作，并使得共生系统的共进化成为可能。连续共生的共生界面渐趋稳定，且介质多元；共生单元之间的交流合作较为密切，能保证共生关系在共生体内部顺利进行，共生的

---

① 富清. "燎原计划"将在我国农村布点实施[J]. 教育与职业，1988(10)：27.

物质、信息和能量在传输过程中的损耗较少。

以行业或地区集聚为依托的产业学院，往往能够产生连续共生关系。比如，极具行业特征的广东交通职业技术学院，协同企业、行业共同建设轨道交通学院、设立"双师工作室"，在项目开发、学生实训、技能竞赛等领域，实现了培养学生、提升教师技能、扩展服务社会能力方面的共进化。

4. 一体化共生

在一体化共生中，作为共生单元的政府、高校、企业、行业一方面是独立存在的组织机构，另一方面却借助一体化共生而共同组成了一个有机的整体，彼此共存，且其中任何一个共生单元的受损或者缺失都会影响共生体的正常运转，任何一个共生单元的生存都需要与共生体中的其他单元进行合作互补。在一体化共生组织中，共生状态开始出现质的飞跃，处于这种状态的产业学院进入了成熟的阶段。

从共生界面看，进入一体化共生状态的产业学院具有特定的界面，并且在特定的共生条件下会出现主导共生界面，并能对产业学院共生体的发展产生决定性作用（表 1-12）。在一体化共生关系中，共生介质的多样性和互补性更加显著，共生单元之间的物质、信息和能量交流拥有更加稳定的渠道，且共生界面稳定性最强。

表 1-12　产业学院共生体界面特征

产业学院	共生单元 1	共生单元 2	共生单元 3	共生单元 4	主导共生界面	独特性表现
中山职业技术学院	小榄学院（依托服装设计与制作类专业）	小榄镇政府（提供部分经费、场地、校舍、办学场馆）	龙头企业	小榄商会、各行业协会	"一镇一品一专业"式的合作共生机制	政府投入小部分资金，吸引企业投一定股份，成为董事会主要成员
福州大学	紫金地质与矿业学院（依托地质工程、资源勘查工程、采矿工程和矿物加工工程等专业）	—	—	—	企业支持办学建设、参与办学过程、检验办学成效的人才培养模式	"紫金模式"为中国工程教育改革提供思路
东莞理工学院	粤台产业科技学院（跨专业交叉融合）	广东省教育厅批准的首个粤台高等教育合作办学项目	—	—	面向产业需求办专业，以区域创新发展、产业升级的人才需求为导向	将台湾工程教育的先进经验与新工科人才培养理念相结合，面向粤港澳大湾区的创新发展定位

续表

产业学院	共生单元1	共生单元2	共生单元3	共生单元4	主导共生界面	独特性表现
佛山大学	机器人产业学院（依托机械设计制造及其自动化、电气工程及其自动化、机械电子工程、自动化、车辆工程等本科专业）	—	佛山市新鹏机器人技术有限公司、广东泰格威机器人科技有限公司等	南海区广工大数控装备协同创新研究院	学院下设校企共建实验室、综合办公室、创客室、省市级科研平台，按各自功能职责展开相应的工作	高校+高端院所+龙头企业；为佛山地方产业升级培养高水平、创新性、复合型人才

从共生系统特征看，一体化共生界面的明确性使得政府、高校、企业、行业之间的相互作用具有更加稳定的交流合作通道，而稳定的边界使得共生体内部信息和能量能达到最高效率的传输，免受外界干扰或者信息失真，阻尼值较小。同时，产业学院各共生单元中的双方或多方之间通过互补作用，不断产生新的共生能量，从而使得共生体表现出明显的共进化特征（表1-13）。

表 1-13   产业学院共生体共进化表现

产业学院	共生单元1进化（政府）	共生单元2进化（高校）	共生单元3进化（企业）
东莞理工学院长安先进制造学院	育人共同体、搭建教育服务链；借力高端智力资源推动长安镇经济发展	学生工程实践能力提升；教育教学方式创新；扩大教学场地；实验设备及时更新；人才培养紧跟企业需求；获得企业捐赠的相关软硬件设备；增加学生实习、教师工程实践岗位；企业教师库建立，解决了工程师资队伍滞后等问题	获得区域产业与企业发展的人才与智力支持；把东莞理工学院先进科研创新能力注入长安先进制造学院的产业发展中
中山职业技术学院古镇灯饰学院	政府主导，当地政府为主要投资方；充分发挥政府优势进行规划，实行行政监督；古镇产业结构转型升级	企业协助，培养高级技能型人才；借助龙头企业综合优势资源；服务社会能力提升；专业共建；学生职业技能和职业素养提高；实习就业机会数量以及对口性提升；项目化课程	解决人力资源紧张问题；资源共享；开展企业员工培训；得到相关费用补贴；获得技术服务和技术咨询，推动企业进步

综上所述，可以从共生界面特质、阻尼特性、共进化特征、共生介质、典型组织等方面，对校企合作的各种共生组织模式，进行总结归纳和对比分析（表1-14）。

表 1-14 共生组织维度产业学院的特点

共生组织类型	共生界面特质		阻尼特性	共进化特征	共生介质	典型组织
	多样性	稳定性				
点共生	少、单一		短暂、随机、非指向性	小	不明显	"校中厂""厂中校"
间歇共生	共生介质增多		某种必然性	较小	共生单元彼此影响	职教中心
连续共生	多重介质		较稳定、介质间互补	较大	逐渐明显	职教集团、特色专业学院、部分产业学院
一体化共生	多重介质进一步增强		稳定	大	非常明显，共生介质主导共生单元发展方向	部分产业学院

（二）产业学院的共生行为

从共生行为维度看，可划分出共生系统中各共生单元之间相互作用的具体行为类别，以及其在相互作用过程中体现出的利益分配方式。在共生系统中，主要有寄生、偏利共生、非对称性共生、对称性互惠共生等四种行为模式（表 1-15）。这些共生行为模式在共生单元、共生能量、共生作用等方面具有不同的特征。

表 1-15 四种共生行为模式对比分析

共生行为模式	寄生	偏利共生	非对称性共生	对称性互惠共生
共生单元特征	形态上共生单元差异明显；同类单元亲近度要求高；异类单元仅存在单向关联	共生单元形态方差较大；同类单元亲近度要求高；异类共生单元存在双向关联	共生单元形态方差较小；同类共生单元亲近度差异明显；异类共生单元存在双向关系	形态方差趋于0；同类共生单元亲近度相同或相近；异类单元存在双向关联
共生能量特征	不断产生新能量；能量由寄主向寄生者转移	能产生新能量且新能量由一方全部获取	产生新能量；对新能量的非对称机制进行广普分配	产生新能量并按非对称机制进行广普分配
共生作用特征	寄生不一定对寄主有害；寄主与寄生者的交流机制为双边单向；不利于寄主进化，有利于寄生者进化	对一方有利对另一方无害；存在双边双向交流；有利于获利方进化创新，对非获利方进化无补偿机制时不利	存在广普的进化作用；存在双边双向交流和多边多向交流；因分析机制不对称，无法同步进化	存在广普的进化作用；存在双边交流机制和多边交流机制；共生单元同步进化

资料来源：吴超. 城市区域协调发展研究[D]. 广州：中山大学，2005. 制作表格时有综合性调整。

1. 寄生

寄生（parasitism），具有两大特点。一是受益的不均衡性，从生物学看，两种生活在一起的生物，一方受益，另一方受害，后者为前者提供营养物质和居住场所。二是存在方式的非自主性。从生物学看，一方基于利益的考量而主动放弃自主性，依托、依赖于另一方。寄生式的产业学院，大致有以下几种情况。一是校内二级学院性质的产业学院。这类产业学院寄生于特定院校的二级学院中，无独立运行的机制、资源及组织。二是校内行政管理性质的产业学院。常常寄生于继续教育学院、培训学院或社会服务管理部门。三是寄生于企业的产业学院，但又不同于企业大学或企业培训机构。中国的产业学院实践，探索建构了多种类型的寄生式产业学院（表 1-16）。

表 1-16　寄生式产业学院的共生特征

产业学院	共生单元	共生能量
辽宁大学轻型产业学院	辽宁大学下设的二级学院设有专业食品科学与工程、电气工程及其自动化、无机非金属材料工程	寄生于宿主大学当中；没有与企业、行业等进行合作而获得新生能量；高校单向度向企业、社会提供就业人才
成都大学生物产业学院	成都大学下设的二级学院；与众多国内外高校、科研院所及大中型企业联合组建了 20 余个产学研合作人才培养基地	促进实践教学；拓宽就业渠道
贵州大学旅游与文化产业学院	贵州大学下设的二级学院；下设旅游管理、服务管理、艺术设计、文化产业管理专业	挂靠于文学院，与文学院联署办公，培养高层次人才，适应国家文化和旅游强国战略对人才的需要；形成"本科+国际化本科+硕士"的多层次、多元化国际教育体系
广州大学现代产业学院	广州大学下属的二级学院；与广州市社会科学界联合会、南方现代市场经济研究院共建	招生对象包括政府产业干部、企业在职管理者、应届大学毕业生等，起到继续教育作用；为国家和社会培养优秀的行业应用型人才
浙江树人大学浙江省养老与家政产业学院	浙江树人大学与浙江省民政厅签订战略合作协议；共建"浙江省养老服务与家政管理人才培训基地"	提升养老与家政领域的应用型学科建设；逐步完善数据库、案例库、资料库等，为政府部门决策提供支持；共建"智慧养老与家政服务协同创新中心"；培养养老与家政产业本科人才为主
龙岩学院龙净环保产业学院	龙岩学院、福建龙净环保有限公司；课程开发与教学环节均由行业骨干技术人员和学校教师共同承担	面向地方产业，为毕业生提供就业岗位，为企业招到适合的人才；以产业技术进步驱动课程改革，课程内容与职业标准对接；产业学院不占学校机构编制，是虚拟的新型产业学院

2. 偏利共生

偏利共生（commensalism），也被称为共栖，是指种间相互作用对一方没有影响，而对另一方有益。如果对一方没有影响但对另一方有害，则称为偏害共生。在产业学院建设中，至少有两种偏利共生状态。一是偏利于高校（表 1-17）。在学校的人才供给难以满足企业的人才需求、学校的科技研发难以适应企业的技术升级需求时，产业学院建设就会出现偏利共生状态，产教融合、校企合作就会出现"校热企冷"的不平衡状态。二是偏利于企业（表1-18）。这类产业学院一般以龙头企业或者相关政府投入相当比例的资金作为共生前提，产业需求、岗位要求成为相关院校中的专业设置依据；企业在产业学院的建设、运行中具有决定作用，在产业学院建院资金投入、人才培养模式、专业或专业群建设、课程设置、实习基地建设等方面拥有较大的决策权。

表 1-17 偏利于高校的产业学院共生特征

产业学院	共生单元	共生能量	共生稳定性及共进化性
武夷学院玉山健康管理学院	武夷学院、台湾玉山大学联盟（由台湾同类高校列居前茅的台湾中兴大学、彰化师范大学、逢甲大学、明道大学和嘉南药理大学等五所高校组成）	学院引进台湾高校优质教学团队、先进教育理念、应用型人才培养成功经验的新型二级学院；依托当地特色产业，围绕现代农业与健康产业设置专业，培养现代农业与健康管理等新兴产业急需的紧缺人才	通过紧密合作，促进学生能力发展；紧密配合产业转型、升级与发展的人才需求；专业与行业结合，通过系统化产业实训，确保学生高质量就业，推动应用技术发展创新
福建江夏学院数字经济产业学院	经济贸易学院、福建北斗森林科技有限公司、万得信息技术股份有限公司、福建大匠环保建材有限公司	共建"研究中心""教学中心""比赛平台""实习就业平台""创新创业孵化基地""数据中心"	形成数字经济领域的研产教学用立体合作新模式；建立起专业集群综合型应用课程体系；整合多方资源共建数字经济专业生态圈
龙岩学院紫荆新材料产业学院	龙岩学院材料、化学、机械、设计、管理等相关学科，龙岩紫荆创新研究院	与化学与材料学院双方共同制定、实施教学方案；龙岩紫荆创新研究院协助学生到相关企业参与生产实践一个月以上；为企业新进人员、在岗职工培训提供服务	为大学生拓宽跨专业学习的渠道；培养符合新材料产业发展需求的生产、研发、营销、管理、创新创业等方面的复合型人才
广东金融学院保理与供应链金融产业学院	信用管理学院、广东省商业保理协会、深圳市商业保理协会、中铁建商业保理有限公司	广东省商业保理与广东金融学院共同开办"商业保理卓越教学班"；60%的学生签约商业保理公司，为商业保理行业的发展注入了新鲜血液	提高高校专业人才培养质量；服务广东商业保理与供应链金融行业发展的能力

表 1-18 偏利于企业的产业学院共生特征

产业学院	共生单元	共生能量	共生稳定性及共进化性
福州大学紫金地质与矿业学院	福州大学，紫金矿业集团股份有限公司，与澳大利亚、美国和意大利等国的多所国际一流大学建立了合作办学关系	共同培养高层次地矿专门人才；福建省矿产资源中心实验室等专业实验室 22 个；上杭教学基地	为福建省乃至全国的矿业企业培养复合型、国际化的一流矿业人才；为海峡西岸经济区建设提供动能
佛山大学翔顺产业学院	交通与土木建筑学院、翔顺控股集团有限公司	通过校企合作在人才培养、工程设计施工与研发、技术共享等多方面发挥实效	促进翔顺控股集团有限公司各产业特别是建筑、房地产行业快速发展；使佛山科学技术学院先进理论及技术研究成果切实落地

产业学院	共生单元	共生能量	共生稳定性及共进化性
武夷学院圣农食品学院	圣农集团（捐资2亿元）、武夷学院［3个本科专业：食品科学与工程专业、食品质量与安全专业及物流管理专业（冷链物流方向）］	对接南平市千亿生态食品产业链，构建生态食品产业专业群，服务于相关产业；食品生产加工、食品质量检测、仓储运输、环境监测与修复等食品生产全过程；培养紧密结合区域经济社会发展、服务食品生产全过程的食品产业应用型人才	校企合作实现专业融合、资源共享；通过与企业合作，产业学院致力于培养食品安全检测、食品深加工研究、技术孵化等领域人才；武夷学院发挥食品专业群的学科与人才优势，圣农集团发挥研发、加工、物流等优质资源，通力合作服务产业转型升级和区域经济发展
宁波城市职业技术学院滕头园林学院（非营利且不具备法人资格）	宁波城市职业技术学院、浙江滕头园林股份有限公司	两个校区分别发挥各自功能优势，主校区位于浙江滕头园林股份有限公司，学院与公司合署办公，共享企业技术人员、园林设计公司等企业资源；副校区设在宁波城市学院溪口校区，共享该校景观生态环境学院的师资、教室等办学资源	学校深化服务型教育体系建设，贴近园林行业企业深化教育教学改革，提高人才培养质量；企业方吸纳富有企业文化内涵的园林专业毕业生就业，促进企业各项事业的可持续发展

3. 非对称性共生

由于所拥有资源的影响力强弱不同和丰厚程度差异，也由于投入建设的力度和积极性差异，产业学院中的共生关系中，各共生单元之间的共生能量呈现出不平衡、非对称性特点。具体而言，存在两种非对称性共生。一是以院校为主导的非对称性共生。在这种共生关系中，相关院校扮演产业学院建设的发起者、资源投入主体、运行主导者等多重角色（表1-19）。二是以企业为主导的非对称性共生。在这种共生关系中，企业、行业、产业扮演产业学院建设的牵头者、资源投入主体、运行决策者等多重角色（表1-20）。

表 1-19　以院校为主导的非对称性共生特征

产业学院	共生单元	共生能量	共生稳定性及共进化性
长安先进制造学院	长安镇政府、机械工程学院、巨轮智能装备股份有限公司、电脑辅助成型技术交流协会（ACMT）、深圳长朗三维科技有限公司、东莞市机电工程学会	积极为学生创造良好的学校条件，高校邀请企业工程师作为授课导师，开设实训课程，传授企业实用知识；以CDIO工程教育模式为引领，有针对性地根据产业链工程环节需求设计和规划相关工程化课程，实施创新型工程实践教育模式；导入项目教学机制，及时了解行业发展趋势和人才需求，为社会特别是东莞"量身定做"实用型人才	组织管理协同；师资队伍协同、人才培养协同、科研管理协同；资源成果协同等方面均具有创新；"校园+产业园"模式，实现教学过程与企业和产业园区产业的良性互动；"教育+培训+就业+创业"的完整教育服务链

续表

产业学院	共生单元	共生能量	共生稳定性及共进化性
福建江夏学院工程学院-装配式建筑产业学院	工程学院、福建省住房和城乡建设厅、中建海峡建设发展有限公司	建立产教融合长效机制； 共建相关领域研究中心、协同创新中心等； 共同培养建筑产业转型升级过程中装配式建筑产业急需的应用型人才	集聚政产学研各界人才、资源、信息优势，支撑与引领行业产业发展
三明学院中兴通讯 ICT 学院	三明学院、中兴通讯股份有限公司、北京华晟经世信息技术股份有限公司	共建专业群： 以物联网工程、通信工程为核心专业，由物联网工程、通信工程等专业集聚形成 ICT 专业群；共建教学实践基地、教学科研平台； 共建应用型、实践型、技能型课程体系、教材； 共建双师：双师比例达 71.06%，企业师资承担 50%以上专业和实践课教学课时	深化高校主动面向区域、行业办学； 推动人才培养模式改革，提升应用型人才培养质量； 打造产教融合品牌

表 1-20　以企业为主导的非对称性共生特征

产业学院	共生单元	共生能量	共生稳定性及共进化性
中山职业技术学院古镇灯饰学院	古镇的镇政府、中山职业技术学院艺术设计学院、中山市胜球灯饰集团有限公司、高雅灯饰电器厂、华艺灯饰照明股份有限公司、琪朗灯饰厂有限公司等	古镇政府提供场所及初期资金投入，学院实行理事会领导下的院长负责制； 成立教师工作室； 师生合作获得 500 余项灯具设计专利； 镇灯饰产业培养了急需的创新创意人才	学校以灯具设计与制作类专业群与所在镇产业群、产业链对接共建； 学生与教师一起承担企业的产品生产设计、营销、网络推广等真实项目； 将学校建立在产业园区，使得学校和企业紧密联系，随时快速地按照产业链进行人才培养调整
华南理工大学广州学院智能制造产业学院（工程研究院）	华南理工大学广州学院工程研究院； 行业龙头企业：广汽研究院、东风日产、香港 IGS 公司等； 行业协会：广州花都区汽车城管理委员会、广东省汽车行业协会	从本科到研究生的产学人才培训体系； 推进汽车行业高新技术研究开发、创新创业、技术创新、成果转化和产业技术服务等	定位于企业急需的高层人才培养，打造汽车未来技术复合型前沿高端人才； 集技术研发、协同创新、成果转化、技术推广、实践育人的科技创新平台
广东白云学院曙光大数据学院	广东白云学院、中科曙光	中科曙光和广东白云学院共同承担专业课程教学任务； 数据科学与大数据技术专业人才的培养； 面向粤港澳大湾区打造大数据+应用型新工科专业人才	共建集教育、科研、服务为一体的"大数据应用协同创新中心"； 实现人才培养、科研创新、社会服务与大数据产业链的紧密对接，广东地方经济结构调整、产业转型升级做好服务

4. 对称性互惠共生

对称性互惠共生具有两大特点。一是地位对称。各共生单元都恰如其分地扮演着其在共生系统中的角色,并在发起建设、资源投入、运行管理等各个方面,彼此保持平衡。二是结果互惠。在互动关系的共生结果上,追求各共生单元之间的互惠互利,而不是偏利,更不是寄生。对称性互惠共生,是产业学院建设和发展的理想类型和成熟状态:共生能量最大程度上实现均等公平分配;政府、高校、企业、行业之间的共生关系保持最高效率和最稳定状态;产业学院立足育人本位,以深化产教融合、校企合作为目标,以共建、共管、共享、共赢、可持续发展为基本准则,按需建设,并有效服务于办学水平的提升、学科专业建设、师资队伍提升、人才培养模式创新、学生成长和创新创业。作为理想类型和成熟状态的对称性互惠共生状态,是产业学院的建设目标,值得不断建设和持续追求。

总之,产业学院建设中可能存在的寄生、偏利共生、非对称性共生、对称性互惠共生等不同的共生行为,在共生特征、共生能量、共生作用等各个方面都有其不同的特征(表 1-21)。扬弃寄生、偏利共生、非对称性共生,实现对称性互惠共生,是产业学院的永恒目标。

表 1-21　共生行为维度产业学院的特征

共生行为类型	共生特征	共生能量	共生作用
寄生	规模较小;供需关系单一;校企政之间的共生不平衡	单向能量流动;企业或者政府向高校提供资助;高校为工厂、企业、政府等提供人才	产生积极影响或者无影响;单向作用
偏利共生	有一对以上的供需关系;共生偏利向学校或企业或政府	双向或多向能量流动;产生新的办学效益;新效益为某一方所掌控	对某一方有利,另一方无效益或有害
非对称性共生	形成规则或制度保障体系;多方面的供求关系	明显的双向或多向共生能量;新效益偏向于某一方	两方或者多方共享收益,具有多边性;单付出和收获不完全平衡
对称性互惠共生	制度化,体系化;全方位供需体系建立	新的共生能量极大;能量流动方向平衡且适宜	积极作用;有益共生作用达到最大

第三节　产业学院的共生—演化逻辑

以共生理论分析框架为基础,探究产业学院的共生要素、共生特征、共生系统之后,可进而立足于产业学院本身,从静态共生、动态演化的角度具体梳理国内产业学院的内在逻辑。①

一、产业学院的"共生—演化"分析框架

产业学院研究虽已成为学术热点，但仍是歧见多而共识不足。具体而言，产业学院要么被当作实践变革的背景、开展研究的语境，据此出现了不少题为"产业学院背景下……"的学术论文，要么被当作一种不证自明的理论基础、一个可用于解释诸多变革的"大杂烩"式笼统概念，要么基于院校建设经验和个性化的实践个案，依赖产业学院的某些方面、某个环节、部分特征，对产业学院做出"实践教学基地"②、"混合所有制度改革体"③、"产教融合命运共同体"④、"法人化独立学院"⑤、"校企共享平台"⑥、"校企共生"⑦等多种本质界定，且因缺乏共识而诱致思想观念争论。

约翰·S. 布鲁贝克认为，解决争论和歧见的思想方法论是找到共同基点，而且"关键的哲学问题并不是寻求各种答案的共同基点，而是寻求各种问题的共同基点"⑧。清代戴震曾说："理散在事物，于是冥心求理，谓一本万殊。"（《孟子字义疏证》）探求"各种问题的共同基点"，就是从"万殊"中探求共同之"本"。基于"万殊"进而廓清其"理"、掌握其"本"的思想方法论，非常有利于澄清并整合、扬弃和超越产业学院多样化、歧义性内涵界定。

从根本上讲，产业学院是一种新型、独特的组织，此为产业学院之"本"；基于产业学院的组织之"本"，需要关注产业学院两个维度的"理"：一是以"要素-结构-功能"为要点、静态组织维度上的"政-产-学"共生逻辑，二是以"组织-管理-运行"为要点、动态运行维度的实践演化逻辑。梳理静态共生逻辑、动态演化逻辑，有助于找出贯穿于"万殊"之思想纷争的"共

---

① 陈伟，郑文. 产业学院的共生—演化逻辑[J]. 高等工程教育研究，2024（4）：101-105, 152.

② 徐秋儿. 产业学院：高职院校实施工学结合的有效探索[J]. 中国高教研究，2007（10）：72-73.

③ 朱跃东. 高职混合所有制二级产业学院建设的实践之惑与应对之策[J]. 中国职业技术教育，2019（1）：61-67.

④ 欧阳育良，林仕彬. 产业学院的组织特征和体系设计[J]. 职教论坛，2021，37（4）：39-43.

⑤ 周红利，吴升刚. 高职院校产业学院的演化综述[J]. 中国职业技术教育，2021（18）：65-69, 74.

⑥ 李宝银，汤凤莲，郑细鸣. 产业学院的功能设计与运行模式[J]. 教育评论，2015（11）：3-6.

⑦ 张兵，邹一琴，蒋惠凤. 共生视角下的地方本科院校产业学院建设[J]. 高等工程教育研究，2021（4）：125-132.

⑧ 约翰·S. 布鲁贝克. 高等教育哲学[M]. 3 版. 王承绪，郑继伟，张维平，等译. 杭州：浙江教育出版社，2001：11.

同基点"，生态全息地探究产业学院的核心逻辑，并为认识和设计新型产业学院、推进产教融合实践、促进产教融合型城市建设提供理论支撑。①

二、要素-结构-功能：产业学院的共生逻辑

生物学的"共生"概念，指的是两种或两种以上生物基于生存需要，按照特定模式相互依存、彼此作用，进而实现共同生存、协同进化的关系状态。②作为产教融合载体的产业学院，具有很强的共生特征。③通过培育共生单元、优化共生环境、构建适切的共生模式，可促使产业学院生成良性的共生关系④、建构产学研共生网络结构⑤、形成政产学多种共生单元之间的一体多循环共生网络⑥，创新校企双主体合作模式⑦，优化校企协同育人平台的共生共赢机制⑧。高校、产业界虽可保持"可分可合，合比分好"的互生状态，但借助"分工协作、相依为命"的共生型产业学院，更有助于破解产教分离、校"热"企"冷"等症结。⑨共生逻辑，是产业学院在静态意义上的核心逻辑；深入分析产业学院的共生单元（要素）、共生结构以及共生功能，可清晰解析产业学院的共生逻辑。

（一）共生要素：多元多层律

共生单元是构建共生关系的基本要素。产业学院的构成要素和共生单元复杂、多元。从"内-外"部关系维度看，产业学院包含有"环境因素与内涵因素"，其中环境因素有"政府顶层设计""企业参与""需求导向""效能评价""社会共识"等，内涵要素有"指导思想""建设目标""治理结

① 陈伟，郑文. 产业学院的共生—演化逻辑[J]. 高等工程教育研究，2024(4)：101-105, 152.

② 谢晖. 现代工科微生物学教程[M]. 西安：西安电子科技大学出版社，2018：210.

③ 张兵，邹一琴，蒋惠凤. 共生视角下的地方本科院校产业学院建设[J]. 高等工程教育研究，2021(4)：125-132.

④ 姚奇富. 高职院校与县域发展的共生模式研究[J]. 教育发展研究，2016, 36(Z1)：120-124.

⑤ 彭建升. 地方高校产学研合作共生网络探析[J]. 山东农业工程学院学报，2018, 35(6)：59-61.

⑥ 张兵，邹一琴，蒋惠凤. 共生视角下的地方本科院校产业学院建设[J]. 高等工程教育研究，2021(4)：125-132.

⑦ 刘清，杜丽萍，陈志平. 高职院校校企双主体合作模式创新研究——以哈尔滨职业技术学院为例[J]. 中国管理信息化，2020, 23(10)：229-231.

⑧ 朱海鹏. 高职院校协同育人平台共生机制分析——以物流管理专业为例[J]. 教育现代化，2020, 7(33)：17-20.

⑨ 黄大乾，饶丽娟. 应用型本科院校共生型产业学院建设与广东实践[J]. 国家教育行政学院学报，2021(6)：45-51.

构""培养方案""师资队伍""体系平台"。[①]传统的育人活动仅存在于由教师、学生、知识（可表现为科学、技术、技能等不同形态）、教学方法、教学场所等要素构建而成的"象牙之塔"之中，而现代产业学院作为一种新兴的教育组织，其构成要素呈现出开放性状态，高等学校是其核心但并非唯一的要素。根据分类范畴"清晰、准确"、分类维度"彼此平行且不交叉""涵盖全面且无遗漏"等基本原则，可从构成产业学院的复杂因素中划分出"高校-产业-政府"等最基本的共生单元和构成要素，并能发现它们呈现出多类并存、分层分化特征，且导致各个共生单元在建设产业学院时具体表现为不同的组织载体。

1. 核心共生单元：高校

高校是产业学院的核心要素。不过，作为核心要素的高校其实仅是一个抽象符号，在具体支撑产业学院建设时往往以高等教育的某种具体组织形态为载体。

第一种形态是单所或多所高校在特定方面的松散联合体。就多所高校的松散联合体而言，比如有广东工业大学和香港科技大学机器人研究所，与松山湖国际机器人产业基地及园区内 200 多家企业，共同创建粤港机器人联合学院。

第二种形态是高校内部的二级学院。比如，广东轻工职业技术学院（现为广东轻工职业技术大学）依托学校原有二级院系，联合相关龙头企业、对接相关支柱产业和优势产业，分别建立化妆品学院、雷诺钟表学院、白天鹅学院等多个产业学院。[②]

第三种形态是高校内部的专业群。专业群建设深受知识-学科逻辑、专业逻辑、产业逻辑的复合性影响。[③]依托专业群组建产业学院的方式比较流行。比如，福建江夏学院的经济贸易学院，以数字领域类的专业集群为依托，建设数字经济产业学院。莆田学院以应用型人才培养专业群为主体，与地方行业企业共建医疗健康产业学院、工艺美术产业学院、装备制造产业学院、电子信息产业学院（闽台合作）、电子商务产业学院、绿色技术产业学院等。

第四种形态是特定专业。比如，东莞理工学院的粤台产业科技学院依托的是机械工程系重点专业"机械设计制造及其自动化"，并进而实现了该专

① 徐国凯, 张恩光. 产业学院要素建设的策略与措施[J]. 大连民族大学学报, 2021, 23(4): 367-370.

② 卢坤建, 周红莉, 李作为. 产业学院推进产教深度融合的实践探索——以广东轻工业技术学院为例[J]. 职业技术教育, 2017, 38(23): 14-17.

③ 张新民, 杨文涛. 论高职院校专业群建设的组群逻辑[J]. 职教论坛, 2021, 37(7): 6-12.

业从"传统机械制造"到"智能制造"的柔性转型和优化建设。[①]

第五种形态是课程群。课程是知识的有效集合、人才培养的知识载体,课程群层面的校企合作、产教融合已成为产业学院建设的底层逻辑[②]、核心依据和关键支撑。

2. 关键共生单元：产业

建设产业学院时,"产业"作为关键性共生单元,在实践中会根据院校特色、专业设置、人才培养规律等所构成的具体情境,以不同形态参与其中。

形态之一是企业、企业集团。单个企业是原始、原初的产业因素。随着产业学院的升级发展,企业在共建产业学院过程中,出现了两大新的动态。动态之一是头部企业越来越关注建设产业学院。比如,华为、比亚迪等一流企业与深圳职业技术学院(现为深圳职业技术大学)紧密合作,共建华为信息与网络技术学院、比亚迪应用技术学院等 10 多所特色产业学院,据此进而形成华为与深圳职业技术学院"课证共生共长"模式和"共建专业、共建课程、共训师资、共建平台、共育人才"机制[③]。动态之二是企业集团基于规模经济效应与范围经济效应,日益关注产业学院建设。比如,总部在伦敦、全球最大的广告传播集团 WPP 集团共建了上海工艺美术职业学院 WPP 视觉艺术学院,开设"传播与策划""展示艺术设计""视觉传播设计与制作"等专业,以达成行业与教育、实践与理论、本土与全球的无缝对接。惠州学院与旭日集团通过近 40 年的持续深度合作,共建广东省示范性产业学院——旭日广东服装学院。

形态之二是产业园区。实力相对较弱的中小企业,以同类集聚、抱团取暖的方式,借助所在产业园区,与高校共建产业学院。比如,一批中小企业依托华南城电子商务产业园区,与广州铁路职业技术学院外语商贸学院共建华南跨境电商产业学院。

形态之三是特定行业。行业本为经济活动类别。在计划体制的影响下,行业管理方式曾一度强化了中国的行业之"条"与地域之"块"的分化,并自中华人民共和国成立以来,酝酿出"行业学院""行业大学"[④]的三次办

---

① 谭华, 付小全, 张玉勋, 等. 产业学院从"传统机械制造"到"智能制造"转型的新工科模式建设[J]. 科教导刊, 2021(20): 28-31.

② 姚君. 高职产业学院课程群建设探析[J]. 教育与职业, 2021(14): 77-80.

③ 段明. 基于产教融合的高职产业学院治理模式、问题与路径[J]. 教育与职业, 2021(16): 28-35.

④ 张根华, 冀宏, 钱斌. 行业学院的逻辑与演进[J]. 高等工程教育研究, 2019(1): 67-70, 75.

学高潮：1952—1960 年仿照苏联式高校体系建立行业性单科性高校；改革开放后国家通过"新创办本科""老大学设立分校""老专科升格或合并其他专科、研究所"等举措而增设行业院校；21 世纪初伴随高等教育大众化进程，行业中专、大专升格或按需新设本科行业院校。①目前高校与行业之间共建产业学院，可以看作行业办学创新的第四阶段。这类产业学院有：湖南工业大学包装与材料工程学院、西北农林科技大学葡萄酒学院、江南大学食品学院等；广东科技学院与东莞市工贸发展促进会共建的"跨境电商产业学院"、与东莞市冷链协会共建的"冷链产业学院"；广州工商学院与广东省物流行业协会、拜尔冷链、香港物流商会牵头共建的粤港澳大湾区智慧冷链产业学院；此外，还有中国涂料工业协会和上海工程技术大学化学化工学院于 2016年成立、重在开展短期专题培训班的产业学院——中国涂料工业大学。

形态之四是特定产业链。产业链是各个产业部门之间基于一定的技术经济关联，依据特定的逻辑关系和时空布局关系客观形成的价值链、企业链、供需链和空间链；产业链能够通过提高企业集中度和市场价格控制力而实现横向整合，能够按照一体化或准一体化的合约约束上下游企业而实现纵向整合。基于产业链共建产业学院，有利于高校整合不同学科、专业，聚集办学资源、扩大服务面向、促进产业链与人才链的深度融合②。比如，福建农林大学整合校内的茶学、旅游管理、工商管理、会计学、管理科学和商务经济学等本科专业，对接茶叶的生产、销售、管理、营销等全产业链，建设产业学院"安溪茶学院"。广州科技贸易职业学院坚持"把学校建在产业园区、把专业建在产业链上"的理念，以《广州市人民政府办公厅关于加快动漫游戏产业发展的意见》（穗府办规〔2016〕15 号）为契机，通过政府指导和市场调节，建立广州市动漫游戏产业学院。

形态之五是产业发展视域的特定区域。中国经济的区域化发展和以城市群为支撑的都市产业圈建设，突显了区域在产业学院建设领域的主体性地位。比如，针对以集成电路产业为主导产业的绍兴市日益强劲的发展需求，有学者建议，借力长三角一体化发展，构建产业学院的新业态，即产业学院联盟。具体而言，分别对接集成电路的设计、制造、封装测试、设备制造等全产业链，建立五个产业学院并组建产业学院的横向联盟；围绕集成电路产业发展和产业链各节点对人才多样化的需求，依托与绍兴市合作的"上海交通大学、

---

① 毕文健, 顾永安. 地方本科院校行业学院建设方式与运行机制探索[J]. 中国高等教育, 2018(18): 48-50.

② 高鸿, 赵昕. 基于产业链与人才链深度融合的高职产业学院建设研究[J]. 职教论坛, 2021, 37(4): 33-38.

浙江大学等高水平综合性大学-杭州电子科技大学、南京理工大学等特色骨干大学-地方应用型本科院校-高职院校",构建集成电路产业学院的纵向联盟,形成职本硕博贯通的产业学院纵向体系。①

3. 催化性共生单元:政府

现代政府,不仅要提供公共行政管理、医疗、教育等基本公共服务以保证社会稳定与和谐,还要承担经济发展等职能以促进社会发展与进步,甚至为了适应平台经济发展需求,还需以互联网技术为支持,与市场、社会、个体互动、协商和协作,扮演平台型政府角色。②地方政府基于绩效考核等压力,"为发展而竞争""为创新而竞争"③,积极促进产教融合、校企共建产业学院。

活跃者一是地市政府。中国实行中央宏观指导、省级地方政府全面统筹、高等学校面向社会依法自主办学的高等教育管理体制。在此管理体制中,地市级地方政府虽然高等教育需求日益强劲,但办学活力远未得到激活。促进本地产业与高等教育的融合、共建产业学院,是释放地市政府办学活力的重要契机。其中有两类地市政府表现抢眼。一是经济率先发达的新兴城市,典型案例有深圳、青岛、苏州等。二是高等教育资源并不丰富、虽非省会亦非中心城市但颇具发展雄心的地市。比如,龙岩市政府与龙岩学院密切合作,共建紫荆新材料产业学院、大数据应用产业学院、专用机械装备学院、国土资源产业学院等,还通过龙岩市政府主办、龙岩学院承办、古田干部学院协办的方式,成立古田乡村振兴学院。

二是县(区)政府。县(区)是中国重要的基层财政独立核算单位,统管基层公共事务,经济发展责任重大;以共建产业学院为契机,逐渐酝酿出了县域高等教育并且势头迅猛。④比如,福建农林大学安溪茶学院就是安溪县政府与福建农林大学校地合作的特色产业学院。

三是乡镇政府。在某些地区,乡镇成为经济重心;乡镇政府为了促进产业园区的发展,积极参与共建产业学院。比如,广东省中山市各乡镇分别与

---

① 秦虹. 长三角一体化背景下的地方高校产业学院建设——以服务绍兴集成电路产业为例[J]. 北京工业职业技术学院学报, 2021, 20(2): 47-50.

② 韩万渠, 柴琳琳, 韩一. 平台型政府: 作为一种政府形态的理论构建[J]. 上海行政学院学报, 2021, 22(5): 58-67.

③ 何艳玲, 李妮. 为创新而竞争: 一种新的地方政府竞争机制[J]. 武汉大学学报(哲学社会科学版), 2017, 70(1): 87-96.

④ 蔡真亮, 陈民伟, 吕慈仙. 高校延伸至县域办学的现象分析——基于"推拉理论"的视角[J]. 中国高教研究, 2017(10): 31-34, 46.

中山职业技术学院共建南区电梯学院、古镇灯饰学院、小榄学院等产业学院，形成"一镇一品一专业"的共生系统。东莞市长安镇人民政府共建的东莞理工学院长安先进制造学院，整合"校园+产业园"，在产业园区上建立教育平台，服务于东莞市尤其长安镇模具、3C 产品等支柱产业的转型升级和高等工程教育改革。

四是高校所在地之外的政府。为了吸纳外地高校的智力资源，不少地方政府跨越行政区划的限制，鼓励高校凭借其办学自主权，前来本地建设产业学院。比如，由湖北省人民政府主办、在武汉办学的武汉船舶职业技术学院，在嘉兴市秀洲区的帮助下，与麒盛科技开展校企合作，成立"订单式"培养、工学交替、顶岗实习的"麒盛智造班"，建立"麒盛科技产业学院"。[①]

五是主管特定行业的厅局委办。比如，浙江树人大学与浙江省民政厅签订战略合作协议，共建"浙江省养老与家政产业学院"以推进应用型人才培养，共建"浙江省养老服务与家政管理人才培训基地"以做好地方培训服务，共建"智慧养老与家政服务协同创新中心"以提升养老与家政领域的应用型学科建设。

综上所述，产业学院是"政府-高校-企业"多元要素共建的结果。在共建产业学院的"数论"中，高校是神奇且具有级数放大作用的"零"，产业是实数，政府则是该数字的正负号；如果在作为"零"的"高校"前面放上作为实数的"产业"，再借助政府的正向肯定、鼓励和支持，产业学院就能够作为"正数"，焕发出巨大的生机与活力，彰显其意义和价值。

（二）共生结构：模式多样律

政府、高校、产业界及其具体分化出的多类型、多层次的共生单元，在组建产业学院时因其建设意愿、推动能力的不同而分别扮演差异化的动力源角色，在产业学院运行时因各自所掌握的资源的稀缺性、可替代性的不同而分别发挥不同的影响力，在产业学院发展过程中进而形成各具特色的资源共享机制；据此而生成的多样化结构关系，支撑形成产业学院的具体实践模式（图 1-3）。从不同学科视角认识上述实践模式，则可界定出多样化的产业学院理论模式。[②]

---

① 饶建波. 人才共育、四方共赢的产业学院实践与探索——以武汉船舶职业技术学院麒盛产业学院为例[J]. 科技视界，2021(13)：128-129.

② 陈伟，易芬云. 产业学院治理的实践逻辑反思[J]. 江苏教育，2021(89)：6-15.

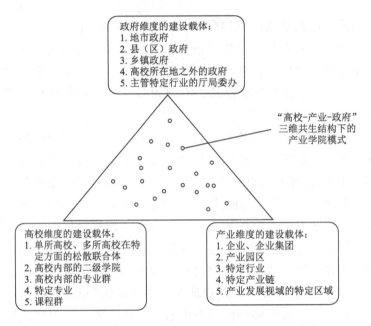

图 1-3　基于特定共生结构的多样化产业学院模式

　　产业学院以多样化的结构和模式，支撑起高校在产教融合、校企合作领域的底层结构。从本质上讲，高校是典型的底重型结构组织；传统的高校以学科、专业和基层的二级学院等为基础和依托，新时代的高校日益依赖新兴的基层结构产业学院。多样化的产业学院模式，首先有助于高校在产教关系的新阶段创新性地履行人才培养、科学研究、社会服务、文化传承、国际交流与合作等职能[①]，具体落实高职院校"办高职就是办专业"[②]、本科高校"院系办大学"[③]等办学理念，有效完成办学任务。其次，产业学院作为新兴的底部基层结构，是高校实现有效改革和持续发展的组织依托。"在头重脚轻的高等教育系统，基层的改革是变化的关键形式。"[④]"大学的转型，总是先从大学基层单位和整个大学的若干人开始，他们志同道合集合在一起，通过有组织的创新，改革大学的结构和方向"。[⑤]为了契合高校的底重结构特

---

① 石中英. 大学办学院还是"学院办大学"[N]. 光明日报, 2015-05-10(13).

② 李建求. 论高职院校的专业建设[J]. 高等教育研究, 2003(4): 75-79.

③ 伯顿·克拉克. 高等教育新论——多学科的研究[M]. 2 版. 王承绪, 徐辉, 郑继伟, 等译. 杭州: 浙江教育出版社, 2001: 125.

④ 伯顿·克拉克. 高等教育系统——学术组织的跨国研究[M]. 王承绪, 徐辉, 殷企平, 等译. 杭州: 杭州大学出版社, 1994: 261.

⑤ 伯顿·克拉克. 建立创业型大学: 组织上转型的途径[M]. 王承绪译. 北京: 人民教育出版社, 2003: 3.

征，高校管理重心呈现逐步降低的趋势，学校宏观调控、学院自主办学的高校管理方式和运行机制越来越受重视。[①]产业学院作为高校适应产教融合日益深入、校企合作日益密切的新形势而形成的、可跨界沟通高校内外部关系的基层组织，通过促进高校基层组织的多样化，强有力地推动着高校的变革。伯顿·克拉克认为："单一结构倾向于阻止自发的变革，而多结构则促进变革。"[②]处于底部基层的产业学院，借助"高校-产业-政府"三大要素及其多样化的共生结构，为促进高校在产教关系方面的变革提供了巨大的可能。

（三）共生功能：纵横链接律

多元、多层要素通过复杂组合而形成的共生结构，保证产业学院实现能基于纵、横多向链接而形成"区块链"的共生功能[③]，并表现出以下区块链特征。一是基于对等网络（peer-to-peer networking）或对等计算（peer-to-peer computing）技术的"共建-共享"特征。区块链强调，网络的参与者共享他们所拥有的一部分硬件资源（处理能力、存储能力、网络连接能力、打印机等），各对等节点（peer）可直接访问而无须经过中间实体，从而使得网络参与者既是资源、服务和内容的提供者，又是资源、服务和内容的获取者。在产业学院中，高校、政府、产业各方分别贡献其资源，但又同时共享其中的服务和成果。二是基于"分布式账本技术"的"相对独立-平等合作"特征。在区块链中，每个节点都按照块链式结构独立且地位等同地存储完整的数据，并依靠共识机制保证存储的一致性；在产业学院中，高校、政府、产业界既彼此相对独立又平等合作，且通过协商、共识而运行。三是基于"非对称加密技术"的"信息公开-隐私保护"特征。在区块链中，既要保证区块链的信息公开，又要保证账户身份信息高度加密以保护数据安全和个人隐私；在产业学院中，合作领域的相关信息彼此公开，但学校、企业的核心知识产权又分别得到法律、合作规约的保护。四是基于"智能合约技术"的制度化治理特征。在区块链中，基于可信的、不可篡改的数据，自动执行预先定义好的规则和条款；在产业学院中，通过建立理事会、章程及制度，维持内部良性运行和有序发展。"去中心化""开放""独立"的产业学院，横向即时整合高校、政府、产业界等各方要素，依托类"区块链"的生态链接功能，统

---

① 都光珍. 高校校院两级管理体制改革的对策思考[J]. 国家教育行政学院学报, 2011 (12): 16-20.

② 伯顿·克拉克. 高等教育系统——学术组织的跨国研究[M]. 王承绪, 徐辉, 殷企平, 等译. 杭州: 杭州大学出版社, 1994: 219.

③ 朱岩, 甘国华, 邓迪, 等. 区块链关键技术中的安全性研究[J]. 信息安全研究, 2016, 2 (12): 1090-1097.

筹兼顾、纵横整合"教育和就业"，既充分发挥高校、政府、产业界各自本有的功能，又通过链接、整合而发挥三者新构的多种化合功能。

首先，产业学院通过区块链式的共生而发挥其"办学-服务"功能。职业教育、应用型高等教育都承担着"教学·人才培养—科研·知识创新—社会服务"等多重功能，但多项功能的有效整合，一直需要探索创新组织载体、运行机制。产业学院的建构，一方面能集生产服务、学历教育、技术研发、技能培训于一体①，或者说能彰显生产经营、人才培训、生产与培训技术研发、学员后勤保障等四大功能②，协同提高学科专业建设质量、协同创新人才培养模式、协同开展应用型科技研发、协同改善实践教学环境、协同推进应用型师资队伍建设等③，从而统筹整合人才培养、科学研究及其服务社会的目标。另一方面，产业学院作为新型机构，能够及时回应政、产、教各方提出的新任务。比如，在落实 2019 年以来高职院校的扩招百万人计划时，产业学院发挥了巨大作用。

其次，产业学院可通过区块链式的共生而彰显中介缓冲功能。伯顿·克拉克认为，特定高等教育单位外部的影响会"通过散布于基层的边缘作用（boundary roles）"而导致变革④；在分析"创业型大学"时发现了其对问题和冲突的解决策略是：在高校与外部利益主体之间建构"发展外围"，并在促进变革与发展的过程中消解问题与冲突。创业型大学建立的"发展外围"有：从事知识转让、工业联系、知识产权开发、继续教育、资金筹集以及校友事务的"专业化的校外办事处"，以及在学系之外的"以跨学科研究项目为重点的研究中心"等。⑤尽管"发展外围"形式多样且无定例，但校内"专家组"、校外的产业需求和政府意志之间的联系，无论是共识与合作还是歧见或冲突，都可在其中通过交流协商而得以和谐。与创业型大学拓展"发展外围"、发挥"边缘作用"的策略相类似，在政府、高校、产业界之间发生歧见时，产业学院作为中介缓冲地带，通过释放、输入润滑剂，有效发挥中介缓冲功能。

① 张雪彦. 职业院校混合所有制产业学院建设研究综述[J]. 中国经贸导刊(中), 2020(2): 167-168.
② 徐秋儿. 产业学院: 高职院校实施工学结合的有效探索[J]. 中国高教研究, 2007(10): 72-73.
③ 李宝银, 汤凤莲, 郑细鸣. 产业学院的功能设计与运行模式[J]. 教育评论, 2015(11): 3-6.
④ 伯顿·克拉克. 高等教育系统——学术组织的跨国研究[M]. 王承绪, 徐辉, 殷企平, 等译. 杭州: 杭州大学出版社, 1994: 261.
⑤ 伯顿·克拉克. 建立创业型大学: 组织上转型的途径[M]. 王承绪译. 北京: 人民教育出版社, 2003: 4-5.

三、组织-管理-运行：产业学院的演化逻辑

"要素-结构-功能"的静态共生逻辑回答的是产业学院"是什么"的问题，而针对产业学院"怎么样"的问题，则要从"组织-管理-运行"的角度具体探讨产业学院的动态演化逻辑。"高校-政府-产业"诸要素之间的互动关系，为产业学院提供了动态演化的动力，并能决定产业学院从初创走向成型、从不成熟走向成熟的动态变迁、实践演进过程及结果。

（一）组织演化：增生沉淀律

首先，产业学院是组织增生的结果。为了创新高校与政府、市场之间的合作关系，产业学院似秧苗"分蘖"，像细胞"分裂"，如大树"节外生枝"，在保持原有教学、科研组织不变的情况下，以"增生"的方式进行建设。组织增生，是高校内部不同学科、专业通过分化而实现领域拓展、正向发展的组织方式[①]，是防止不同学科、专业领域彼此冲突的重要途径，且其作为折中方案，既不触动既得利益者从而有效降低变革的阻力，又能通过新建组织而达成新的目标。[②]为了吸纳政府、产业之利且避其害，高校选择在原有的二级学院、学系、研究所等组织之外，以组织增生的方式，新建"产业学院"；不过，原有的二级学院、学系、研究所等组织强调以学科、专业为中心，而产业学院强调"学科·专业-产业"双中心。

新兴的产业学院虽然通过增生而出现，但并不是传统二级学院、学系的简单复制和数量叠加，而是采用矩阵结构，通过贯穿于传统学院、学系而构建出一种全新的架构。矩阵结构，一直是高等教育系统实现组织创新的重要方式。在大学萌芽的早期，师生们一方面隶属于承担教学任务的学院，另一方面又隶属于重在科研的特定学科，从而形成"教学组织-科研组织""学科-学院"矩阵结构，此时的结构重心"是学术工作"[③]。随着高等教育职能的分化和多样化，师生们一方面隶属于特定的"教学组织-科研组织"，但同时为了学术交流而隶属于特定的学术共同体，又为了承担社会服务职能而隶属

① Bledstein B J. The Culture of Professionalism——The Middle Class and the Development of Higher Education in America[M]. New York: W. W. Norton & Company, 1978: 300-301.

② 伯顿·克拉克. 高等教育系统——学术组织的跨国研究[M]. 王承绪, 徐辉, 殷企平, 等译. 杭州: 杭州大学出版社, 1994: 242-244.

③ 伯顿·克拉克. 高等教育新论——多学科的研究[M]. 2版. 王承绪, 徐辉, 郑继伟, 等译. 杭州: 浙江教育出版社, 2001: 113.

于特定的"发展外围"，从而导致师生隶属"以教学为中心的学系-以科研为核心的研究中心-学术共同体或社会服务部门"等"三重矩阵"[①]，矩阵结构的重心从单数走向复数。就新兴的产业学院而言，则是以产教融合为重心、基于"政府-高校-产业"螺旋关系的"三重矩阵"组织。

其次，基于增生机制而产生的产业学院，并未替代原有的组织，而是以"沉淀"的方式，与传统的教学、科研单位共存于高等教育系统之中。亚瑟·劳·斯廷奇库姆认为，由于特定类型组织的有效性、组织获得存续的"保护圈"以及"把组织形式变为目的的社会倾向"等原因，"现存组织结构"往往是"不同历史时期各种残余组织形式'积淀'的结果"。[②]产业学院的形成，为高等教育与政府、产业之间建立有效沟通搭建了桥梁，并积累了新型且有效的基层学术组织架构。

目前不少的研究者和实践工作者从办学和治理主体、资源配置、运作机制及人才培养目标等方面比较分析产业学院和传统二级学院[③]，但是，通过增生方式而产生、与传统学院保持着矩阵结构关系且通过"沉淀"方式而与传统学院共存的产业学院，不宜与传统二级学院进行线性比较，两者之间虽有依存关系，但在管理、运行机制上存在明显差异。

（二）管理演化：跨界共治律

基于高校、政府、产业三类要素建构起来的产业学院，具有明显的跨界特征。从管理理念和价值旨趣看，产业学院坚持知行跨界、追求知行合一。产业学院的知行合一观，一方面以农业时代知行关系的直接链接为基础，进而追求知行的循环往复和波浪式前进、螺旋式上升；另一方面借助信息时代的技术之翼，以知行关系为基石，通过在产业领域促进创新创造创业，进而实现知行创合一。[④]

从管理对象看，产业学院坚持产教跨界、追求产教融合。[⑤]中华人民共和国成立之后，在计划体制时代基于"政治-经济-教育"领域合一而实行"产

① 伯顿·克拉克. 高等教育系统——学术组织的跨国研究[M]. 王承绪, 徐辉, 殷企平, 等译. 杭州: 杭州大学出版社, 1994: 211.

② 伯顿·克拉克. 高等教育系统——学术组织的跨国研究[M]. 王承绪, 徐辉, 殷企平, 等译. 杭州: 杭州大学出版社, 1994: 245.

③ 周继良. 现代产业学院的组织属性与制度创新[J]. 内蒙古社会科学, 2021, 42 (3): 197-204, 213.

④ 陈琳, 陈耀华, 文燕银, 等. 教育何以促进知行合一[J]. 中国电化教育, 2021 (9): 42-50.

⑤ 王晓轩. 产业学院产教融合实现路径探索[J]. 创新创业理论研究与实践, 2018, 1 (5): 1-3.

教合一"，国家各部委以及企业可以办学，且国营企业与教育机构都受计划调控；改革开放以来基于"政治-经济-教育"领域分离而开始"产教相对分离"；进入 21 世纪以来，通过对前述两个阶段发展经验的继承与扬弃，逐渐在"政治-经济-教育"领域实行社会主义市场经济模式的整合，实施政产学研之间的协同，倡导产教融合——也正是在这个阶段，产业学院作为"政治-经济-教育"领域跨界整合的组织创新成果，日益受到重视。

　　从管理组织看，产业学院坚持校企跨界、追求校企合作。中华人民共和国成立以来，强调教育与生产劳动相结合，且一直通过"校办企业"和"企业办学"两条途径落实校企合作，高校与企业之间的专业对口关系明显。随着 20 世纪 80—90 年代社会主义市场经济体制的确立，政府机构的改革与精简使得企业自办的职业学校脱离出来而划归教育部门，校、企彼此独立，逐渐疏离。进入 21 世纪以来，经济界与教育界联系日益密切，校企双方进入了主动寻求合作的新阶段。产业学院大多是以政府为支撑的高等教育、职业教育与产业界之间的合作，是新时代校企合作的具体形式。

　　从教学管理看，产业学院坚持工学跨界、追求工学结合[①]。"半工半读""工学结合"是中国近代以来在教育资源严重不足的情况下发展和普及教育的重要手段和优良传统，是实现教育与生产劳动相结合、校企合作、产教融合、知行合一的具体方式。产业学院的工学结合，是专业建设与教学实践的具体形式，是工作与学习相结合的人才培养模式；工学结合的主体是学生，因此要围绕学生的工学结合进行专业设置、课程建设以及教学管理体系、实习实训基地共建等。

　　形式服从和服务于内容。跨界，是产业学院的形式特征；跨界的形式所服务的是产业学院共治的内容。现代产业学院的实践途径在于"以共建共治共享机制为关键，构建多主体协同治理结构"。[②]但是，产业学院的协同治理结构并非从来就有的，也不是一蹴而就的。对江西省内 17 个产业学院的调研表明，通过重构专业以对接产业需求是高职产业学院建设的关键，但存在布局不到位、办学职能不全、治理体系不完善等问题。[③]从发展趋势看，基于"高校-政府-产业"等多元要素而构建起来的产业学院，正在从早期的随机性协作共治（应急型治理），逐渐向制度化协同管理（共治）、法治化规

　　① 陈解放. "产学研结合"与"工学结合"解读[J]. 中国高教研究, 2006 (12)：34-36.
　　② 黄彬，姚宇华. 新工科现代产业学院：逻辑与路径[J]. 高等工程教育研究, 2019 (6)：37-43.
　　③ 王姣姣，柯政彦. 产教融合视域下高职产业学院建设的现状、经验与展望——基于江西省 17 个产业学院的分析[J]. 职教论坛, 2021, 37 (6)：129-134.

范管理（法治）转变和提升。在探索建立产业学院之初，高校、当地政府以及产业界各方派出具体代表，在特定空间范围内（可以是在校内，也可以在校外的产业园区、企业现场等），围绕特定事项（包括与人才培养相关的课程研制、实训设备供给与使用等、与产品开发相关的技术合作等），针对合作过程中随机出现的具体问题，以成文或不成文的混合所有制为基础，以协作的方式实施共治。随机性协作共治的结果是，产生了大量的有关校本性的产业学院治理模式，不同模式虽然各有其成效，但彼此之间极难通约，极难进行制度化、规范化管理。为了解决这个难题，以立法为基础、以法治为手段的共治模式逐渐被看作改革趋势。

法治，即依法治理；产业学院建设需要法治，但对于产业学院的法治目标，学术界提出了两种值得商榷的设想。设想之一是增强产业学院的独立性[①]、赋予产业学院法人资格[②]，推进产业学院法人化，允许产业学院在金融市场上融资以保证其办学的自主性与管理的灵活性[③]。设想之二是把产业学院建设成为独立的学院，或者建设成为此前曾经出现但目前已经转设的"独立学院"[④]，办成企业人才的共享中心[⑤]。上述两类设想，旨在保证产业学院的独立性和高效率，用意虽然很好，但对产业学院法治化的理解过于狭隘，因为法人化、成为独立法人，并非法治的唯一途径，也不是保证产业学院建设和发展的唯一方向。更重要的是，产业学院的核心价值，就在于以矩阵结构方式，通过动态整合多方资源而与时俱进地促进政产学合作，培养新型高素质人才、推进高质量研发。在此矩阵结构中，传统的二级学院、专业群和专业、课程群等是根本，产业学院只是以高校内部的二级学院、专业群和专业、课程群等为基础，通过整合政府、产业界等外部资源建构而成的，因此产业学院不宜也绝不能从现有的高校中独立出来，这有如影需随形的形影关系，亦如皮毛关系，"皮之不存，毛将焉附"。如果按照独立学院的运行方式把产业学院建设成为独立法人，则恰好摧毁了产业学院在矩阵结构中所获得的共生特质和灵活优势，会导致产业学院的变质和异化。

① 金劲彪，侯嘉淳，李继芳. 现代产业学院建设的法律风险与防范——基于江浙产业学院建设的实证分析[J]. 教育发展研究, 2021(5): 20-27.

② 张艳芳. 混合所有制产业学院的历史缘起、现实困境与未来展望[J]. 职业技术教育, 2019, 40(13): 40-44.

③ 李潭. 产业学院：校企合作新型路径[J]. 教育评论, 2017(11): 27-30.

④ 周红利，吴升刚. 高职院校产业学院的演化综述[J]. 中国职业技术教育, 2021(18): 65-69, 74.

⑤ 周红利. 把产业学院建成企业人力资源的共享中心[N]. 中国教育报, 2020-05-19(9).

（三）运行演化：三重协同律

在产业学院的动态变革与发展中，组织演化是基础，管理演化是支撑，运行演化既是动态演化的保证，也是其动态演化的结果。产业学院建设的关键在于高校、政府、产业界等多元要素之间的协同运行，即通过运行目标的彼此耦合、运行资源的跨界共享、运行方式的相互支撑，实现教育逻辑、政治行政逻辑、经济产业逻辑的三重协同（表 1-22）。

表 1-22　产业学院运行的三重逻辑

类型	运行目标	运行资源	运行方式	运行载体
教育逻辑	知识传播、技术传承、技能积累	知识-技术-技能	教学、科研	学科与专业
政治行政逻辑	公共利益最大化	权力	政策调控	政策与文件
经济产业逻辑	经济收益最大化	资本+技术、技能	等价交换	商品与服务

从协同运行目标看，产业学院必须追求多元目标，其中最直接的目标就是人才的"高质量"供给[①]。在评判产业学院协同运行目标的"高质量"时，一般会关注两大要点。一是人才培养的效度。具体包括三个方面：①人才培养的效率，即在人才培养领域的投入-产出之比；②人才培养的效能，即人才培养目标的达成度；③人才培养目标的效益，即人才培养对于产业发展、政府公益目标的实现等的贡献度，这也就是人才培养与社会需求之间的契合度和适用性。二是人才培养的强度，即能够以多大规模、多快速度彰显人才培养的效度和契合度。

从协同运行的资源供给角度看，产业学院以资源的多方供给为基础、以资源的跨界共享为目标。政府推动教育服务于产业界，是一个老话题，但政府运用政策权力推进产业界助推教育变革、学科专业发展，则是产业学院建设过程中的新话题，核心在于立足于产业界，紧密跟踪、及时对接产业技术的快速发展，借助产业学院开放创新的组织界面，精准对接产业技术创新需求，合理对标行业企业技术标准、龙头企业内部工程师培养培训体系等，构建敏捷的技术导入机制，推进专业的教学改革[②]，实现"科学、技术、技能"的优质整合。[①]

① 宋小萍. 产业学院背景下人才供给质量提升的探究——以五年制高职会计专业群为例[J]. 财会学习，2021（21）：164-166.

② 黄彬，姚宇华. 新工科现代产业学院：逻辑与路径[J]. 高等工程教育研究，2019（6）：37-43.

① 郑庆华. 高等工程教育发展：守正与创新[J]. 高等工程教育研究，2021（5）：44-49，81.

从协同运行的具体方式看，产业学院需以政策支持、政策调控为前提，以教学、科研等教育逻辑的运行方式为核心，基于等价交换的市场逻辑，协同"政-产-学"关系、耦合"教育逻辑-政治行政逻辑-经济产业逻辑"。但就目前而言，学术界较多关注了产业学院的市场化运行机制。比如，胡文龙认为要重视"市场化机制在产业学院方向布局、资源配置、内部治理和质量评价中的调节作用及范围，明确产业学院作为混合制办学机构的复杂性特征"。[①]鲍计国强调，"产业学院应建立市场化运行机制，激发面对市场的应变能力，最大限度地发挥自身优势，化解发展过程中的短板"[②]。为了协同教育逻辑中的教学和科研方式、政治行政逻辑中的政策调控方式、经济产业逻辑的等价交换方式，防止出现三重逻辑畸轻畸重的问题，非常有必要深入反思、详细探索基于混合所有制的混合型协同运行机制，在产业学院建设中协同强化政府调控、学校育人、企业深度参与三方力量，以克服因主观偏向选择和客观实力限制导致的认识本位主义、因跨界合作和多方利益博弈导致的自组织建设困境、因教育产业化与人的自由全面发展之间的矛盾导致的可持续发展不足、因缺乏本土经验借鉴和分散式探索导致的定位不清和政策滞后、因产权不明而导致的运行乏力等问题[③]，创新产业学院的发展之道。

从协同运行载体看，政治行政逻辑中的政策与文件为产业学院建设提供政治认可和政策支持，经济产业逻辑中的商品与服务是产业学院建设的市场依托和价值旨归，教育逻辑中的学科与专业则是产业学院建设的内在逻辑和核心支撑。产业学院建设只有依托学科和专业，才能真正发挥其育人功能，进而回报经济产业逻辑的价值期待、彰显政治行政逻辑的政策期待。

总之，产业学院须以高校、政府、产业界等要素之间的互动为前提，以协作为互动的方式，以协调为协作的目标，逐渐实现"政-产-学"多元要素从一体化协同向融合化协同的演化。"政-产-学"多元要素的一体化，是产业学院内部的低层次协同，强调产业学院运行中的社会责任一体化、专业职业一体化、培养模式一体化、运行机制一体化、条件保障一体化，其目的在于实现学院共建、师资共享、人才共育、双方共赢[①]。融合化则是产业学院

① 胡文龙. 论产业学院组织制度创新的逻辑：三链融合的视角[J]. 高等工程教育研究, 2018(3): 13-17.
② 鲍计国. 应用型高校与企业共建产业学院的优势与困惑[J]. 西南石油大学学报(社会科学版), 2019, 21(5): 73-77.
③ 李荣华, 邱菁芳. 论应用型本科院校产业学院建设[J]. 教育与职业, 2019(14): 36-42.
① 王春利, 孙丹丹, 徐瑶. "五个一体化"现代产业学院新模式建设研究[J]. 现代教育科学, 2021(4): 149-156.

内部的高层次协同，即多元要素之间基于共同的合作目标而在产业学院内部实现彼此融合、共赢发展。

　　总之，思想澄明是有效行动的前提，理论清晰是实践优化的关键。实践早于理论、"名"晚于"实"的产业学院，已积累大量内容鲜活但歧见丛生的个案研究成果；持续不断的改革和发展，亟须整合这些前期成果，总体探究其内在的规律和逻辑。在众多的理论视角中，组织学可方便地针对产业学院开展最基础的理论研究。从组织学的角度看，以多类型、多层次的共生要素为基础的多元多层律，借助多样化要素之间多样化的共生结构而彰显出来的模式多样律，凭借"办学-服务"功能和中介缓冲功能而彰显出的纵横链接律，共同展示出产业学院的静态共生逻辑；产业学院在组织演化过程中的增生沉淀律、在管理演化中的跨界共治律、在运行演化中"教育逻辑-政治行政逻辑-经济产业逻辑"的三重协同律，共同展示出产业学院的动态演化逻辑。纵观这些基本规律和实践逻辑可以发现，产业学院本身极具跨界性、综合性和创新性，既不能运用高校中其他正式组织、二级单位的建设逻辑来框范它，也不能通过组织独立化、地位法人化而盲目抬高它。由于产业学院在实践探索中的未完成性和未来变革的多种可能性，对于产业学院的界定仍难做出最后定论，仍待跟踪研究。

第二章　公共科技服务平台：产教融合的科技创新服务视角

科学研究的实质是知识生产；知识生产模式的变革，必然引发科研范式的变革。随着科研组织结构从简单走向复杂、科研价值取向从兴趣走向责任、科研创新重心从理论走向应用、科研创新方式从离散走向协同的变革趋势日益强劲，中国的有组织的科研，需要实现从认识世界到改造世界、从学者兴趣到国家意志、从学术场域到社会场域、从线性发展到螺旋上升的逻辑转向。[①]为此，借助政府的支持，瞄准产教融合、科教融汇的目标，建设公共科技服务平台不但成为发展之必需，而且具备了现实的可能。

公共科技服务平台，是由若干跨领域、跨地区的高校、科研院所、中介机构、政府和相关企业等共同组建的科技创新载体。它能通过吸纳、集聚和整合区域内外信息、知识、技术等相关创新资源，为相关创新主体提供公共创新服务和产业技术支撑。公共科技服务平台的创建是我国科技体制改革的一项重大举措，其目的在于集聚和整合创新资源，提高科技资源利用效率、提升科技创新能力和水平。[②]

在政策层面，2003 年科技部颁布了《2004—2010 年国家科技基础条件平台建设纲要》，提出"研究实验基地和大型科学仪器、设备共享平台""自然科技资源共享平台""科学数据共享平台""科技文献共享平台""成果转化公共服务平台""网络科技环境平台"等六大平台建设重点。2006 年发布的《国家中长期科学和技术发展规划纲要（2006—2020）》明确提出"要建设社会化、网络化的科技中介服务体系"。2012 年中央发布了《关于深化科技体制改革加快国家创新体系建设的意见》，对推动公共创新服务平台等科技中介服务提出了更明确的要求，那就是向服务专业化、功能社会化、组织网络化、运行规范化方向发展，并重点发展研发设计服务、知识产权服务、检验检测服务、技术交易服务等科技服务。在此发展背景下，全国各省区市

---

① 白强. 高校有组织科研：发展趋势、逻辑转向与机制创新——基于知识生产模式变革视角的分析[J]. 江苏高教, 2023(7): 28-37.

② 许强, 杨艳. 公共科技创新平台运行机理研究[J]. 科学学与科学技术管理, 2010, 31(12): 56-61.

在实践层面先后启动本地区的公共科技创新平台创建工作，建设了一批跨单位、跨部门、跨地区的公共科技创新平台，国家和地方的这些平台共同构成了目前我国的公共创新服务平台体系。2024 年 7 月 18 日中国共产党第二十届中央委员会第三次全体会议通过的《中共中央关于进一步全面深化改革　推进中国式现代化的决定》，从全面深化改革、统筹推进教育科技人才体制机制一体改革的高度，在深化科技体制改革方面强调，"坚持面向世界科技前沿、面向经济主战场、面向国家重大需求、面向人民生命健康，优化重大科技创新组织机制，统筹强化关键核心技术攻关，推动科技创新力量、要素配置、人才队伍体系化、建制化、协同化。加强国家战略科技力量建设，完善国家实验室体系，优化国家科研机构、高水平研究型大学、科技领军企业定位和布局，推进科技创新央地协同，统筹各类科创平台建设，鼓励和规范发展新型研发机构，发挥我国超大规模市场引领作用，加强创新资源统筹和力量组织，推动科技创新和产业创新融合发展"。其中有关"统筹各类科创平台建设"的规定，对进一步加强公共科技服务平台建设、从科技创新服务角度推进产教融合，提出了新的且更高的要求和期待。

第一节　公共科技服务平台的理论探索

2002 年以来，公共科技服务平台建设研究逐渐得到学术界的关注，发表了一些研究成果。截至 2023 年底，以"公共科技服务平台"为关键词在中国知网的网络期刊数据库检索到论文 400 多篇，其相关研究发表年度趋势如图 2-1 所示。

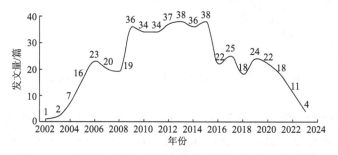

图 2-1　"公共科技服务平台"相关研究发表年度趋势

从相关研究主题分布来看，主要围绕公共服务平台、科技公共服务平台、公共技术服务平台、科技创新、科技成果转化、公共科技服务平台、科技创新服务平台、浙江省、江苏省、服务平台、科技企业孵化器、科技服务平台、上海研发公共服务平台、平台建设、科技创新平台、孵化器、高新技术、创新平台、科技服务、中小企业、科技资源共享、科技基础设施、研发平台、研究院、公共平台、上海市、国家科技基础条件平台、公共创新服务平台、科技型中小企业、创业服务中心、科技部、重点实验室、科技创新体系、开放共享、科技研发、创新服务平台、科技公共服务、产学研合作、工程技术研究中心、科技创新能力等主题展开。

　　从研究层次上看，已有研究主要分布在行业指导（社科）、基础研究（社科）、政策研究（社科）、工程技术（自科）、基础与应用基础研究（自科）、行业技术指导（自科）、职业指导（社科）、经济信息、高级科普（社科）、政策研究（自科）、专业实用技术（自科）、标准与质量控制（自科）、大众文化、高等教育等方面（图 2-2）。

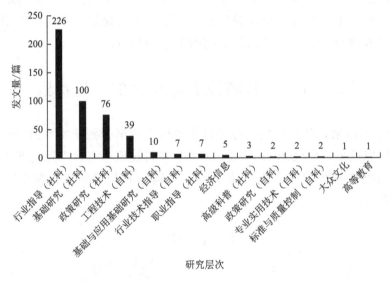

图 2-2　　"公共科技服务平台"相关研究层次分布

　　从研究机构来看，主要以大学、科研院所、平台管理中心为主，具体包括：上海市研发公共服务平台管理中心、江苏省生产力促进中心、江苏省高新技术创业服务中心、华中科技大学、江苏大学、清华大学、江苏省科学技术厅、威海市立医院、北京市社会科学院管理研究所、中国科学技术发展战略研究院、浙江工业大学、宁波市科技信息研究院、青岛科技大学、玉溪市科学技术情报研究所、国家科技基础条件平台中心、湖北省技术交易所、武汉大学、湖北省科技信息研究院、哈尔滨商业大学、湖南省科技信息研究所、中国科学院文献情报中心、重庆科技大学、中国产学研合作促进会、苏州大学、金华职业技术大学、大连理工大学、江苏省科学技术情报研究所、南京理工大学泰州科技学院、天津市泰达图书馆、福州大学、浙江省科学技术厅、安徽省对外科技交流中心、河北经贸大学、厦门产业技术研究院、太原市科技战略研究院、仲恺农业工程学院、中国科协创新战略研究院、天津科技大学、浙江省台州市黄岩区科学技术局、河海大学、南京农业大学等（图 2-3）。

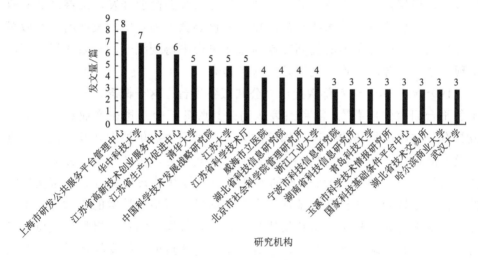

图 2-3 "公共科技服务平台"相关研究机构主要分布

一、公共科技服务平台的本体研究

从供给角度上讲，市场竞争客观上需要企业缩短研发周期、提高创新效率，从而提升供给的质量和数量。离散的单个企业的信息、技术、资金等资源有限，投资和研发等活动的不确定性会增加市场风险，因此在一定程度影响其创新意愿与效率。提高企业科技创新效率，客观上需要行业、企业以及相关研发机构适度聚集[1]。然而，当前不合理的科技创新体制已经成为我国产业和区域经济发展面临的重大挑战，且直接影响着我国产业技术创新和升级的步伐和速度[2]。其表现之一是，虽然我国科技基础工作不断取得进展，

[1] 钟无涯. 科技创新平台主体异质性与运营差异比较[J]. 科技管理研究, 2015, 35(14): 83-88.
[2] 许强, 杨艳. 公共科技创新平台运行机理研究[J]. 科学学与科学技术管理, 2010, 31(12): 56-61.

科技基础设施不断完善，科技人才队伍不断壮大，但重复建设现象严重，投入分散，且科技资源的利用率较低，缺乏科技资源的共享机制。其表现之二是，众多的中小企业限于自身实力的不足，无法接触到先进的科技资源并进行及时有效的技术升级，这直接限制了其后续发展的步伐。为了解决上述问题，公共科技创新平台应运而生，它是在吸取企业孵化器成功发展经验的基础上逐渐发展起来的一种直接面对创业及创新服务对象的新型科技服务机构[①]。李颖明认为，从企业的角度来讲，企业可以基于区域创新服务平台提供的共性技术，根据自己生产或产品的需要，进行后续的商业开发，最终形成具有自主知识产权的专有技术和产品，提升其核心竞争力。区域发展的宏观政策目标与企业核心竞争力的提高在创新服务平台中得到统一，有限的科技资源实现共享，资源的配置与利用效率得到提高[②]。

1995 年，西方学者首次提出"公共服务平台"这一概念，拉开了对公共服务平台研究的序幕[③]。常利杰等认为公共服务平台是指在产业集中度较高或具有一定产业优势的地区，构建的为社会组织"提供技术开发、试验、推广及产品设计、加工、检测、信息资源、公共服务、公共设施等公共技术支持系统"[④]。公共创新服务平台的概念源于科技基础条件平台。国家基础条件平台中心认为，科技基础条件平台是在信息、网络等技术的支撑下，由研究实验基地、大型科学设施和仪器装备、科学数据与信息、自然科技资源等组成，通过有效地配置和共享，服务于全社会科技创新的支撑体系。在此基础上，公共创新服务平台的概念开始出现，一些文献和文件将其称为科技公共服务平台、公共科技创新服务平台、创新公共服务平台、科技创新公共服务平台、研发公共服务平台等。此后又进一步细化出产学研公共服务平台、技术创新公共服务平台、公共技术服务平台、区域创新公共服务平台、行业创新公共服务平台等概念。

具体而言，公共创新服务平台具有四层含义，即平台、服务、创新和公共。"平台"泛指进行某项工作所需要的环境或条件，前面加上"服务"就要求这种环境或条件要有利于服务工作的开展。而在"服务平台"的前面增

---

① 李立, 王嘉鋆. 科技公共服务平台二维机制的矛盾及其功能协调[J]. 科技管理研究, 2009, 29 (5): 142-143.

② 李颖明, 张利华, 宋建新. 公共政策的经济效率与区域创新服务平台建设[J]. 科学学与科学技术管理, 2008, 29 (11): 49-53.

③ Collinge B. New consumer online services[J]. The Electronic Library, 1995, 13 (2): 116-126.

④ Chang L J, Yang J C, Deng Y C, et al. EduXs: multilayer educational services platforms[J]. Computers & Education, 2003, 41 (1): 1-18.

加"创新"则表明这种服务的对象是创新主体和创新活动，同时增加了"公共"则表明创新服务平台的服务范围是所有的创新主体和创新活动而非其中的一部分。结合四个词语的内涵来看，公共创新服务平台本质上是指政府依靠自身力量或者政策手段吸引社会创新机构参与或主导等方式，打造的实体或虚拟的服务载体，服务于全社会的创新活动和行为①。也有学者认为，公共科技服务平台概念的理解有广义和狭义之分。广义上的公共科技服务平台以全社会公众为服务对象，服务内容多样化，只要开放性、非营利性的科技服务机构或组织都可以纳入公共科技服务平台的范畴。而狭义上的公共科技服务平台是我国国家创新系统中科技服务体系的重要组成部分，其立足之本在于服务，模式之新在于平台②。

此外，夏太寿、倪杰认为区域科技创业公共服务平台是指以科技企业孵化器为主体，利用现代技术手段和统一的管理规范，共同搭建具有共享共用机制与功能，并按非营利原则为某一区域内全社会科技创业提供有效服务的支撑体系③。还有研究者讨论了工程技术研究中心的功能定位，认为工程技术研究中心是一个科技创新公共平台，其主要功能是针对产业发展中的共性问题、关键技术和技术工程化进行研究、开发、设计和放大试验，承担区域及行业技术创新、成果转化、人才培养及提升行业和产业科技水平的重要职责。要发挥工程技术研究中心孵化科技成果和为地方经济、行业科技服务的作用，首先要建设好工程技术研究中心，自我发展越完善、运作越规范、工程化水平越高的工程技术研究中心，越能发挥其科技创新公共平台的功能，对国民经济和科技发展做出的贡献也越大④。

也有学者重点探讨了中小企业公共服务平台的功能定位和组织创新，认为其具有三个方面的独特功能：一是直接为中小企业提供多样化、便利实惠的公共服务，以弥补中小企业自主创新的"市场失灵"；二是通过建立操作层次上的开放式平台组织，引导政府部门、各类服务资源和服务机构进行跨界合作，为中小企业提供整合性服务；三是通过具有熊彼特意义的"创造性破坏"影响机制，形成中小企业与生产性服务业的双重集聚，促进产业分工深化⑤。

① 赵志耘，杜红亮. 公共创新服务平台建设若干基本问题探讨[J]. 中国科技论坛，2014(3): 37-41, 47.
② 岳素芳，肖广岭. 公共科技服务平台的内涵、类型及特征探析[J]. 自然辩证法研究，2015, 31(8): 60-65.
③ 夏太寿，倪杰. 区域科技创业公共服务平台建设的理论探讨[J]. 中国科技论坛，2006(4): 36-39, 47.
④ 沈国强，冯志强. 客观认识平台运行模式 科学建设独立工程中心[J]. 科技管理研究，2005, 25(11): 19-20.
⑤ 肖卫东. 中小企业公共服务平台的功能定位与组织创新[J]. 学习与探索，2014(2): 104-107.

二、公共科技服务平台的运行研究

公共科技服务平台运行包含了两个环节：首先是整合科技资源与汇集服务需求；其次是根据科技服务需求，对接所需资源与服务方。这两个环节涉及高校、科研机构、政府、企业等多个利益主体，同时又包含着有关科技资源共享的法律法规、相应的激励以及约束机制，这些利益主体及其相应的法律规约共同构成了一个庞大的系统。其中，科技资源建设与服务机构系统是实施主体，经费决策系统是基础，经费监督评估系统是有力保障[①]。为了有效规避运作风险，公共科技服务平台大都选择"政府引导、企业化运作、市场推动"的发展模式。其中，政府的主要职责是负责前期投入，协调高校、科研机构、企业等不同主体间的关系，充分调动各方的积极性，并监督和评价服务平台的发展方向；行业、企业主要负责获取市场主体的最新需求，确定知识创新、技术转移和成果转化的总体方向，并将相关信息传递给高校和科研机构；高校和科研机构主要进行创新人才、科技设备的投入，在一定的框架内快速实现知识创新、技术转移和成果转化[②]。但因为市场机制和政府机制并存，因此在"市场逻辑"对竞争和效率的追求与"政府逻辑"对服务性和公益性的引导之间总是存在矛盾。为了协调二者之间的关系，需要从体制目标的设计、评价系统的优化、服务能力的培育等方面发力。赵志耕认为，科技中介服务组织是最适合的平台运营者，从理论上讲，科技中介服务组织是独立于政府和企业之外的推动创新的第三方力量。由于科技中介服务组织介于政府和企业之间，处在比较中立的位置，它们为了生存和不断发展壮大，一般倾向于积极地汇集和传递政府、社会的创新基础条件和创新资源、高校和科研机构的研发能力以及企业的各种创新需求，并在此基础上整合形成面向社会的公共创新服务能力。在这个过程中，通过提供多样化的优质服务而获取报酬，也就是说整合公共创新服务能力并满足社会对创新的各种需求是其盈利的基本途径，这就决定了科技中介服务组织在公共创新服务平台的建设、管理与运行中能够发挥关键性的中枢作用[③]。侯玉梅、薛文红发现，政府对创新公共服务平台的前期投资越大，该平台就越完善，创新型企业就越倾向于利用该平台。政府继续投资完善创新公共服务平台时，创新型企业选

① 简兆权, 陈键宏. 公共科技创新平台运行机制研究: 广东地区个案[J]. 科学管理研究, 2012, 30(3): 1-4, 35.
② 李立, 王嘉鋆. 科技公共服务平台二维机制的矛盾及其功能协调[J]. 科技管理研究, 2009, 29(5): 142-143.
③ 赵志耘, 杜红亮. 公共创新服务平台建设若干基本问题探讨[J]. 中国科技论坛, 2014(3): 37-41, 47.

择利用创新公共服务平台的动机就会增强①。李燕萍、吴绍棠指出，发展战略性新兴产业不仅需要多种创新要素，而且需要完善创新服务支持链，构建产业公共创新服务平台②。

有学者指出，良好的运行机制是保障区域创新方法公共服务平台发挥作用的前提，区域创新方法公共服务平台与其他科技创新平台有所不同，它更为强调"线下与线上"的结合③。还有研究者在总结目前我国科技公共服务网络平台建设和运用中存在问题的基础上，结合近年来云南加强大型科学仪器设备共建共享推广应用的实践，分析了"创新驱动"下科技公共服务网络平台的运行机制与管理特征，提出"健全科技公共服务网络平台管理制度，以创新服务管理和服务模式为主要手段，以提升科技服务能力为基本支撑，突出平台建设和示范带动作用"，有效提高科技公共服务水平的管理方法和创新思路④。张振刚等以小榄专业镇的技术创新公共服务平台为案例研究对象，采用单案例研究方法，通过对案例数据进行详细分析，建立了小榄专业镇技术创新公共服务平台的结构（包括主体层面、内容层面、功能层面），归纳了其运行机制（多方投入机制、资源共享机制、协同创新机制），并进一步梳理了其演化过程的三个阶段及其特征。最后提出加快推进中小微企业技术创新公共服务平台建设的政策建议⑤。还有学者针对地方公共服务平台提出了政策性建议，包括构建政府规划引导和政策激励的促进机制，形成促进公共创新服务平台跨越发展强有力的政策支持体系；通过政府扶持和市场导向相结合，构建以企业为主体、市场化运作的推进机制；构建知识产权保护机制、资源共享机制、协同创新机制和利益传导机制，加大技术开发、人才培养和成果应用力度；建立一套行之有效的市场激励和绩效评估机制，充分发挥其最大效能⑥。

① 侯玉梅, 薛文红. 创新型企业与政府创新公共服务平台的演化博弈[J]. 统计与决策, 2015(21): 172-174.

② 李燕萍, 吴绍棠. 武汉市战略性新兴产业发展的公共创新服务平台研究[J]. 科技进步与对策, 2012, 29(2): 41-44.

③ 韩博, 赵功强. 区域创新方法公共服务平台建设与运行机制研究: 以宁夏为例[J]. 科技管理研究, 2016, 36(10): 56-60, 65.

④ 邓艺, 马继涛, 吴海虹, 等. 论创新驱动中科技公共服务网络的运行机制与管理: 以云南科学仪器协作共享服务平台建设为例[J]. 中国软科学, 2011(S1): 84-90.

⑤ 张振刚, 陈志明, 余传鹏, 等. 中小微企业技术创新公共服务平台的建设与发展: 基于小榄专业镇的案例分析[J]. 技术经济, 2014, 33(1): 24-32, 103.

⑥ 肖卫东, 杜志雄. 中小企业集群发展创新平台构建: 鲁省案例[J]. 改革, 2010(2): 98-105.

三、公共科技服务平台的建设研究

也有学者通过总结浙江省在科技平台建设过程中的主要做法与成效，认为依托行业、区域技术创新平台组织科技重大项目将成为推动科技自身发展的创新手段[1]。刘烨等运用因子分析，对我国遴选的七大产业的省际区域公共科技服务平台布局进行实证研究，研究发现"创新资源供给水平"和"创新资源需求强度"是影响省际区域公共科技服务平台布局的关键因子，尤其是"创新资源需求强度"是平台布局中应当加强的环节[2]。也有研究者详述了中国目前的科技公共服务平台建设历程、功能和面临的挑战，指出了科技公共服务创新的必要性，并提出了相关的路径与对策[3]。余东波研究指出，通过针对科技服务过程采取有力的运行管理措施，云南科技创新服务平台能有效确保平台服务质量和提升服务水平，有助于实现以科技服务活动促进科技创新资源利用、增强资源聚集的针对性和有效性、降低科技服务参与各方的成本、推动科技服务业加快发展[4]。还有学者认为企业加速器与企业孵化器实现有机耦合和功能对接，可以为不同成长阶段的高成长企业提供全方位、深层次、多领域的专业化服务，有利于形成健康、快速、持续的企业成长机制[5]。有学者通过分析平台的功能定位，阐述了北京大学平台的建设现状，并重点围绕平台绩效考评、人才队伍建设、资源开放共享、经费保障体系、准入与退出机制等核心问题进行了讨论[6]。黎敏阐述了新型研发机构的缘起、概念与特征及存在问题，以及基于用户和全球资源的海尔开放式创新的背景、理念、运行特点和成效[7]。

有学者以智慧城市建设为背景，分析了智慧城市和宁波服装产业创新两者之间的关系，探讨了宁波服装产业创新公共服务平台的构建路径[8]。祁琼、

---

① 李啸, 朱星华. 浙江科技创新平台建设的经验与启示[J]. 中国科技论坛, 2008(3): 39-43.

② 刘烨, 肖广岭, 岳素芳, 等. 省际区域公共科技服务平台布局初探[J]. 科学学研究, 2016, 34(5): 690-696.

③ 黄琳, 张辅. 构建统一、公开、共享的科技公共服务平台的路径与对策[J]. 科学管理研究, 2016, 34(6): 13-16.

④ 余东波, 邬平, 李志明, 等. 过程视角下公共科技服务平台运行管理研究[J]. 科技管理研究, 2016, 36(12): 30-33.

⑤ 汪艳霞, 钟书华. "孵化-加速"三位一体耦合对接: 科技服务资源集成路径[J]. 科技进步与对策, 2015, 32(15): 20-25.

⑥ 凌辉, 周勇义, 张媛, 等. 北京大学科学仪器公共平台的建设与探索[J]. 科学管理研究, 2015, 33(6): 35-38.

⑦ 黎敏. 海尔开放式创新对新型研发机构发展的启示[J]. 科技管理研究, 2017, 37(17): 124-130.

⑧ 孙冬林, 鲁兴启. 基于智慧城市建设的宁波服装产业创新公共服务平台构建[J]. 科技进步与对策, 2011, 28(24): 74-77.

陆小成以北京能源环保领域平台为例，分析了低碳科技公共服务平台建设的现状及问题，认为加强低碳科技公共服务平台建设，需要整合低碳科技资源，加大政府采购力度，强化低碳科技信息、低碳技术产权交易、低碳科技测试检测和商务服务与投融资等平台建设[①]。也有学者重点探讨了西部地区公共技术平台运行的效率问题，研究认为"运行效率性"问题是指技术创新主体"能否有效进行创新"的问题，是技术创新组织方式问题。解决工业公共技术供给平台运行效率低下问题的根本出路是，一方面要引入市场机制，真正按经济规律办事；另一方面要借鉴发达国家和地区经验，遵循公共技术规律，科学界定公共技术领域，完善公共技术提供的各种机制，提高西部地区公共技术平台的运行效率[②]。杨艳红介绍了江苏省科技创新平台体系，系统分析了公共服务平台建设情况、主要做法、运行成效及存在的问题，并提出了"十二五"平台建设思路与相关建议[③]。也有学者认为河北省科技中介服务机构已初步形成且得到快速发展，但也存在诸多问题，为此，应从大力发展健全服务网络、转变政府职能、建设农业科技中介机构、给予政策优惠等几方面加快发展河北省科技中介服务机构[④]。陈建安以中山市作为调研和分析对象，从平台建设与经营、平台服务成效等方面统计分析了协同创新公共服务平台建设的现状，归纳提炼了平台建设中存在的突出问题，论证了协同创新公共服务平台做大做强做优的思路，最后提出了促进平台转型升级的对策[⑤]。

有学者从比较研究的视角出发，以创新英国的组织实践为例，阐述英国在转向创新驱动的发展模式过程中，如何将诸如创新英国的国家创新机构置于创新系统的核心位置，并持续发挥这些机构在各个领域中的引领作用，以使命导向的组织模式积极创造与构建新兴市场[⑥]。许强、兰文燕分析了台湾与大陆研发联合体（大陆称之为"公共科技服务平台"）各自的形成与发展过程，并运用三螺旋创新模型阐释其形成和演变的规律和特点[⑦]。也有研究

① 祁琼，陆小成. 低碳科技公共服务平台建设：以北京能源环保领域为例[J]. 科技进步与对策，2012, 29(16): 7-11.

② 谭建伟，徐刚. 公共技术平台运行效率表征：西部地区个案[J]. 改革，2010(6): 62-68.

③ 杨艳红，陆红娟，陈林，等. 江苏科技公共技术服务平台建设与思考[J]. 科技管理研究，2012, 32(4): 58-61.

④ 梁灵艳. 河北省科技中介服务机构发展研究[J]. 河北师范大学学报（哲学社会科学版），2011, 34(4): 90-92.

⑤ 陈建安，王建彤，徐刚. 专业镇协同创新公共服务平台的转型升级：以中山市为例[J]. 科技进步与对策，2012, 29(22): 51-58.

⑥ 诚然，季宇. 超越市场失灵：创新英国与使命导向型创新组织[J]. 中国科技论坛，2016(4): 134-139.

⑦ 许强，兰文燕. 研发联合体（平台）的形成和演变[J]. 科学学研究，2010, 28(2): 227-233.

者依据 2000—2015 年专业镇相关管理办法、专业镇重要会议的决议、历年专业镇项目指南等三类政策文件以及自身调研，对广东省专业镇 15 年的政策变迁进行了长时序的整理，并针对当前专业镇面临的趋势、问题提出对策和政策展望[①]。有学者从产学研联盟的现实环境出发，以杭州市校战略合作框架下产学研联盟组织为切入点，探讨了产学研的协同效应及协同创新绩效，提出了优化协同创新绩效的基本路径[②]。朱文奇指出，我国产学研一体化的发展面临科研成果商业化成功率低、产学研三方责权利关系不明确、产学研之间的合作处于低层次水平等问题，而制度创新是产学研一体化程度加深的关键[③]。有学者提出完善科技服务和知识产权市场管理、推进风险分担机制市场化、引入风险投资、加强公共服务平台建设、创新政府财政支持体制和风险管理理念等是产学研协同创新风险分担机制的优化路径[④]。

四、公共科技服务平台的评价研究

我国的公共科技服务平台经过多年的探索，逐步向几个方向演化，形成三类基本的平台类别。其中从管理主体的差别来看，可细分为科技基础条件平台、行业和领域公共技术服务平台、区域公共科技服务平台三类[⑤]。从服务内容的不同，则可分为研发公共服务平台、科技创业公共服务平台和科研条件公共服务平台三类[⑥]。也有学者基于运营主体的异质性维度，将国内科技创新平台运营模式归纳为政府主导型、企业主导型、第三方主导型和混合型四种类型。四种类型的平台均具有各自的运营优点、缺点和适应范围，且不同平台运营模式的选择受制于平台的不同功能、不同行业及不同发展阶段[⑦]。王瑞敏通过分析全国各省公共科技服务平台建设情况，发现科技平台建设可以概括为两种模式，一是离散模式，二是集成模式[⑧]。岳素芳认为，关于公共科技服务平台的分类并未形成统一标准，从不同角度出发，平台的类型也

① 谷雨, 苏炜. 广东专业镇创新政策的演进、困境与对策研究[J]. 科技管理研究, 2015, 35(12): 28-32.
② 张健, 陈利华. 产学研联盟中的协同化及创新绩效: 以杭州市为例[J]. 中国高教研究, 2013(6): 75-78.
③ 朱文奇, 郭兵. 制度创新与产学研一体化程度的提高[J]. 广西社会科学, 2009(7): 48-52.
④ 沈云慈. 产学研协同创新风险分担机制研究: 基于贝叶斯网络法[J]. 中国高教研究, 2014(6): 73-78.
⑤ 王瑞敏, 章文君, 高洁. 公共科技服务平台构建和有效运行研究[J]. 科研管理, 2010, 31(6): 113-117.
⑥ 彭顺昌, 李波. 创新创业公共服务平台在区域创新体系中的角色和定位[J]. 厦门科技, 2007(6): 23-26.
⑦ 钟无涯. 科技创新平台主体异质性与运营差异比较[J]. 科技管理研究, 2015, 35(14): 83-88.
⑧ 王瑞敏, 章文君, 高洁. 公共科技服务平台构建和有效运行研究[J]. 科研管理, 2010, 31(6): 113-117.

各有侧重①。从平台自身的组织形式来看，可以分为实体组织和虚拟组织两种形式。从平台体系的组织模式来看，主要分为离散式和集成式平台。根据政府参与平台的程度不同，可分为政府主导型、政府参与型及政府引导型。从归属的不同层次，平台可分为国家平台和区域平台。还有学者以经济学视角解读公共政策效率，指出公共政策的最终目标是达到社会资源配置效率的最大化，社会资源配置达到一般均衡、获得资源配置效率最大化的过程即为公共政策效率不断提高的过程。将公共政策的外部效益转化为个体的内在需求是提高公共政策效率的有效方式，搭建区域创新服务平台是政府公共政策在促进区域创新方面的重要实践②。

李文元等认为科技公共服务平台应根据科技供应方期望的态度差异，在初建阶段应遵循单边市场模式，在发展阶段应实施双边运作模式③。也有学者认为按照企业、政府部门在科技服务平台中的参与、介入程度，可以将我国的公共科技服务平台类型分为四种基本形式，即企业-企业股权合资模式、企业-高校股权联盟模式、政府-企业-高校共建模式和非股权模式四种。按照公共服务平台内部的成员结构可以将服务平台内部的合作研发结构分为水平结构和垂直结构。政府主导水平结构、政府主导垂直结构、企业高校主导水平结构和企业高校主导垂直结构四种组织模式的公共科技服务平台各自功能存在差别④。顾桂芳认为根据平台运作模式，科技公共服务平台可分为"高效用"平台和"低效用"平台。科技服务需求方可以选择"接入"和"不接入"平台。双方交往的支付矩阵及演化博弈过程表明，机会成本、需求量和接入费用会对博弈行为选择产生影响⑤。还有学者介绍了政府购买科技公共服务的内容、方式以及当前面临的机遇和问题，重点总结和分析了浙江科技创新服务平台建设在解决上述三个问题上的经验和仍需继续探索的问题，并在此基础上提出了相关的政策建议⑥。李立以区域性科技创新公共服务平台为例，介绍了其创办的动机、内部组织架构和服务系统的设计，分析了其功

① 岳素芳，肖广岭. 公共科技服务平台的内涵、类型及特征探析[J]. 自然辩证法研究，2015, 31 (8): 60-65.

② 李颖明，张利华，宋建新. 公共政策的经济效率与区域创新服务平台建设[J]. 科学学与科学技术管理，2008, 29 (11): 49-53.

③ 李文元，张鑫，张茜，等. 基于资源观的科技公共服务平台运作模式比较与选择研究[J]. 科技管理研究，2015, 35 (24): 60-64.

④ 唐松. 区域公共科技服务平台的组织模式分析[J]. 理论月刊，2010 (8): 100-103.

⑤ 顾桂芳，李文元，张茜. 双边市场运作模式下科技公共服务平台与科技服务需求方演化博弈研究[J]. 科技进步与对策，2015, 32 (18): 22-27.

⑥ 卢阳旭，樊立宏. 政府购买科技公共服务的机遇、经验和问题：基于浙江省科技创新服务平台调研[J]. 中国科技论坛，2014 (7): 26-30.

能目标和运行机制，并结合科技创新公共服务平台发展中所面临的问题，提出了一些解决问题的思路[1]。还有学者通过对大连高新区国际服务外包保税研发测试中心的单案例研究发现，软件服务外包平台应选择政府主导下的服务创新型建设模式。在这种"官"为助力、"民"为主体的模式中，"政府做了企业做不了的事、企业做了政府做不好的事"；通过"官助"的方式引入具有专业服务能力的社会机构参与基础服务性事项管理，以充分激活民间资本、激发市场内生动力与潜力[2]。

有学者采用层次结构，根据绩效棱柱五个维度上的逻辑递推关系筛选出关键绩效指标（KPI），建立指标评价体系和绩效执行进度的数学计算模型；并针对所建立的模型，导入案例数据进行分析，实现了用量化的结果来反映公共科技创新平台的绩效状况[3]。也有学者依据科技公共服务平台公益性和竞争性二维机制的不同要求，建立了 SERVICE 评价指标，该指标由专业水平（speciasity）、设施（establishment）、创新与突破（revolution）、沟通参与（communicate）、形象（visualize）等常规评价指标，以及收益（income）和成本支出（expend）组成；通过调查研究获取各类建模信息，使用社会科学统计软件包（Statistical Package for the Social Sciences，SPSS）对各种信息进行了因子分析，最后归纳出 8 个显著因子，并据此确定了科技公共服务平台满意度评价指标体系[4]。吴成颂遵循系统性、层次性、指标可比性等原则，将研发公共服务平台绩效考核划分为四大模块，它们分别是平台运行环境、平台资源投入、科技中介服务和相关利益主体满意度[5]。

五、公共科技服务平台的产学研合作研究

产学研合作是技术创新体系最重要的实现形式之一，是产学研各方按照"利益共享、风险共担、优势互补、共同发展"的原则，以契约为基础，通过合作组成复杂的动态网络系统，以利于知识流与技术流在网络系统内的流动，

① 李立，矫学荣，王志虎. 青岛楼山精细化工科技创新公共服务平台运行模式研究[J]. 中国科技论坛，2007(9)：91-95.
② 丁堃，罗晨阳，潘明湃. 软件外包公共科技服务平台建设模式研究[J]. 科技进步与对策，2015，32(23)：27-30.
③ 李升泽. 绩效棱柱框架下公共科技创新平台评价研究[J]. 中国科技论坛，2014(5)：27-31，38.
④ 李利，陈修义. 科技公共服务平台满意度评价指标体系的构建[J]. 东岳论丛，2010，31(10)：107-111.
⑤ 吴成颂，吕娟，范恒冬. 研发公共服务平台绩效评价体系[J]. 技术经济，2012，31(3)：38-42.

最终实现创新目标[①]。但构筑产学研合作平台需要深化对产学研合作的认识，需要赋予产学研合作以市场运行机制、技术经纪服务、引导供需合作及计划组织安排等制度功能。只有使产学研深度融合，才能实现科技研发与现实需求的对接，使高校科技成果真正转化为现实生产力，成为推动社会经济发展的不竭动力[②]；只有多个目标同时实现，教授、学生、企业、地方政府等利益主体才能都在合作中获益，产学研合作才能可持续发展[③]。

　　张燕以 2008—2016 年上海高校与东莞市的产学研合作平台为例进行研究，发现上海高校与东莞市的产学研合作工作呈现了多元化发展的良好局面，推动了上海高校科技成果转化和产业化，促进了东莞经济转型升级、创新发展，为探索产学研合作的体制、机制积累了宝贵的经验[④]。刘金秋等以北京大学科技开发部与江苏省扬中市合作探索建立的"北京大学科技开发部扬中产学研办公室"为研究对象，介绍了其合作机制、工作成效、经验总结[⑤]。蔡建新、田文颖以广东省企业类工程技术研究中心为对象，探讨了研究中心产学研合作的广度与深度对企业双元创新绩效的影响，并分析了吸收能力在其中的调节作用[⑥]。不过有学者指出，从现实情况来看，我国科技合作协作平台建设过程中还面临很多制约因素，这些制约因素阻碍了产学研融合的有效推进[⑦]。

　　还有学者以比较研究的视角研究了发达国家的产学研协同创新平台的成功建设经验。比如，何洁等发现美国工程研究中心是政府引导、高校实施、企业参与的产学研协同创新平台。政府资助的产学研协同创新平台有利于政府引导经济社会发展重点领域开展产学研活动，是产学研协同创新平台的重要组成部分[⑧]。李学宁在分析美国、法国、日本及韩国产学研协同创新实践

① 张斌盛, 王兴放, 谈顺法. 上海高校产学研合作平台网络体系的整合与创新[J]. 研究与发展管理, 2005, 17(4): 115-119.

② 吕晶晶. 构筑产学研合作平台 加快高校科技成果转化[J]. 中国高校科技, 2016(8): 77-79.

③ 万健, 赵烨烨. 高校产学研合作的利益机制探析[J]. 中国高等教育, 2011(12): 50-51.

④ 张燕. 跨区域产学研合作平台建设研究——以上海高校与东莞市的产学研合作平台为例[J]. 中国高校科技, 2018(5): 79-80.

⑤ 刘金秋, 冯峰, 姚卫浩. 建设科技服务平台 推进校地合作共赢——以北京大学科技开发部扬中产学研办公室为例[J]. 中国高校科技, 2015(Z1): 37-38.

⑥ 蔡建新, 田文颖. 科技创新平台产学研合作对企业双元创新绩效的影响: 基于广东省工程技术中心动态评估数据的研究[J]. 科技管理研究, 2022(11): 102-107.

⑦ 顾佳佳. 产学研融合视野下科技合作协作平台建设[J]. 中国高校科技, 2017(7): 36-38.

⑧ 何洁, 李晓强, 周辉. 美国工程研究中心建设对我国政府资助产学研协同创新平台建设的启示[J]. 科技进步与对策, 2013, 30(17): 10-13.

的基础上,认为通过发挥高校的科技创新资源汇聚优势,深化校企平台建设,完善产学研协同创新法律政策体系,争创科技创新服务型政府,建立高度市场化的协同创新中介组织,着力培育协同创新文化等方式,可为我国产学研协同创新发展提供有益的借鉴①。欧洲的 EIT-KIC(欧盟技术与创新学院产学研协同创新平台)是启动较早且较成功的、旨在振兴欧盟创新经济体的产学研协同创新平台。该平台的层级架构由理事会、各知识和创新共同体、协同中心及内部的产学研各合作组织构成,通过构建灵活高效的层级间系统管理机制及"知识三角"生态体系实现产学研协同创新②。也有学者着重对高校科技成果转化公共服务平台建设进行了宏观理论探讨,认为应遵循市场经济规律,不断整合、优化各类资源,明确自身建设的目标和形式,厘清建设的思路和举措③。徐国兴认为,由于科技成果的外部性,自发的技术市场对促进技术从高校、大学实验室向生产企业的转移是低效的。为此,即使是在市场经济体制很完善的条件下,政府也有必要开展科技成果转化工作,弥补技术市场的缺陷,实现促进社会整体技术进步、福利增长、全面发展的目标④。

有学者认为当前中试以及中试基地对科技成果转化的制约并未从根本上得到缓解,其根本原因在于建设主体角色定位存在争议并且不能相互协调与配合⑤。也有学者基于 2016—2020 年教育部发布的《高等学校科技统计资料汇编》有关数据,梳理发现主要存在两大问题,即专利转化率与快速增长的专利数量不相称、技术转让收入与不断加大的科技经费投入不相称,而专利质量不高、过于强调学术评价、中试经费投入不足和科研活动组织管理模式单一等是关键原因⑥。宋丹、祝铭以 2003—2019 年我国各省份高校科技成果转化面板数据为研究对象,利用熵值法和探索性空间数据分析法探究了我国高校科技成果转化水平变化差异及空间结构状态⑦。

还有学者认为创业信息资源对创业和创业型经济的可持续发展起着举足轻重的支撑和基础保障作用,在其共享过程中形成了较复杂的互动关系⑧。

① 李学宁. 发达国家产学研协同创新实践分析[J]. 中国高校科技, 2019(12): 76-79.
② 董雨, 魏国健. EIT-KIC 平台对我国构建区域性协同创新平台的启示[J]. 中国高校科技, 2018(10): 28-30.
③ 沈祥胜. 建好公共服务平台 打通成果转化瓶颈[J]. 中国高校科技, 2017(12): 73-75.
④ 徐国兴. 论科技成果转化的公共产品特性[J]. 湖北社会科学, 2010(7): 72-75.
⑤ 侯小星, 曾乐民, 罗军, 等. 科技成果转化中试基地建设机制、路径及对策研究[J]. 科技管理研究, 2022, 42(21): 112-119.
⑥ 张金福, 李哲婷. 高校科技成果转化中的症结及其化解逻辑[J]. 科技管理研究, 2022, 42(22): 103-109.
⑦ 宋丹, 祝铭. 我国高校科技成果转化水平的时空分异[J]. 现代教育管理, 2022(12): 35-43.
⑧ 张波, 谢阳群, 邵康. 基于公共信息服务平台的创业信息资源共享参与者角色分析[J]. 情报杂志, 2013, 32(10): 168-173.

还有研究人员发现，我国区域知识产权公共信息服务平台在运行方面主要存在服务内容与方式落后、服务力量薄弱等问题[1]。韦景竹、操慧子以粤港澳大湾区知识产权公共信息服务平台为研究样本，对 34 个粤港澳大湾区知识产权公共信息服务平台的建设及服务现状进行了调查分析，深度访谈获取了知识产权生态链不同用户群体的信息需求，发现用户对于知识产权公共信息服务平台的功能需求为知识获取、知识生产和知识应用，对系统支持的要求为设备兼容性、网络稳定性、数据库稳定性及界面美观性[2]。

第二节　公共科技服务平台的政策发展分析

在国内，政府非常重视公共科技服务平台建设。政府支持、资助公共科技服务平台建设的相关政策，随着政府职能转换、经济体制改革、社会发展需求等因素的变化而适时调整，并自我国社会主义改造基本完成以来，相关政策大致经历了以下三个阶段。

一、科学技术体系建设阶段（1956—1985 年）

1956—1985 年是中国科学技术体系建设阶段，包括《1956—1967 年科学技术发展远景规划纲要（修正草案）》、《1963—1972 年科学技术发展规划纲要》和《1978—1985 年全国科学技术发展规划纲要（草案）》这三个科技规划。该阶段文本中"科学""技术""工业""科研机构"等词频较高，体现了新中国成立初期我国迫切发展科学技术、建立工业体系和科研体系的愿望；政策重点则落在对基础学科、自然资源和矿产资源的调查上。

1956年，科技部印发《1956—1967 年科学技术发展远景规划纲要（修正草案）》，提出科学研究机构的设置地点应该接近研究对象和生产基地，并尽可能和高等学校的设置相配合，应有合理的分布，不宜过分集中，对少数民族地区的需要应加以适当照顾。1963 年，科技部印发的《1963—1972 年科学技术发展规划纲要》提出"加强专业研究机构的建设"和"建立中间试验基地，加强技术推广"。研究机构的建设，应该根据集中使用力量的原则，

① 张发亮, 刘优德, 胡媛, 等. 区域知识产权公共信息服务平台"三级四维"运行机制研究[J]. 图书馆学研究, 2018(20): 69-77.

② 韦景竹, 操慧子. 供需视角下粤港澳大湾区知识产权公共信息服务平台优化研究[J]. 图书馆建设, 2022(1): 166-177.

在重要的科学技术领域中，充实和形成研究中心。

1978 年，科技部印发的《1978—1985 年全国科学技术发展规划纲要（草案）》提出八年内，要建成门类齐全、相互配套、布局合理、协调发展、专群结合、平战结合、军民结合的全国科学技术研究体系。具体而言，中国科学院作为全国自然科学研究的综合中心，其主要任务是研究和发展自然科学的新理论新技术，配合有关部门解决国民经济建设中综合性的重大的科学技术问题。要侧重基础，侧重提高。高等学校既是教育中心，又是科学研究中心，是科学研究的一个重要方面军，对基础科学、应用科学的研究兼而有之。各部门和地方的研究机构以应用科学的研究为主，同时适当开展基础科学的研究。这几个部分连同群众科学实验队伍，它们既有分工，又密切协作。

二、科技创新体系建设阶段（1986—2005 年）

1986—2005 年是科技创新体系建设阶段，包括《1986—2000 年科学技术发展规划》、《1991—2000 年科学技术发展十年规划和"八五"计划纲要》、《全国科技发展"九五"计划和到 2010 年远景目标纲要》和《国民经济和社会发展第十个五年计划科技教育发展专项规划（科技发展规划）》等科技规划。其中，"科学""技术""经济""企业""社会发展"等词频较高，这表明了科学技术已逐渐向经济社会扩展，是科技体系逐渐构建的阶段，涉及政府、企业、科研院所、高校、国际组织、中介服务机构、社会公众等多个主体的发展规划。

1986 年颁布的《1986—2000 年科学技术发展规划》指出以提高经济效益为中心，大力推动"企业"，尤其是大中型企业的科技进步。"高新技术"首次出现，对高新技术产业进行布局。"人才"被提到了较高的地位，提出优化科技人员管理，改善科研人员的工作条件和生活待遇等问题。

1991 年，《1991—2000 年科学技术发展十年规划和"八五"计划纲要》提出"改善科研条件"。在科研基础设施建设方面，今后十年，根据国民经济和社会发展的需要，在大力推动科学技术纵深发展和深化科技体制改革中，重点选择和支持一批水平高、贡献大的科研机构和高等院校，加强工业性试验基地、工程技术研究中心和国家重点科学实验室等科研基础设施建设。

1996 年颁布的《全国科技发展"九五"计划和到 2010 年远景目标纲要》提出全面推进科技与经济的配套改革，建立科技经济一体化发展的新型科技体制；同时调整科技系统结构，形成结构优化、布局合理、精干高效、纵深配置的现代化研究开发体系。

2001 年，国家计划委员会和科学技术部印发的《国民经济和社会发展第十个五年计划科技教育发展专项规划（科技发展规划）》提出"加强中介服务体系建设"。重点支持一批科技评估、技术咨询、成果推广、技术产权交易、技术经纪等为企业提供技术创新服务的、社会化的科技中介服务机构，提高从业人员素质和服务质量。2004 年，科技部、发展改革委、教育部、财政部联合印发的《2004—2010 年国家科技基础条件平台建设纲要》提出"政府主导，多方共建"的原则。具体而言，中央和地方政府在公共科技资源供给中发挥主导作用的同时，充分调动高等院校、科研院所、中介机构、行业协会、企业等各方面的积极性，参与资源整合与建设。

三、国家创新体系建设阶段（2006 年至今）

2006 年至今是国家创新体系建设阶段，由《国家中长期科学和技术发展规划纲要（2006—2020 年）》及其后续的若干个规划组成，"技术""科技""关键技术""企业""科学"等成为高频词汇，此外还包括"经济""新能源""社会发展""科普"等词汇，这说明科技规划在促进国家创新体系建设中发挥的作用不断加强。

2006 年，国务院印发的《国家中长期科学和技术发展规划纲要（2006—2020 年）》提出"加强科技基础条件平台建设"。同时，科技部印发的《国家科技支撑计划"十一五"发展纲要》强调突出企业技术创新的主体地位，促进产学研结合。此外，科技部印发的《中国科技企业孵化器"十一五"发展规划纲要》提出因地制宜，充分发挥孵化器在区域和产业发展中的先导作用。同年 10 月，科技部印发的《国家"十一五"基础研究发展规划》指出国家研究实验基地对提升我国科技自主创新能力、吸引和造就高水平科学研究人才和创新研究队伍至关重要。同年 11 月，科技部发布的《国家"十一五"科学技术发展规划》提出为实现"进入创新型国家行列"的中长期科技发展目标，将"进一步完善中国特色国家创新体系，为建设创新型国家奠定科技体制基础"作为这一时期的主要任务。同年 12 月，科技部印发的《国家大学科技园"十一五"发展规划纲要》提出"推进基础设施建设，构建创新服务体系"的重点任务。

2007 年 2 月，科技部印发的《科技兴县（市）专项工作"十一五"规划》提出"以增强县（市）科技自身工作能力为目标，构建科技服务体系和科技平台"的重点建设任务。同年4月,科技部印发的《国家高新技术产业化及其环境建设(火炬)"十一五"发展纲要》和《国家高新技术产业开发区"十一五"发展规划纲要》提出"全力推进技术转移工作"。

2011年7月,科技部发布的《国家"十二五"科学和技术发展规划》提出"创新基地建设再上新台阶",使符合经济社会发展要求和科技自身发展需求的创新基地布局更加合理。2012年中共中央、国务院印发的《关于深化科技体制改革加快国家创新体系建设的意见》提出"坚持企业主体、协同创新"的原则,要求突出企业技术创新主体作用,强化产学研用紧密结合,促进科技资源开放共享、各类创新主体协同合作,提升国家创新体系整体效能。2013年2月,科技部印发的《技术市场"十二五"发展规划》提出"进一步强化专业化导向,加速构建技术市场服务体系",加强技术转移机构和平台建设。同时,国务院印发的《国家重大科技基础设施建设中长期规划(2012—2030年)》的通知提出到2030年基本建成布局完整、技术先进、运行高效、支撑有力的重大科技基础设施体系。

2016年3月,科技部关于印发《长株潭国家自主创新示范区发展规划纲要(2015—2025年)》提出"建设创新型科技企业孵化器"。同年8月,国务院印发的《"十三五"国家科技创新规划》提出"优化国家科研基地和平台布局",以提升科技创新能力为目标,着眼长远和全局,统筹科研基地、科技资源共享服务平台和科研条件保障能力建设。同年11月,《"十三五"国家战略性新兴产业发展规划》提出"构建产业创新体系",深入开展大众创业万众创新。

2017年4月,科技部印发的《"十三五"先进制造技术领域科技创新专项规划》提出"先进制造技术服务体系与支撑环境建设"。同期,科技部印发的《国家高新技术产业开发区"十三五"发展规划》提出"大力发展平台型企业"。此外,科技部等多部门联合印发的《"十三五"国家技术创新工程规划》提出"加强面向中小微企业的创新服务平台建设"。2017年5月,科技部印发的《国家高新技术产业开发区"十三五"发展规划》提出提升自主创新能力,吸引和布局一批高水平创新资源和平台。

2022年8月,科技部、中央宣传部、中国科协联合印发《"十四五"国家科学技术普及发展规划》强调要发挥科普对于科技成果转化促进作用。同年9月,科技部印发《"十四五"县域创新驱动发展专项规划》的通知提出"强化县域创新基础条件支撑",加强创新创业载体建设。同年10月,科技部印发《"十四五"技术要素市场专项规划》提出"进一步加大设施平台、数据、技术验证环境等创新资源和应用场景的开放，支持企业创新"。同年11月，科技部印发《"十四五"国家高新技术产业开发区发展规划》提出"完善科技服务网络"，引进培育创业孵化、技术转移、科技金融、知识产权、科技咨询等各类社会化的科技服务机构，提升专业化服务水平。

第三节　公共科技服务平台的省域政策梳理

公共科技服务平台建设，需要政府的政策支持和财政资助。国内不同省域的地方政府，一方面基于政府责任，另一方面基于本地经济、社会的发展需求，特别是因应产教融合、科教融汇的时代变化，出台富有省域特色的地方政策，推动地方公共科技服务平台建设。考虑到公共科技服务平台建设与经济发展水平、国家的都市圈建设呈正相关关系，因此拟首选长三角地区、京津冀地区、中部的两湖地区、西部的川陕渝地区等作为政策分析、比较的对象。

一、长三角地区公共科技服务平台建设政策分析

（一）浙江省的政策分析

2004年，《浙江省"十五"科技发展计划》提出加强区域科技创新服务中心建设，为中小企业和广大农民提供科技服务。同年，《浙江省技术创新"十五"规划纲要》提出加快技术创新体系建设，提高企业技术创新能力。2006年，《浙江省科技强省建设与"十一五"科学技术发展规划纲要》提出形成"区域创新体系"，增强企业的创新动力和创新能力，推动企业成为研究开发投入的主体、技术创新活动的主体和创新成果应用的主体。

2011年7月，《浙江省科学技术"十二五"发展规划》提出加快基础、行业、区域三类重大创新平台建设。2013年10月，《浙江省高技术产业发展"十二五"规划》提出完善知识产权创造体系，充分发挥《我省应掌握自主知识产权的关键技术和重要产品目录》的导向作用，依托省重大公共创新平台、各类创新载体建设和省科技创新工程、重大科技专项组织实施，形成一批具有核心专利的技术，支撑高技术产业发展。

2017年3月，浙江省科学技术厅印发的《浙江省社会发展科技创新"十三五"发展规划》提出，加强社会发展领域科技创新载体建设，依托高等院

校、科研院所等，加大支持力度，整合人才、资本、技术等要素，进一步支持健康、环保、海洋等领域的关键技术支撑平台和国内外基地建设，加强省部共建重点实验室和工程中心建设，使在浙江省的经济社会发展中发挥应有的作用。同年，《浙江省基础研究"十三五"发展规划》提出，促进科研资源融合集聚，加快成果转化应用。发挥基础研究的导向和支撑作用，促进基础公益研究与重点研发、技术创新引导、人才和载体等省级科技计划的联动，实现全技术链衔接设计和一体化组织实施，加快具有重大应用前景的基础研究成果转化应用。

2020 年 1 月，浙江省科技领导小组办公室印发了《环杭州湾高新技术产业带发展规划》，提出构建产业创新体系，部署重大产业创新平台，积极承接国家重大科研平台、新型研发机构。2021 年 6 月，浙江省科学技术厅印发的《浙江省中长期科技创新战略规划》提出，打造企业创新联合体，围绕浙江重大战略需求，支持企业牵头，联合行业上下游企业、高等院校和科研院所等科研力量，组建一批推动产业链、供应链、创新链升级的高能级企业创新联合体，形成突破关键技术瓶颈的企业主导型战略科技力量，承担国家重大科研任务。同年 8 月，浙江省人民政府印发的《浙江省科技创新发展"十四五"规划》提出加快构建新型实验室体系，即由国家实验室、国家重点实验室、省实验室、省级重点实验室等组成的新型实验室体系。

（二）江苏省的政策分析

2006 年 2 月，《江苏省科技发展"十一五"规划纲要》提出加强科技创新创业服务载体建设，结合社会公益类科研机构改革，按照"整合、集成、共享、提升"的思路，重点建设工程技术文献信息、大型科学仪器设备、生物种质资源、科学数据、知识产权、检验检测、人口与健康等具有基础性、公益性、开放性特点的科技公共服务平台。同年 3 月，江苏省科学技术厅、江苏省财政厅联合印发的《江苏省科技公共服务平台管理办法》规定公共服务平台的主要任务是对外提供科学仪器设备、自然资源、科学数据、科技文献等科技资源共享服务，提供试验验证、测试考评、开发设计、科技成果转化等技术服务。2009 年 3 月，《江苏省"十五"科技发展计划纲要》提出加强技术基础设施和基地建设。具体而言，加强国家和省级重点实验室、科技开发中试基地、工程技术研究中心、工程技术中心、企业技术开发中心、博士后工作站等技术基础设施建设。2011 年 12 月，江苏省科技厅发布的《江苏省"十二五"科技发展规划》提出进一步加强科技平台建设，加快平台体系优化和重点平台提升，打造一批国内一流、世界有名的重大创新平台，实现战略性新兴产业领域创新平台、重点科技产业园公共服务平台、创新型领军企业重点研发机构100%全覆盖，全面提升产业持续创新能力。

2016年7月，江苏省科技厅发布的《江苏省"十三五"科技创新规划》提出纵深推动企业主导的产学研合作，实施产学研协同创新行动计划，探索适应不同需求的合作创新模式，推动企业、大学和科研机构等在战略层面实现有效结合，建设产业创新重大载体和制造业创新中心，打造合作共赢的产学研协同创新生态系统。

2021年9月，江苏省政府办公厅印发的《江苏省"十四五"科技创新规划》提出提升科技创业载体建设水平，围绕打造"大众创业、万众创新"升级版，推进科技创业孵化体系提质增效，加快科技创业载体向专业化、一体化、品牌化、国际化方向发展。同年9月，《江苏省"十四五"科技创新规划》提出优化提升公共技术服务能力。具体而言，要强化应用示范和场景创新，加快建设新一代人工智能开放创新平台、新药一站式高效非临床评价公共服务平台，决策智能与计算平台、抗体与疫苗研发技术平台、类脑超级计算平台等公共技术服务平台，加快培育更多的服务新模式、新业态。同年12月，江苏省科学技术厅、江苏省发展改革委联合印发的《苏南国家自主创新示范区发展规划纲要（2021—2025年）》提出全力打造长三角科技创新共同体。2022年7月，江苏省科技厅印发的《江苏省"十四五"高新技术产业发展专项规划》提出实施高端科技平台建设工程，坚持使命导向、任务导向，聚焦国家战略需求，发挥省产业技术研究院的引领带动作用，着力打造一批处于国际一流水平的产业高端科技平台，为高新技术产业发展提供高质量技术供给。同时提出培育战略科技力量、建设技术创新中心、构建开放创新平台体系等重点任务。

（三）上海市的政策分析

2006年1月，上海市人民政府发布的《上海中长期科学和技术发展规划纲要（2006—2020年）》提出建立产学研有效结合机制。切实落实国家对企业增加研发投入的优惠政策，对企业研发的新产品或新技术给予奖励，对企业与高校或科研院所共建的研发机构予以支持。

2012年的《上海市科学和技术发展"十二五"规划》提出推进上海应用技术创新体系建设，组建上海产业技术研究院，优化上海产业技术研究院的运行机制，聚焦信息通信、生命健康和新材料等重点领域，建立若干创新基地和创新联盟，形成关键产业技术突破和重要产品开发能力。

2016 年 8 月，《上海市科技创新"十三五"规划》提出完善各类主体协同创新的平台条件，促进企业、高等院校、科研院所等创新主体间协作更畅通、高效、可持续，大中小微企业共生发展，社会组织协同作用充分发挥。2017 年 6 月，《上海市促进科技成果转移转化行动方案（2017—2020）》提出的重点任务是围绕科技成果转移转化的关键问题和薄弱环节，加强系统部署，抓好措施落实，聚焦科技成果转移转化要素功能提升、科技成果转移转化生态环境营造，集聚高端人才、前沿知识、核心技术、创新企业和金融资本等创新资源，推动上海成为全球科技创新网络、技术交易网络的重要节点。2018 年 6 月，上海市人民政府办公厅印发的《上海市建设闵行国家科技成果转移转化示范区行动方案（2018—2020 年）》提出鼓励吸收全球先进技术成果，构建国际技术转移网络。

2020 年 12 月，《长三角科技创新共同体建设发展规划》提出构建一体化科技成果转移转化体系，充分发挥市场和政府作用，构建开放、协同、高效的共性技术研发平台，打通原始创新向现实生产力转化通道，推动科技成果跨区域转化，建立健全成果转化项目资金共同投入、技术共同转化、利益共同分享机制。2021 年 9 月，《上海市建设具有全球影响力的科技创新中心"十四五"规划》提出完善科研基地体系，面向科学与工程研究、技术创新与成果转化、基础支撑与条件保障，积极争取国家级科研基地平台落户上海，健全完善市级科研基地平台体系，优化本市科研基地平台布局方向和管理体制。同年，《关于推进长三角科技创新共同体协同开放创新的实施意见》提出共同组建区域国际创新合作联合体，鼓励和支持长三角地区高校、科研机构及企业联合开展国际科技合作，共同申报、承担国家国际科技合作类项目。

2022 年 9 月，上海市科学技术委员会与有关部门联合印发的《三省一市共建长三角科技创新共同体行动方案（2022—2025 年）》提出推动科技成果跨区域转移转化，构建一体化科技成果转移转化体系。以三省一市四个技术交易市场为枢纽，建设长三角技术市场协同平台，推动成果信息、技术需求、服务机构等信息资源互联互通，推进长三角技术市场一体化。

2023 年 2 月，《上海市重点实验室建设发展方案（2023—2025 年）》提出强化实验室功能定位，坚持"四个面向"，围绕上海市重大需求，准确定位市重研究类型，形成主攻方向，做本领域特色鲜明、优势显著的科技"特长生"。同时，《推进"大零号湾"科技创新策源功能区建设方案》提出实施科技成果转化加速行动，深化科技成果转化体系建设。围绕国家有关科技成果转化试点工作，落实职务科技成果权属改革、国际化成果转移转化、市场化技术转移机构培育等任务。

（四）安徽省的政策分析

2009 年 5 月，安徽省科学技术厅印发的《安徽省"十一五"科技基础条件平台建设意见》提出的建设重点是通过实施各类计划项目，加快实现科技资源的信息化、网络化。提升平台的设施条件、信息化水平和服务手段，提高共享程度和利用效率。2011 年 9 月，安徽省科学技术厅印发的《合芜蚌自主创新综合试验区"十二五"发展规划纲要》提出建立面向全国的科技成果研发交易转化服务平台，形成涵盖创新要素集聚、科技成果交易、科技产业孵化在内的市场体系，打造完整的科技成果转化链。同时，安徽省科学技术厅印发的《安徽省"十二五"科技发展规划纲要》提出整合产业技术创新平台，围绕战略性新兴产业的技术需求，产学研合作共建新能源汽车、现代显示、光伏光热、半导体照明、智能家电、动漫、农产品精深加工等 30 家集研发、服务和孵化于一体的产业技术研究院。同年 11 月，安徽省人民政府印发的《安徽省国民经济和社会发展第十二个五年规划纲要》提出加快建设创新载体，加快合肥国家创新型试点市和合肥、芜湖、蚌埠国家高新区建设，支持芜湖、蚌埠、马鞍山等市努力进入国家创新型城市行列。

2012 年 3 月，安徽省发展和改革委员会、安徽省科学技术厅印发的《安徽省"十二五"高新技术产业发展规划》提出发展技术转移服务，包括加强技术转移机构的专业化、特色化功能和增值服务能力，支持其与企业之间探索新型技术转移合作模式。同年 5 月，安徽省科学技术厅印发的《安徽省"十二五"科技企业孵化器发展规划》提出因地制宜培育专业特色孵化器，围绕区域经济与社会发展需求，依据各地资源禀赋与优势特色，建立适合于自身特点和需求的科技企业孵化器，大力支持各类开发园区、高新技术产业基地和各类社会资本投资兴建孵化器，将孵化器拓展到全省所有市，并逐渐向县（区）延伸。

2022 年 2 月，安徽省人民政府办公厅印发的《安徽省"十四五"科技创新规划》提出打造高能级科技创新平台，利用国家实验室、合肥综合性国家科学中心、合肥滨湖科学城、合芜蚌国家自主创新示范区等创新平台，发挥战略科技力量支撑、引领、辐射、带动作用，建设科技强省、创新安徽。

二、京津冀地区公共科技服务平台建设政策分析

（一）北京市的政策分析

2007 年 5 月，《北京市"十一五"时期科技发展与自主创新能力建设规划》提出"以大带小"，旨在进一步推动大企业做大做强，增强骨干企业的自主创新能力，按照产业链和技术链分工，带动中小企业共同创新发展，形成有机和谐的"企业生态系统"，促进生产要素的有效流动和资源的优化配置。2008 年 6 月，《北京市中长期科学和技术发展规划纲要》提出建设以企业为主体、产学研结合的技术创新体系，技术创新体系是首都区域创新体系的支柱和基石。

2016 年 9 月，北京市发布的《北京市"十三五"时期加强全国科技创新中心建设规划》提出构建创新资源平台、创新攻关平台、创新成果平台等三类协同创新平台，促进区域资源成果共享，服务全国创新发展。

2021 年 11 月，中共北京市委、北京市人民政府联合印发的《北京市"十四五"时期国际科技创新中心建设规划》提出开展未来产业前瞻布局，精准布局未来产业，开展面向未来的基础研究，聚焦新一轮科技革命和产业变革发展方向，前瞻布局基础研究、应用基础研究，搭建跨界融合技术平台，加强未来产业所依托技术和知识源头供给。

（二）天津市的政策分析

2016 年 9 月，《天津市科技创新"十三五"规划》提出优化重大平台建设布局，依托海内外具有领先水平的高校、科研院所，建设 5 个左右具有行业领先水平和国内外影响力的产业技术研究院，以及 20 个左右技术水平高、运营机制新、成果转化优、市场活力强的产业研发转化服务平台。

2020 年 12 月，天津市人民政府印发的《天津市科技创新三年行动计划（2020—2022 年）》提出优化技术创新平台布局，积极融入京津冀国家技术创新中心建设。

2021 年 8 月，《天津市科技创新"十四五"规划》提出积极融入国家创新战略布局，全力推动重大科研设施和创新平台建设，高标准筹建海河实验室，培育战略科技力量。聚焦重点领域实施一批重大科技专项，加大重要产品和关键核心技术攻关力度。推进科技基础平台建设和共享，加快环渤海、滨海地球关键带国家野外科学观测研究站建设，探索为京津冀地区绿色协调发展提供重要决策建议和科学解决方案。对接国家科技文献基础设施，面向

全市各类科技创新主体，建设安全可靠的科技信息资源发现服务平台。加强面向科技信息数据挖掘和情报分析等技术的攻关，提升数据深度加工和信息深度整合能力。完善多方联动、开放协同的科技资源开放共享服务工作体系，加强京津冀优质科技资源有效集成。

（三）河北省的政策分析

2009 年 6 月，河北省人民政府发布的《河北省人民政府关于实施科技发展"十一五"规划的若干政策指导意见》提出推动产学研联合开展自主创新活动。具体而言，省科技主管部门、综合经济部门会同有关部门定期发布提升传统产业关键技术攻关目录，对列入目录的技术和产品研制，省科技计划和政府专项资金予以重点支持。鼓励高等院校、科研机构与企业联合攻关，解决产业发展的关键技术和企业在技术装备改造、工艺改进创新、产品水平提高等方面的技术问题。2016 年 7 月，《河北省科技创新"十三五"规划》提出建设京津冀创新共同体，打造创新发展新优势。以建设京津冀协同创新共同体为目标，以协同打造战略性创新平台、创新资源流动共享、重点领域关键技术协同攻关和构建协同创新体制机制为重点，加快推进京津冀协同创新。

2018 年 4 月，《河北省科技创新三年行动计划》提出组织实施重大科技成果转化专项。围绕补齐传统产业链条、培育新兴产业链条的重大需求，按照"精心筛选、靶向突破"的思路，在大数据、先进绿色制造、高端新材料、安全清洁智慧能源、污染治理和资源循环利用、新型城镇化、大健康新医疗、现代农业等领域，全链条创新设计、一体化组织实施重大科技成果转化专项，突破一批关键核心技术，开发一批重大"杀手锏"产品。

2021 年 11 月，河北省人民政府办公厅印发的《河北省科技创新"十四五"规划》提出优化创新平台体系。具体而言，面向国家和省重大战略需求，充分发挥高水平大学、科研院所和领军企业的作用，谋划布局河北省实验室。积极推动在重型机械装备、空天网络安全、植物有效成分提取等领域培育建设国家重点实验室，在石油勘探等领域培育建设国家技术创新中心，在氢能、先进环保、生物医药等领域布局建设省级产业创新中心。

三、两湖地区公共科技服务平台建设政策分析

（一）湖南省的政策分析

2018 年 12 月，湖南省人民政府印发的《湖南创新型省份建设实施方案》

提出建设具有湖南特色的重大科技创新基地和创新平台。2020 年 12 月，湖南省科学技术厅等 6 部门联合印发的《关于进一步深化科研院所改革推动创新驱动发展的实施意见》提出服务对接产业，推动院所科技成果转化，引导国内外科研机构科技成果在湘转化。2021 年 1 月，湖南省科学技术厅印发《湖南省技术创新中心建设实施方案》，提出技术创新中心的组建模式是省技术创新中心依托企业、高校、科研院所建设，各级政府参与和支持省技术创新中心建设工作。根据相关产业领域创新发展实际，可以采用"一中心一方案"的建设思路，一般以三年为建设周期。

　　2022 年 4 月，湖南省科学技术厅印发的《"三尖"创新人才工程实施方案（2022—2025）》提出支持"顶尖"人才所在单位为其量身创设新型研发机构，按需建设定制实验室等创新平台。湖南省科学技术厅印发的《湖南省创新型县（市、区）培育建设实施办法》提出加快科技成果转移转化。支持县（市、区）与高校和科研院所以研发合作、技术转让、技术许可、作价投资等形式，开展科技成果转移转化。同年 5 月，湖南省人民政府办公厅印发的《湖南省强化"三力"支撑规划（2022—2025 年）》提出建设高能级创新平台。具体而言，布局建设一批标志性创新平台，构建多层次、多领域、多元化的创新平台体系并争创国家级创新平台。同年 9 月，湖南省人民政府办公厅印发的《湖南省财政支持企业科技创新若干政策措施》提出引导企业创建省级以上创新平台，对企业牵头的国家重点实验室、国家工程技术研究中心、国家工程研究中心、国家技术创新中心、国家制造业创新中心等，省财政按国家拨付平台建设科研项目资金的 10%给予配套支持。

　　2022 年 11 月，湖南省科学技术厅、湖南省财政厅联合印发的《湖南省技术创新中心建设与运行管理办法》，指出创新中心的定位是实现从科学到技术的转化，促进重大基础研究成果产业化。创新中心以关键技术研发为核心使命，产学研协同推动科技成果转移转化与产业化，为区域和产业发展提供源头技术供给，为科技型中小企业孵化、培育和发展提供创新服务，为支撑产业向中高端迈进、实现高质量发展提供战略引领作用。

（二）湖北省的政策分析

　　2012 年 11 月，湖北省科学技术厅印发的《东湖国家自主创新示范区发展规划纲要（2011—2020 年）》提出建设一批科技基础设施。具体而言，加快推进碳捕捉、云计算中心等科技基础设施建设；整合现有科技资源，统筹规划，在激光、地球空间信息学及应用服务等领域构建若干重要研发基地，形成集中布局。

2013 年 9 月，《湖北省科技发展"十一五"规划纲要》提出建立健全促进产学研联动的科技计划支持模式。研究开发类计划要突出产（行）业共性关键技术、重大产品和区域特色资源开发的重大需求；进一步完善企业牵头、高等院校和科研机构参与实施的机制模式，突出企业的项目责任人地位；进一步发挥科技型中小企业创新基金等的作用，多途径支持科技型中小企业特别是民营科技企业技术创新。同年，《湖北省高新技术产业发展"十一五"规划》提出加强创新能力基础设施建设。在部分具有优势的学科及领域，建设一批高水平的国家和省重点实验室、工程实验室、工程研究中心，推动新技术、新工艺和新产品的工程化开发，加强中试薄弱环节，加速科技成果向现实生产力转化。同时，《湖北省战略性新兴产业发展"十二五"规划》提出培育企业技术创新和成果转化能力，加快建设以企业为主体，以省级以上工程（技术）研究中心、工程实验室、（企业）重点实验室、企业技术中心为主要形式的产业技术开发体系。此外，湖北省科学技术厅印发的《湖北省科技发展"十二五"规划》提出强化规划实施的统筹协调。具体而言，加强科技规划与国家科技规划衔接，进一步发挥省部会商机制作用，积极对接和参与国家重大科技专项，更多地争取项目进入国家科技计划行列，更多更好地利用国家资源为湖北科技经济社会发展服务。

2016 年 7 月，《湖北省科技创新"十三五"规划》提出加强创新平台建设，强化创新条件支撑，调整优化重点实验室、产业技术研究院、工程技术研究中心、校企共建研发中心的科技创新平台布局，夯实服务全省的科技基础设施建设。

2021 年 9 月，湖北省人民政府印发的《湖北省科技创新"十四五"规划》提出到 2025 年，基本建成科技强省，跻身国家创新型省份前列，形成在全国科技创新版图中的领先地位，力争创新驱动发展走在全国前列，成为引领中部地区崛起的科技创新支点、具有全国影响力的科技创新中心和全球创新网络的重要链接。

四、川陕渝地区公共科技服务平台建设政策分析

（一）四川省的政策分析

2006 年 2 月，《中共中央 国务院关于实施科技规划纲要增强自主创新

能力的决定》提出建设各具特色和优势的区域创新体系，促进中央与地方科技力量的有机结合，促进区域内科技资源的合理配置和高效利用。东部地区要努力提高自主创新能力。支持中西部地区加强科技发展能力建设。推进国家高新技术产业开发区以增强自主创新能力为核心的"二次创业"。

2017 年 1 月，四川省人民政府印发的《四川省"十三五"科技创新规划》提出完善产学研用协同创新机制。具体而言，实施产学研用协同创新工程，探索以多种方式加强企业、高等院校、科研机构间的联合，搭建产学研用创新平台、信息平台，支持引导企业牵头开展联合攻关，打破企业和高校、科研机构的界限，建立跨界创新联盟，促进创新要素与生产要素的有机衔接。

2021 年 3 月，《四川省"十四五"规划和 2035 年远景目标纲要》提出打造高能级创新平台，建设重大科技基础设施集群，以空间集聚和学科关联为导向，完善"五集群一中心"重大科技基础设施布局，打造世界一流的先进核能、空气动力、生物医学、深地科学、天文观测等重大科技基础设施集群，建设科学数据和研究中心。

2022 年 3 月，为聚集用好服务国家科技自立自强的战略人才，四川省科学技术厅等 5 部门联合印发的《"十四五"科技人才发展规划》指出创新驱动实质是人才驱动，对特殊需要的战略科技人才，坚持特事特办，实行"一人一策"引进。同年 10 月，四川省科学技术厅印发的《四川省"十四五"高新技术产业发展规划（2021—2025 年）》提出聚焦四川产业发展需求，推动创新资源集聚，支持国家重大科技基础设施、国家重点实验室、国家工程（技术）研究中心等国家级创新平台和天府实验室、省级重点实验室、省级工程（技术）研究中心等省级创新平台建设。

（二）陕西省的政策分析

2016 年 10 月，《陕西省"十三五"科学和技术发展规划》提出深化校企产学研深度合作，以校企合作为突破，创新产学研合作模式。具体而言，支持在企业设立博士后工作站、研究示范站，培养应用型技术创新人才；重点是支持企业依托高校建立"四主体一联合"（企业作为需求主体、投资主体、管理主体、市场主体）的新型研发中心，发挥高校人才资源、科研设施和科技成果的优势，降低企业研发成本、提高研发效率；对研发中心按需求导向自主确定的研发项目，省级各类科技计划应给予重点支持。

2021 年 5 月，陕西省科学技术厅印发的《实施"两链"融合加快构建现代化产业体系三年行动方案（2021—2023 年）》提出支持企业牵头组建创新联合体，包括支持行业领军企业牵头，以承担重大科技任务为牵引，以市场机制为纽带，联合行业上下游中小微企业、产学研力量，组建体系化、任务型的创新联合体，承担"两链"融合重点专项和重点研发计划，共同申报国家重大重点科技计划。同年12月，陕西省科学技术厅印发的《陕西省"十四五"科技创新发展规划》提出布局搭建科技创新平台，包括支持高新区内各类主体联合省内外高等院校、科研院所组建新型研发机构，优化创新服务，聚焦高端资源，布局建设高水平公共技术服务平台、中试工程化服务平台。

2021年12月，陕西省人民政府办公厅印发的《陕西省"十四五"创新驱动发展规划》提出推动高校新型创新转化平台建设。具体而言，充分挖掘高校创新资源，加强体制机制创新，推动产学研用一体化发展，构建以大学科技园为骨干引领的产学研用紧密结合体系，打造全省创新成果转化新动能，推动高校产学研用与秦创原平台对接，在多学科交叉基础研究、前沿技术研究和颠覆性技术创新方面形成一批新成果。

（三）重庆市的政策分析

2022年1月，重庆市人民政府印发的《重庆市科技创新"十四五"规划（2021—2025年）》提出构建完备的实验室体系。具体而言，构建布局合理、特色优势鲜明、梯次衔接互补的实验室体系，强化实验室独立性和自主权，创新考核激励、科研组织、开放协同等机制，着力培育高水平的基础科学研究平台。积极谋划国家实验室，围绕生命健康、集成电路、长江生态环境、新物态、物质材料等特色优势领域，高水平组建重庆实验室，为创建国家实验室培育"后备军"。主动融入国家战略，争取国家布局，在生命科学、军民融合新领域谋划建设国家实验室。主动融入国家实验室体系，建设若干重大基地。提质建设国家重点实验室。抓住国家重点实验室优化重组契机，对全市现有国家重点实验室进行重新定位，调整研究方向，充实人才队伍，构建实体化运行机制，支持承担国家重大科技任务。围绕重大原始创新和全市重点产业发展需求，打破学科和单位壁垒，积极创建大数据智能计算、金融科技、长江上游健康土壤与绿色农业、非常规油气开发、山地城镇建设安全与智能化、绿色航空能源动力等国家重点实验室。优化提升重庆市重点实验室。通过调整、充实、整合、撤销等方式，对研究方向相近、学科关联度较大、产学研融通不够、服务经济社会发展能力不足的市重点实验室进行整合提升。

五、广东省公共科技服务平台建设政策分析

广东是中国改革开放的前沿地区,《广东省创新驱动发展工作考核实施办法》提出要"围绕自主创新能力、科技成果转化、产业创新发展等方面进行全面考核",同时要求"重点考核与实施创新驱动发展战略紧密联系的重大工作部署"。这表明创新驱动已成为广东省的重要发展模式。为了落实创新驱动发展战略,广东省的政策越来越重视建设公共科技服务平台。

(一)省域政策分析

2013 年 12 月,《广东省科学和技术发展"十二五"规划》提出建设科技基础平台。具体而言,围绕关系广东经济社会发展的关键科技领域和现代产业体系建设的重大科技问题,以建立共享机制为核心,以资源系统整合为主线,以体制机制创新为抓手,建设具有公益性、基础性、战略性的科技基础条件平台。

2014 年 11 月,广东省人民政府办公厅印发的《推进珠江三角洲地区科技创新一体化行动计划(2014—2020 年)》提出重大科技项目联合攻关行动,共同承担国家、省重大科技专项。具体而言,包括加强省市联动,联合各市共同做好与国家重大科技专项的对接与申报工作,积极争取国家计划的立项支持,努力承担更多的国家重大科技专项和 973、863 计划等项目,积极承担省级重大科技专项的组织实施。

2016 年 4 月,广东省人民政府印发的《珠三角国家自主创新示范区建设实施方案(2016—2020 年)》提出建设协同高效的区域创新格局,科学规划区域创新功能定位,推动珠三角创新发展一体化,强化广州、深圳创新引领作用,增强高新区核心带动能力,深化粤港澳创新合作,辐射带动粤东西北地区振兴发展,形成协同高效的区域创新格局。

2021 年 10 月,广东省人民政府印发的《广东省科技创新"十四五"规划》提出面向国家重大需求,围绕国家战略布局,进一步推进"广州—深圳—香港—澳门"科技创新走廊建设,优化大湾区国际科技创新中心建设格局,着力推进综合性国家科学中心建设,优化提升实验室体系,建设一流科研机构、高水平研究型大学和科技领军企业,强化战略科技力量布局,构筑国家重大创新动力源。

（二）省内各地市的政策分析

1. 珠三角核心区的政策分析

1）广州市的政策分析

2015 年 5 月，广州市人民政府印发的《关于加快科技创新的若干政策意见》提出建立支持科技创新成果产业化的投资新机制。2016 年 2 月，广州市人民政府办公厅发布的《广州市促进科技成果转化实施办法》提出推进公共创新平台和大型科研仪器设备开放共享。2017 年 1 月，广州市人民政府办公厅印发的《广州市信息化发展第十三个五年发展规划（2016—2020 年）》，提出搭建跨行业的大数据公共服务平台。推动研究和建立各类社会数据、公共数据、商业数据和个人数据统一交换标准和数据接口，支持大数据企业依托互联网建设具有数据集成、存储、挖掘、分析、可视化等功能的行业数据共享和公共服务平台，面向企业和公众提供数据服务。

2019 年 12 月，广州市人民政府印发的《进一步加快促进科技创新政策措施》提出构建高水平科技创新载体。具体而言，以粤港澳大湾区国际科技创新中心建设为契机，联动推进"广州—深圳—香港—澳门"科技创新走廊建设，打造中新广州知识城、广州科学城、南沙科学城、琶洲人工智能与数字经济试验区（含广州大学城）"三城一区"创新核。

2020 年 8 月，广州市科学技术局印发的《广州市支持科技资源库发展办法》强调广州市科技资源库（简称市科技资源库）属于科研基础支撑与条件保障类的市级科技创新平台，面向广州市科技创新、经济社会发展和创新社会治理等需求，加强优质科技资源有效集成和保护，提升科技资源使用效率，为科学研究、技术进步和社会发展提供网络化、社会化的科技资源共享服务，推动共享服务向制度化、标准化发展。

2022 年 2 月，广州市人民政府办公厅印发的《广州市科技创新"十四五"规划》提出聚焦科学发现，增强源头创新供给能力。积极对接国家战略科技力量布局，加快建设"2+2+N"科技创新平台体系，加强基础研究的前瞻部署、多元投入、政策支持，布局具有重大研究前景和颠覆性潜力的前沿基础研究，力争取得一批从"0"到"1"的突破。同年 4 月，广州市科学技术局印发的《广州市促进科技成果转化实施办法》提出建立符合科技创新发展规律、高效完备的科技成果转化体系。鼓励企业与高等院校、科研机构及其他组织建立科技人员双向流动、项目合作等人才合作交流机制。高等院校、科研机构可以设立一定比例的流动岗位，通过建设产学研合作平台、实施科技成果转化项目等方式，吸引企业科技人才兼职。

2）珠海市的政策分析

2006 年 7 月，珠海市人民政府印发的《珠海市科技发展"十一五"规划》提出搭建与运营公共技术创新平台，有选择地建设公共实验室和公共技术研发平台，重点采取省、市共建的方式，在生物制药、电力控制、集成电路封装及水产养殖等领域，有选择地支持若干在省内外有较大影响、基础较强的公共实验室和研发中心建设，发挥其仪器设备和人才队伍优势，带动珠海主导产业前瞻性研究的开展。

2012 年 6 月，珠海市人民政府印发的《珠海市科技发展"十二五"规划》提出提升创新平台水平，促进创新资源共享。2017 年 3 月，珠海市人民政府印发的《珠海市实施创新驱动发展战略"十三五"规划》提出发挥科技创新平台在创新驱动发展中的支撑引领作用，按照围绕产业链部署创新链的要求，加快建设科技企业孵化器和众创空间，大力培育新型研发机构，加强公共技术服务平台体系建设，全面推进企业建立研发机构，集聚高端创新资源，打造成为珠海市科技创新和成果转化的核心载体。

2020 年 1 月，《珠海市人民政府关于进一步促进科技创新的意见》中提出推动科技创新公共平台发展。围绕优势产业集群建设新型研发机构、重点实验室、专业检验检测机构等科技创新公共平台，引导和支持平台加强协同创新，推进实验室开放、仪器设施共享、研究人员流动，在重大关键核心技术、产业共性技术等方面开展联合攻关。

2021 年 5 月，珠海市人民政府印发的《珠海市科技创新"十四五"规划》提出支持本市高校、科研机构联合所在区利用校、院内及周边土地、楼宇等资源共建环高校、科研机构科技成果转化区。鼓励高校建立健全科技成果转移转化工作机制，统筹成果管理、技术转移、资产经营管理、法律等事务，组建技术转移机构，扶持科技成果转化项目，开展创业孵化服务。

3）中山市的政策分析

2015 年 12 月，中山市科学技术局印发的《中山市建设创新型城市工作方案》提出建立健全科技服务体系，全面启动大型科学仪器资源共享平台建设。到 2020 年形成集合大型科学仪器、科技文献资源、科技专家资源等科技资源的综合性中山市科技平台资源共享平台。

2017 年 9 月，《中山市人民政府办公室关于进一步促进科技成果转移转化的实施意见》中提到更好发挥政府促进科技成果转移转化作用。落实 2017 年 1 月 1 日至 2019 年 12 月 31 日期间,科技型中小企业研发费用税前加计扣除比例由 50% 提高到 75% 的新政策，以定向结构性减税引导企业持续加大研发经费投入，提高自主创新能力。继续实施"创新券"后补助，大力支持"大众创业，万众创新"，激发科技创新活力。

2021 年 12 月，中山市人民政府发布的《中山市科技创新"十四五"规划》提出"全力打造 3 个重大创新平台"。引进培育一批创新平台和新型研发机构。深化产学研合作，推进火炬开发区重大科技创新平台和新型研发机构的建设，优先在火炬开发区布局建设国家技术创新中心、国家工程研究中心、国家产业创新中心、国家制造业创新中心、省实验室、重大科技创新载体、新型研发机构等高水平创新平台，完善区内企业与科研院所、高校的协同创新体系，提升火炬开发区科技创新能力。围绕先进装备制造、健康医药、光电等主导产业，以智能改造、成果转化、技术转移、检验检测等产业需求为导向，有效整合各类科技创新资源，加快建设一批公益性、基础性、战略性的科研基础设施和大型科学仪器设备共享平台、科技成果转化服务平台等公共技术服务平台。

4）佛山市的政策分析

2007 年 9 月，佛山市人民政府办公室印发的《佛山市贯彻落实〈广东省人民政府关于促进自主创新的若干政策〉的措施》提出大力推进专业镇技术创新平台建设和建立开放共享机制。包括加强专业镇技术创新中心的建设，切实提升集群整体的创新力和竞争力。

2014 年 8 月，佛山市人民政府办公室印发的《关于加快科技服务业发展的实施意见（试行）》提到的主要任务是加快搭建一批公共科技服务平台。围绕佛山市重点产业的关键技术和共性服务，引进组建一批区域创新服务中心、重点实验室和工程技术研究开发中心等平台，进一步完善科技创新平台布局。加快建设佛山市知识产权交易平台、佛山中国科学院产业技术研究院、佛山市科技金融综合服务中心等公共科技服务平台，加强技术研发和成果转化能力，提高平台创新与服务成效。2015 年 7 月，佛山市人民政府办公室印发的《佛山市科技企业孵化器后补助试行办法》强调市人民政府积极倡导科技企业孵化器投资主体多元化、运作市场化、发展专业化和国际化，鼓励大中型企业、科研机构、行业组织等社会资本投资建设科技企业孵化器。

2021 年 4 月，佛山市科学技术局印发的《佛山市工程技术研究中心建设管理办法》指出市工程中心分为两种类型：一是企业类，主要依托市内高新技术企业、创新型企业等工程技术研究开发能力较强的科技型企业组建，以本企业为服务对象，提供企业技术发展战略制定、技术研发支撑、技术交流与合作、技术人才培养等服务；二是公益类，主要依托高校、医院、科研院所和科技创新公共服务机构组建，为相关行业和重点领域提供共性技术攻关、先进装备研制、标准制定、检验检测、信息技术应用和科技创新人才培育等公共服务。

2022 年 5 月，佛山市人民政府办公室印发的《佛山市科学技术发展"十四五"规划》提出"完善区域创新体系"。构建创新研发体系，提升企业自主创新能力，健全科技服务体系和完善孵化育成体系，全面推进区域创新体系建设。提升完善省实验室管理体制和运行机制，支持季华实验室、佛山仙湖实验室集聚国内外高端创新资源，主动承接国家和省重大科技攻关任务，争创国际一流战略科技创新平台。

5）东莞市的政策分析

2003 年 10 月，东莞市人民政府办公室制定的《东莞市技术创新体系建设规划纲要》指出培育三大创新主体。一是具有项目源和环境载体功能特色的高新技术产业化基地系列；二是具有创新源和组织载体功能特色的工程技术研究开发中心系列；三是具有催化剂和社会运行环境功能特色的科技中介系列。

2006 年 8 月，东莞市人民政府办公室印发的《关于实施科技东莞工程建设创新型城市的意见》提出强化企业在自主创新中的主体地位。培育发展科技型中小企业。重点发展科技型龙头企业。大力发展科技企业孵化器。大力促进产学研合作。加强与高等院校、科研院所的全面合作，鼓励企业与高校院所共同研发科技项目、进行成果转化和开展人才培训等。建立面向企业需求的科技创新基地与平台。明确科技创新基地与平台的建设原则。推进科技创新基地与平台的开放共享等。

2009 年 2 月，东莞市科技局和市财政局印发的《东莞市科技基础条件平台管理暂行办法》强调加强科技创新基础条件平台管理，提高平台建设效率，简化平台办事程序，推进平台与企业产学研合作，促进产业关键技术突破，充分发挥平台在实施科技东莞工程、建设创新型城市中的功能作用，推动东莞市科技创新能力显著提升。

2020 年 3 月，东莞市科技局印发的《东莞市科技计划体系改革方案》指出改革后的"十四五"科技计划体系布局为"一个方案、六大专项、二十一类科技计划项目"。具体而言，一个方案是东莞市科技计划体系改革方案；六大专项包括源头创新专项、平台载体专项（包括高水平创新平台建设）、科技人才专项、技术创新专项、企业培育专项和成果转化专项；二十一类科技计划项目是指六大专项下设二十一类科技计划项目。

6）深圳市的政策分析

2009年8月，深圳市政府印发的《深圳高新技术产业园区发展专项规划（2009—2015年）》提出"积极落实国家技术创新工程，加强创新载体建设，大力引入创新实体，建立技术和服务支撑平台，促进产学研结合，完善区域创新体系"。同时要求建设"专业技术平台和公共技术平台""组建国家高技术产业创新中心，建设国家数字电视工程中心"。

2012年1月，深圳市人民政府印发的《深圳市科学技术发展"十二五"规划》提出完善技术服务平台，促进科技资源开放共享，增强技术创新支撑能力，优化创新生态体系。加快建设国家高技术产业创新中心、国家软件与信息服务外包公共技术支撑平台，支持深圳市现代服务外包产业促进会的发展。加快国家集成电路设计基地专业技术服务平台建设，筹建深圳IC设计产业园。

2016年10月，深圳市人民政府办公厅出台了《深圳市促进重大科技基础设施和大型科学仪器共享管理暂行办法》，提出促进深圳市重大科研基础设施和大型科学仪器的共享，降低科技创新成本，提高科技资源使用效率，增强科技创新能力。

2022年，深圳市人民政府办公厅印发的《深圳市促进重大科技基础设施和大型科研仪器开放共享管理办法》强调加强管理机制，建立市级开放共享协调机制，统筹规划本市科技设施与科研仪器开放共享工作；强化开放共享。同时，深圳市科技创新委员会印发的《深圳市科技创新"十四五"规划》提出高质量建设国家重大战略平台。强调要高质量建设光明科学城、河套深港科技创新合作区、前海深港现代服务业合作区、西丽湖国际科教城等四个国家重大战略平台，打造科技创新极核。打造体系完整的科研实验条件。

7）惠州市的政策分析

2009年9月，惠州市人民政府印发的《惠州市科学技术中长期发展规划（2009—2020年）》提出以高校、科研院所为主要依托，联合重点企业建立高水平、开放式的公共实验室，重点为具有前瞻性、战略性、社会公益性的核心技术、关键技术、共性技术研究开发提供基础设施和环境，形成一支创新的核心骨干队伍，加强和组织开展应用基础和高技术研究。

2016年5月，惠州市人民政府印发的《惠州市国民经济和社会发展第十三个五年规划纲要》提出实施创新驱动发展战略，建设创新型城市，构建多层次的创新平台体系，加快建设潼湖生态智慧区。2017年1月，惠州市人民政府印发的《惠州市科学技术发展"十三五"规划（2016—2020年）》提出强化企业创新主体地位，进一步提升企业自主创新能力，加大对企业研发支持力度，增强企业自主创新财力支撑，提高大中型企业原始创新能力，发挥其技术创新引领作用。

2019 年 12 月，惠州市人民政府印发《关于进一步促进科技创新的若干政策措施》提出推动高水平创新平台建设。具体而言，引进建设一批直接面向产业和企业需求、拥有较强科研成果转化能力的高水平产业创新平台。建设新一代工业互联网创新研究院，助推集群内的关联企业加强技术合作，促进电子信息加快向高端转型。2022 年 2 月，惠州市人民政府印发的《惠州市科技创新"十四五"规划》强调深度融深融湾，参与国际科技创新中心建设。

8）肇庆市的政策分析

2018 年 10 月，肇庆市科技局印发的《肇庆市农村科技特派员管理办法》提出促成乡村、涉农企业与高校、科研院所共建创新平台，加强科技特派员创业基地建设，打造农业农村领域的众创空间——"星创天地"。

2022 年 9 月，肇庆市科技局印发的《肇庆市高新技术企业树标提质行动计划（2022—2025 年）》提出推动高新技术企业建设创新平台。通过产学研合作强化技术要素供给，支持高新技术企业与高校、科研院所合作共建研发机构。推动高新技术企业提升内设研发机构建设水平，对企业建设工程技术研究中心、重点实验室、企业技术中心、工程研究中心、博士后科研工作站等科技创新平台给予支持。

2023 年 2 月，肇庆市科技局印发的《肇庆市科技局：实施"七个新"，构建科创发展新格局》提出优化创新平台体系新态势。支持西江实验室发展建设和发挥作用，争取列入省实验室培优序列。推动风华国重通过全国重点实验室重组优化。加快华为（肇庆）工业互联网创新中心发展运营，支持企业开展数字化、智能化改造。谋划建设省科学院肇庆产业研究院，华工产业研究院等新型研发机构。

9）江门市的政策分析

2011 年 12 月，《江门市先进制造业发展"十二五"规划》提出"每个产业培育 1—2 家产值超百亿元的大企业（集团），形成 1—2 个在国内或者省内有一定影响力的产业基地，建设 1—2 个国家级技术创新公共服务平台"。构建自主创新公共服务平台，抓好国家半导体光电产品检测重点实验室和"1+3 检测机构"建设，即国家摩托车检测技术中心、省级电声产业服务平台研发及检测中心、省级制浆造纸产品检测站、国家或省级半导体光源检测机构建设。扶持广东华南精细化工研究院和广东广天机电工业研究院建设。

2017 年 4 月，江门市科学技术局、江门市人力资源和社会保障局、江门市财政局等部门联合印发的《江门市科学技术局　江门市人力资源和社会保障局　江门市财政局关于企业重大科技创新平台建设资助实施办法》强调"省、市、县（市、区）多级联动，推动新型研发机构、工程技术研究中心、重点实验室和院士工作站的建设与发展"。

2020 年 1 月，《江门市关于开展质量提升行动实施方案》中提出大力开展技术改造、质量创新，开展质量技术攻关。2022 年 8 月，《江门市"科技引领"工程三年行动方案（2022—2024 年）》提出以恩平工业园核心区、大槐集聚区、圣堂集聚区等为主轴打造恩平创新区域，着力推进高端装备制造业、新一代电子信息和新材料产业三大支柱产业集群建设。加快建设升泰昌·恩平智造加速器、全国博士后创新（江门）示范中心恩平分中心、通裕科创园等平台，引导园区孵化器建立公共技术和专业化服务平台。

2. 粤东地区的政策分析

1）梅州市的政策分析

2021 年 9 月，梅州市召开全市科技创新大会[①]，提出梅州不能做科技创新的"旁观者"，而要勇当"实践者""参与者"，各级各部门要形成共识，密切协作，加强对科技创新的保障力度。同年 11 月，《梅州市科技创新"十四五"规划（2021—2025）》[②]提出在培育区域骨干科研力量方面打造高水平新型研发机构，加强广东省科学院梅州产业技术研究院建设，支持该院聚焦生物与健康、新材料与先进制造、电子与信息、资源与环境、检测与服务等五大领域，开展共性关键技术研发与集成、科技成果转移转化、科技企业孵化、产业技术创新服务、人才引进培养、产业发展战略研究。支持该院打造"总部+分中心"的产业创新服务平台网络，实现创新服务平台区位分中心覆盖梅州各县（市区）；实施"三个 100"行动计划，即组织 100 名科技特派员对接 100 家企业，服务梅州市 100 亿产业振兴发展。

2）汕头市的政策分析

2016 年 3 月，《广东省人民政府关于大力推进大众创业万众创新的实施

---

① 梅州市科学技术局. 以高水平科技创新引领高质量发展不断开创梅州科技创新工作新局面——梅州市召开全市科技创新大会[EB/OL]. https://www.meizhou.gov.cn/mzkjgk/gkmlpt/content/2/2225/post_2225258.html#1421 [2023-05-11].

② 梅州市科学技术局. 梅州市科技创新"十四五"规划（2021—2025）[EB/OL]. https://www.meizhou.gov.cn/ attachment/0/107/107152/2205586.pdf[2023-05-11].

意见》提出建设创业创新公共平台。加强创业创新信息资源整合，建立创业政策集中发布平台，增强创业创新信息透明度。加快公共创业服务信息网和业务管理系统建设，构建高效便捷的公共就业创业网上服务平台，实现就业创业服务和补贴申领发放全程信息化管理。继续办好各级各类创业创新大赛，以赛事活动引导形成激励创业创新的良好导向。加强各级中小微企业公共服务平台建设，依托专业镇、中心镇等建设一批生产力促进中心和科技服务中心，支撑传统产业集群转型升级。实施"互联网知识产权"计划，搭建知识产权大数据应用平台，向全社会免费提供基础数据，向中小微企业开展专利信息推送服务，实现知识产权信息利用便利化。鼓励和支持有条件的大型企业发展创业平台，利用企业资源支持企业内外部创业者创新创业。通过国有企业员工持股等多种形式，搭建员工创业平台。开展创业企业、天使投资、创业投资年度统计工作，加强数据监测和分析。

3）揭阳市的政策分析

2016 年 7 月，揭阳市科技局局长王辉在调研中德金属生态城科研机构时强调将大力推进落实省市共建国合基地协议精神，与省科技厅一起共同推动德（欧）先进技术在揭阳转移转化，争取省科学院等省和国家创新资源落户揭阳，支持中科金属研究院、表面处理创新平台等公共服务平台建设，解决技术创新问题，引导和推动中德集团通过实施"扬帆计划""高层次人才特殊支持计划"等建成中德国际合作的高端人才服务平台，努力与境外创新资源对接，实现中外创新资源整合集聚发展。①

2022 年 1 月，《揭阳市科技创新"十四五"规划》提出日益完善科技创新公共服务平台体系。创新驱动发展战略不断深入实施，全市科技服务能力显著提升，科技创新公共服务平台体系建设卓有成效。到 2025 年，建成一批在国内具有重要影响力的科研院所、重点实验室、工程技术研究中心和公共技术服务平台。高新技术企业和年度主营业务收入 5 亿元以上的工业企业设立研发机构实现全覆盖，省级新型研发机构达到 4 家、省级企业重点实验室达到 6 家、省级工程技术研究中心达到 100 家、市级工程技术研究中心达到300 家。培育发展新动能新优势包含构建科技企业孵化育成体系。

4）汕尾市的政策分析

2018 年 6 月，中共汕尾市科学技术局发布的《汕尾市科学技术局关于实

---

① 揭阳市人民政府. 市科技局一行到中德金属生态城科研机构调研[EB/OL]. http://www.jieyang.gov.cn/zfgkmlzl/content/post_202789.html[2023-05-10].

施创新驱动提升创新能力的三年行动计划（2018—2020 年）》提出主动接受珠三角创新资源外溢。主动参与粤港澳大湾区国际科技创新中心建设，鼓励骨干企业参与湾区创新资源开放共享平台建设，用好湾区内重大科研基础设施、科学数据和仪器设备以及人流、技术流、资金流、信息流等创新要素；加大产学研合作力度，支持企业以产学研方式建设研发机构，推动中小企业以协同创新形式建立研发机构：引进珠三角地区重点高校、优势科研机构、骨干企业来汕尾市工业园区独立或联合当地机构设立分支机构和研发机构，推进新型研发机构与产业技术创新联盟联动发展：用足深莞惠经济圈（3+2）合作平台，主动接受深莞惠创新资源外溢，培育出汕尾市的瞪羚企业，快速拉高汕尾市 GDP 和财政收入，增强汕尾市自主创新能力。

2022 年 12 月，汕尾市科学技术局印发的《汕尾市推进技术要素市场化配置综合改革行动实施方案》提出支持创建高水平技术创新平台。探索与全国各地开展科技创新合作新模式，鼓励龙头企业与全国各地高校科研机构和央企开展产学研合作，构建高水平技术研发创新大平台，吸引集聚创新资源，联合开展关键核心技术攻关，促进全市技术创新能力实现新飞跃。

3. 粤西地区的政策分析

1）湛江市的政策分析

2016 年 3 月，《湛江市做好推动大众创业万众创新工作的实施方案》指出提升创新能力。具体而言，以打造"南方海谷"为抓手，培育一批新型研发机构，推动科研资源向湛江市集聚，形成机制加快科技成果向现实生产力转化，深化产学研合作，探索产业公共创新平台建设新模式、新机制，建设一批自主创新、引进消化吸收再创新、产学研联合创新等产业化基地。鼓励、支持中小微企业加快与高等学校、科研单位开展多种形式的合作，共同组建产业技术创新联盟，引导中小企业（民营企业）创新产业化示范基地加大创新投入，加快创新成果产业化。

2021 年 9 月，湛江市人民政府印发的《湛江市制造业高质量发展"十四五"规划的通知》指出坚持工业化、生态化、数字化融合发展的理念，以大项目、大园区、大集群为抓手，深入实施高质量招商引资工程、补链强链工程、重点企业培育工程、科技创新工程、平台载体提质工程、体制机制保障工程六大产业发展重点工程。

2）茂名市的政策分析

2011 年 10 月，《茂名市中长期科技发展专题规划》提出"政府的科技经费投入主要支持重点领域前沿技术和关键技术的联合攻关、公共服务技术平台建设、基础和共性技术研究、重大科技成果的中试和产业化等"。用足用强用好财税扶持政策，鼓励企业加大研发投入，健全以政府投入为引导、企业投入为主体、社会投入为补充的多元化投入体系。鼓励和支持企业以产学研结合的形式承担前沿技术与共性关键技术的研发，引导战略产业的原始创新和重点领域的集成创新，注重知识产权的保护，确保高新技术企业的研究开发经费投入达到国家规定标准要求。坚持优势互补、互利互惠的原则，构筑产学研结合的企业技术创新平台，加速农产品加工业的高新技术研发及成果转化，鼓励企业与科研院所广泛开展产学研合作。加快建立和完善覆盖面宽、时效性强的农产品市场信息网络，拓宽信息的收集和发布渠道，加强信息资源的分析与处理，为农产品加工企业和农户提供及时、准确的信息服务。尤其是要加快行业公共技术服务平台建设，以推动传统产业技术进步，满足企业对公共技术服务的需求，提升企业竞争力和降低企业成本。

3）云浮市的政策分析

2015 年 8 月，云浮市人民政府印发的《云浮市工业转型升级攻坚战三年行动计划（2015—2017 年）》提出"完善中小微企业公共服务平台和孵化器"。具体而言，支持前孵化器、孵化器、加速器、大学科技园、留学人员创业园等创业载体发展。建立健全各种类型的公共服务平台，为中小微企业提供创新服务。建立科技企业孵化器财政资金补助制度和风险补偿制度。发挥科技型中小企业创新基金引导作用，支持种子期、初创期中小微企业技术创新活动。对符合条件的中小微企业实施科技创新后补助制度，引导中小微企业向高校、科研院所等机构购买技术服务以及开展产学研合作活动。

2022 年 2 月，云浮市人民政府印发《云浮市科技创新"十四五"规划》，提出"创新平台载体建设迈上新台阶"。具体而言，高水平创新平台建设卓有成效，岭南现代农业科学与技术广东省实验室云浮分中心和先进能源科学与技术广东省实验室云浮分中心建成运行，实验室体系持续完善；云浮高新区升级为国家级高新区，新兴新成等产业转移工业园成功创建省级高新区。推动建成省级及以上农业科技园区、新型研发机构、技术创新中心、工程技术中心等科技创新平台达到 90 个。

4）阳江市的政策分析

2010 年 5 月，阳江市科技局发布的《阳江市科技工业和信息化局年度工作计划》指出"强化以企业为主体的创新平台建设，实施创新载体建设工程，扶持有条件的企业组建国家、省、市级工程技术研究开发中心和省级企业技术中心"。

2016 年 3 月，阳江市科技局发布的《阳江市关于加快科技企业孵化器建设的实施方案》提出拓宽孵化器创新建设模式，如政府出资类科技企业孵化器。明确孵化器独立法人管理机构，配备一定专职管理人员，加大投入，解决孵化场地和孵化资金等问题，并积极建设技术创新、投融资等创新创业公共服务平台。

2020 年 1 月，阳江市科技局发布的《阳江市进一步促进科技创新的实施意见》提出加强分类指导，鼓励各县（市、区）采取省县、市县共建等方式建设省、市实验室。实施乡村振兴科技计划，加快建设现代农业产业园，开展农村科技特派员行动。

2021 年 6 月，阳江市科学技术局指出阳江市知识产权保护协会承担的"阳江市知识产权公共服务平台建设"项目通过人才引进与培养，在全市范围内协会会员企业中初步建立了阳江企业知识产权专员或储备人才队伍，协会会员单位均已培养出 1-2 名了解、熟悉知识产权理论和实务的专门人才，极大地促进了企业知识产权的意识，知识产权创造、运用、管理和保护能力的提升。①

2022 年 6 月，阳江市科学技术局发布的《阳江市 2022 年科技创新工作要点》提出围绕合金材料、海上风电和现代服务业三大重点领域，全力支持引导孵化器建设专业化公共服务平台，扩大科技成果示范和服务影响力，加强阳江高新区孵化器作为高水平国家级孵化器的辐射带动作用，在投融资服务、公共技术服务、创业导师服务、资源整合能力、孵化器链条建设等方面提高孵化器服务能力，进一步增强孵化器在承担社会职能、带动产业发展方面的作用，激发企业创新创业活力。

4. 粤北地区的政策分析

1）韶关市的政策分析

2016 年 4 月，韶关市人民政府印发的《关于加快发展生产性服务业的若干意见》提出加强研发创新平台建设。具体而言，充分利用韶钢、东阳光等行业骨干企业工程技术研究中心、企业技术中心、企业研究院等研发平台，实现本地科技资源的有效利用与共享；支持企业建设国家和省级重点实验室、工程技术研究中心和企业技术中心。

---

① 阳江市政府网. 科技项目助推我市科技创新能力再上新台阶[EB/OL]. http://www.yangjiang.gov.cn/zwgk/ywdt/bmzx/content/post_538662.html[2023-05-13].

2021 年 2 月，韶关市人民政府印发的《关于加快推进质量强市建设的实施方案》强调推动技术专利标准协同创新。围绕市战略性产业集群和传统优势产业，建立技术研发、专利布局和标准研制协同推进机制，进一步完善产业先进标准体系，支持科研成果和必要专利转化为技术标准，加快科研成果转化进程。同年 8 月，韶关市科学技术局印发的《韶关市科技企业孵化载体管理办法》提出支持高校、科研院所、孵化器运营机构、社会力量等多元主体自建或共建等多种形式建设科技企业孵化载体，重点支持大学科技园、大型企业依托自身资源建设、运营孵化器，鼓励金融服务机构向科技企业孵化载体倾斜金融资源。

2022 年 11 月，韶关市人民政府印发的《关于进一步促进科技创新若干政策措施（修订版）》强调积极引进科技创新资源，推动高水平创新平台建设。加强与京津冀、长三角、粤港澳大湾区等地区的深度合作，积极争取在本市布局、建设企业研发机构等科技创新平台。

2）河源市的政策分析

2019 年 9 月，河源市人民政府印发的《河源市进一步促进科技创新若干政策措施》提出"加快科技创新平台建设"。具体而言，要"支持组建技术创新平台""支持新型研发机构发展""促进孵化载体提质增效""加强创新平台的监测评估"。

2020 年 2 月，河源市科学技术局印发《关于强化科技攻关实施科技惠企行动支撑疫情防控的若干措施》，提出降低企业研发成本，包括鼓励全市科技企业孵化载体在疫情期间根据实际情况对在孵科技企业和创业团队给予减免租金。

2021 年 3 月，河源市科学技术局印发的《河源市科技企业孵化载体管理办法》指出科技企业孵化载体是涵盖众创空间、科技企业孵化器、科技企业加速器等多种形态孵化载体的统称，是科技企业孵化链条中的重要组成部分，是引导各类人才创新创业、满足企业不同成长阶段需求、加速科技成果转化、培育新兴产业、以创业带动就业的重要平台。2022 年 7 月，河源市科学技术局印发的《河源市重点实验室管理办法》提出科学配置科技资源，提升科技基础设施建设水平，实现开放共享，创新科研管理体制机制。

3）清远市的政策分析

2013 年 10 月，中共清远市委办公室和清远市人民政府办公室印发的《清远市改善创新环境五年行动计划（2013—2017 年）》提出"强化企业创新主体地位"。鼓励企业加大研发投入，支持有条件的企业组织实施重大科技项目，扶持规模以上企业建立研发平台。2015 年 7 月，中共清远市委和清远市人民政府印发的《关于加快实施创新驱动发展战略的意见》提出"支持企业建设检测平台、产学研创新联盟、企业科技特派员工作站、博士后工作站、博士后创新实践基地、院士工作站等创新公共服务平台"。

2020 年 12 月，清远市人民政府印发的《清远市加快科技创新发展的若干政策》提出支持重大科技创新平台建设。具体而言，对国家实验室、省实验室、重大科学装置等重大科技基础设施建设，采取"一事一议"给予支持，最高 500 万元；对引进落地或获得认定的高水平创新研究院，给予一次性奖励，最高 400 万元；对新认定的省级新型研发机构、省技术创新中心，给予一次性奖励，最高 200 万元。

2021 年 1 月，清远市人民政府印发的《清远市加快科技创新发展的若干政策》提出"支持科技孵化育成体系建设"。同年 9 月，清远市人民政府出台《清远市人民政府关于促进高新技术产业开发区高质量发展的意见》，提出"提升高新区创新能力"。具体而言，要"完善创新平台体系""推动科技金融深度融合""引进培育创新创业人才团队""建立以研发投入为导向的支撑体系"。

2022 年 3 月，清远市人民政府印发《清远市科技创新发展"十四五"规划》，明确"十四五"时期，清远科技创新发展将始终坚持市委、市政府提出的"融湾崛起排头兵、城乡融合示范市、生态发展新标杆、'双区'魅力后花园"总目标和战略定位。

第四节　公共科技服务平台促进产教融合研究：以惠州为例

加快公共科技服务平台建设，对于深入实施创新驱动发展战略、推动经济提质增效升级具有重要意义。为了具体而微地探究公共科技服务平台建设在推进产教融合、促进高质量发展领域的作用，拟选择 2023 年在广东省 GDP 排名第五的惠州市为个案，开展具体的案例研究。

一、惠州公共科技服务平台的情况扫描

公共科技服务平台是面向社会提供科技资源共享、公共技术服务、创新

创业服务的科技基础设施，主要作用是整合、优化区域科技创新资源，建立企业同创新资源的联结渠道，推动关键核心技术攻关和优质成果转化。近年来，惠州市委、市政府高度重视公共科技服务平台建设，积极推动科技创新成果转化，促进科技经济深度融合，实现科技创新支撑引领产业升级发展。目前，惠州市范围内的公共科技服务平台（主要由惠州市资助，但部分依靠省级财政资助）主要有新型研发机构、科技企业孵化器和公共检测服务平台等。

（一）新型研发机构建设情况

截至 2022 年底，惠州共有省级重点实验室 6 家（表 2-1）、省级以上众创空间 12 个（表 2-2）、市级以上新型研发机构 24 家（表 2-3），并在支撑科技创新和产业高质量发展方面显示出以下特点。

表 2-1　2022 年惠州省级重点实验室一览

序号	实验室名称	实验室类型	依托单位
1	广东省电子功能材料与器件重点实验室	学科类	惠州学院
2	智能电视操作系统及应用技术重点实验室	企业类	TCL 科技集团股份有限公司
3	广东省高能锂电池研究与应用企业重点实验室	企业类	惠州亿纬锂能股份有限公司
4	广东省车载电子信息技术企业重点实验室	企业类	惠州市德赛西威汽车电子股份有限公司
5	广东省妇科中药企业重点实验室	企业类	广东罗浮山国药股份有限公司
6	广东省智慧家庭及物联网通信融合企业重点实验室	企业类	广东九联科技股份有限公司

表 2-2　2022 年惠州省级以上众创空间一览

序号	载体名称	运营主体	所在县（区）	级别	认定年份
1	惠 e 创	惠州市恺炬创业投资有限公司	惠城区	国家级	2016
2	DYWorks 云创工场	惠州市金百泽电路科技有限公司	大亚湾经济技术开发区	国家级	2017
3	惠南智慧谷	惠州市惠南科技服务有限公司	仲恺高新技术产业开发区	国家级	2016
4	东江产业园创客中心	惠州市东江高新区投资运营有限公司	仲恺高新技术产业开发区	国家级	2016
5	广东惠州大学生创业孵化基地众创空间	惠州仲恺高新技术产业开发区人才交流与劳动就业服务中心	仲恺高新技术产业开发区	国家级	2016
6	智惠创客工场	惠州市广工大物联网协同创新研究院有限公司	仲恺高新技术产业开发区	国家级	2016

续表

序号	载体名称	运营主体	所在县（区）	级别	认定年份
7	恺炬众创空间	惠州市恺炬科技服务有限公司	仲恺高新技术产业开发区	国家级	2016
8	恺萌创客空间	惠州仲恺创新投资集团有限公司	仲恺高新技术产业开发区	国家级	2016
9	广东元晖半导体照明众创空间	惠州元晖光电股份有限公司	仲恺高新技术产业开发区	国家级	2016
10	银弹谷·云创空间	惠州银弹谷网络科技有限公司	仲恺高新技术产业开发区	国家级	2016
11	"慧丰坊"创新创业育成基地	惠州城市职业学院	惠城区	省级	2017
12	云智众创空间	广东弘毅惠诚创业投资有限公司	惠城区	省级	2021

表 2-3　2022 年惠州市级以上新型研发机构一览

序号	名称	所属县（区）	级别	认定年份
1	中山大学惠州研究院	大亚湾经济技术开发区	省级	2015
2	惠州中科先进制造有限公司	仲恺高新技术产业开发区	省级	2016
3	惠州市广工大物联网协同创新研究院有限公司	仲恺高新技术产业开发区	省级	2017
4	惠州离子科学研究中心	惠城区	省级	2018
5	南方工程检测修复技术研究院	惠城区	省级	2018
6	惠州 TCL 云创科技有限公司	仲恺高新技术产业开发区	省级	2019
7	惠州视维新技术有限公司	仲恺高新技术产业开发区	省级	2021
8	惠州市德赛西威智能交通技术研究院有限公司	仲恺高新技术产业开发区	省级	2021
9	惠州市新一代工业互联网创新研究院	仲恺高新技术产业开发区	省级	2021
10	惠州市科近离子膜材料研究院	仲恺高新技术产业开发区	省级	2021
11	惠州市南方智能制造产业研究院	仲恺高新技术产业开发区	市级	2017
12	惠州仲恺高新区智能终端技术研究院	仲恺高新技术产业开发区	市级	2017
13	广东莱佛士制药技术有限公司	大亚湾经济技术开发区	市级	2017
14	惠州哈尔滨工业大学国际创新研究院	仲恺高新技术产业开发区	市级	2020
15	惠州中国科学院遥感与数字地球研究所空间信息技术研究院	仲恺高新技术产业开发区	市级	2020
16	龙门县斛金缘生态农业发展有限公司	龙门县	市级	2020
17	惠州市力王新材料研究院	博罗县	市级	2020
18	广东一纳科技有限公司	仲恺高新技术产业开发区	市级	2020

续表

序号	名称	所属县（区）	级别	认定年份
19	惠州市绿色能源与新材料研究院	大亚湾经济技术开发区	市级	2021
20	惠州市隆合科技有限公司	仲恺高新技术产业开发区	市级	2021
21	伯恩创盛技术研发（惠州）有限公司	惠阳区	市级	2021
22	惠州市华阳光学技术有限公司	仲恺高新技术产业开发区	市级	2022
23	惠州市华阳智能技术有限公司	仲恺高新技术产业开发区	市级	2022
24	惠州海卓科赛医疗有限公司	大亚湾经济技术开发区	市级	2022

一是多元化多样化建设，集聚优秀创新资源。吸引中国科学院近代物理研究所（建设惠州离子科学研究中心、科近离子膜材料研究院）、过程工程研究所（建设惠州市绿色能源与新材料研究院），中山大学（建设中山大学惠州研究院），广东工业大学（建设惠州市广工大物联网协同创新研究院有限公司）等高校科研院所，以及依托惠州龙头企业 TCL 科技集团、亿纬锂能、德赛西威等建设新型研发机构，集聚大学大院大所等多种创新资源，形成校地共建型、院地共建型、企业自建型等多样化建设模式，解决前沿技术研发、企业共性技术、地方产业需求等问题，为产业升级和经济发展注入新动力。

二是招才引智，推动研发人员本土化。实行多样化聘用管理机制，通过顾问指导、兼职、聘用、咨询、承担课题等方式，多种渠道引进高端创新人才，引进及培育硕士以上人才 392 人，副高以上人才 98 人，包括张锁江院士团队、王复明院士团队等均已在惠州落地。围绕惠州电子信息、石化能源新材料两大万亿级产业集群引育了一批高端创新团队，有力增强了产业技术创新能力。

三是促进研发投入，稳步提升科研产出绩效。惠州新型研发机构研发投入及基础条件不断加大和完善，2022 年全市新型研发机构总研发投入达 5.8 亿元，研发场地总面积达 4.6 万平方米，科研仪器设备原值总值达 7000 万元，科研产出绩效稳步增加。

四是推动成果转化，促进产业高质量发展。围绕惠州"2+1"现代产业建设，新型研发机构为制造业企业提供产品研发、设计、检验检测等共性服务，实现成果转化和技术服务收入 10.53 亿元，解决产业发展的技术需求，强化产业关键技术供给，支撑惠州制造业高质量发展。

（二）科技企业孵化器建设情况

惠州坚持打造"众创空间—孵化器—加速器—科技园区"的全链条孵化

生态，建有众创空间 30 家，为众多创业者实现创意想法提供场所和服务；建有孵化器 43 家，其中，市级以上孵化器 10 家（表 2-4），为全市创业者和科技企业提供全方位孵化育成服务。具体而言，其已取得以下几方面的成绩。

表 2-4   2022 年惠州市级以上孵化器一览

序号	载体名称	运营主体	所在县（区）	级别	认定年份
1	物联网电子信息科技企业孵化器	广东思科科技园有限公司	惠城区	国家级	2016
2	粤港澳青年创新创业基地	广东科鑫产业孵化有限公司	惠城区	国家级	2022
3	惠州大亚湾科技创新园精细化工科技企业孵化器	惠州大亚湾经济技术开发区科技创业服务中心	大亚湾经济技术开发区	国家级	2016
4	惠南科技创业中心	惠州市惠南科技服务有限公司	仲恺高新技术产业开发区	国家级	2014
5	东江高新科技产业园科技企业孵化器	惠州市东江高新区投资运营有限公司	仲恺高新技术产业开发区	国家级	2015
6	惠州仲恺（国家级）高新区国家级科技企业孵化器	惠州市仲恺高新区科技园有限公司	仲恺高新技术产业开发区	国家级	2010
7	恺众智汇园	惠州市恺众创业服务有限公司	仲恺高新技术产业开发区	国家级	2019
8	恺晨科技企业孵化器	惠州仲恺高新技术产业开发区陈江街道经济发展总公司	仲恺高新技术产业开发区	国家级	2019
9	大愚腾马科技孵化器	惠州市龙门县腾马电动车有限公司	龙门县	市级	2022
10	中科院（惠南）智能制造创新创业基地	中科投控（惠州）科技孵化器有限公司	仲恺高新技术产业开发区	市级	2022

一是集聚双创资源，初步实现孵化载体全覆盖。目前，全市各个县（区）均建有孵化器，在孵企业 1033 家，当年毕业企业 141 家，累计孵化培育高新技术企业超 219 家，创业导师数和孵化资金额度稳步提升。惠州是全省仅有4 个建成省级加速器的地市之一，建有省、市级加速器各 1 家，加速器入驻企业（55 家）中高新技术企业占比达 62.7%，已经成为高新技术企业培育的主阵地。建有 2 家省级大学科技园，数量排名并列全省第二，促进高校科技成果加速转化。

二是创新孵化模式，加快孵化育成体系建设。修订出台《惠州市科技企业孵化载体认定和扶持办法》，适当降低市级孵化器认定条件，推出市级加速器认定，鼓励更多孵化载体加速培育科技企业。建设位于深圳罗湖区的异地孵化器"惠深创新中心"，打造深惠两地产业及创新的合作交流平台。支持龙头企业引领"行业垂直孵化"新模式，金百泽等行业龙头企业开展大企业孵化，打造国内首个融合创客服务、硬件孵化和产品加速的智能硬件创新平台"云创工场"。

三是完善服务体系，提升孵化综合服务能力。惠南科技创业中心、东江高新科技产业园分别建设了科技服务大厅，引导孵化载体引进一批投资、财务和设计等现代服务业企业（机构）入驻，为在孵企业提供高质量增值服务。组建科技金融产业联盟，并与广东股权交易中心股份有限公司惠州分公司合作挂牌展示一批初创企业，不断提升孵化器资源整合能力和服务质量。发挥孵化器场地优势，共吸引 9 家新型研发机构进驻，加速了科技成果转化，共同服务和培育了一批科技企业。

（三）公共检测服务平台建设情况

惠州市积极搭建公共检测服务平台，共享单位覆盖检测机构、高校、企业，不断满足科技型中小企业技术检测服务需求。目前，惠州市大型的公共检测服务平台有以下几家：一是广东省惠州市石油产品质量监督检验中心，通过国家认可检测的石油化工产品达 200 多种，共 698 项参数，其中大部分能按国际先进标准进行检测，具备对石油化工产品、原料、中间产品进行全面分析测试的能力；共享大型科研仪器设备共 50 台，原值 3740 万元。二是广东省惠州市质量计量监督检测所，建设有 2 个国家级质检中心，分别为"国家光电产品光辐射安全质量监督检验中心（广东）""国家鞋材及鞋产品质量检验检测中心（广东）"以及 7 个省级质检站，通过资质认定的检验能力涉及 82 个产品类别、736 个检测对象、10 265 个参数；检测能力覆盖电子机械、食品、轻工、化工等产品质量检验。三是广东省特种设备检测研究院惠州检测院，对特种设备安全性能提供检验服务，并开展检验技术和方法的研究；共享大型科研仪器设备 38 台（套），设备原值达 2056.67 万元。四是惠州检验检疫局"检验检测公共技术服务平台"，是面向全国市场开放共享的第三方检测认证服务平台，拥有数码电子产品、半导体光电产品和食品等 3 个国家级检测重点实验室以及电池、轻纺、化矿、动物检疫、植物检疫等多个专业检测实验室。

二、惠州公共科技服务平台的建设重点

（一）新型研发机构的建设重点

一是引导机构结合自身发展特点，进一步明晰自身定位，找准业务方向，

做好顶层设计。推进机构在"市场化、专业化、品牌化"上下足功夫，真正走高质量发展道路。如机构明确定位重点打造成中试研发基地，需对研发内容、研发重点进行聚焦，精确于某一产业或某一行业，集中主要研发团队形成核心竞争力；如未来计划打造成为成果转化的中介平台，需在市场化对接、创业孵化等方面配置资源，走自己的特色之路。

二是构建核心业务体系以增强市场化生存能力。新型研发机构作为自负盈亏的科研组织，从长期看来，还是要依托于市场，因此需构建自身业务体系，明确以科研成果、技术服务等形式来换取长期收益的主营产品，并通过与企业长期对接，以市场化来反向促进自我技术研发、应用，在一定领域内形成核心竞争力。

三是加强对新型研发机构后补助专项的细化研究，发挥好政策指挥棒的引导作用。开展新型研发机构提质增效行动，在后补助或考核评估过程中融入分类指导思想，细化相关指标门槛。对于发展苗头较好，功能定位与惠州产业需求相吻合的优质科研机构应进一步给予支持。围绕科研投入、创新产出质量、成果转化、人才集聚和培养等，引导机构增强在攻关产业技术瓶颈、服务科技型中小企业、营造地方创新创业生态等方面的支撑能力。

四是创新人才引进、培养和激励机制，打造人才高地。结合自身的发展情况制定激励规则，形成灵活的分配制度，提高科研人员的待遇水平，以股权激励等方式加大高层次人才特别是创新型科技人才的培养和引进力度，通过引进项目落地产业化，吸引汇聚一批高层次人才。同时，建议加快制定出台人才引进计划，在税收、住房、子女教育方面提供优待政策，柔性引进高层次人才。以高层次人才落户等方式，增强新型研发机构内部创新创业团队的稳定性，解决高层次人才短缺的问题。

（二）科技企业孵化器的建设重点

一是强化孵化育成体系政策落实落地。加快认定一批市级及以上孵化载体，足额兑现奖补政策，引导孵化载体培育毕业更多高新技术企业。重点打造惠州加速品牌，提升省级加速器的孵化绩效，鼓励引导雄韬能源、天安数码等更多产业平台建设加速器，打造高新技术企业加速集聚高地，充分显现"众创空间—孵化器—加速器—科技园"链条的孵化效能。

二是统筹产业园区推进孵化育成体系建设。结合高新技术企业培育计划，以县（区）为责任主体，以产业园区为主要建设载体，县（区）、园区协同推进孵化载体建设，面向细分领域布局建设各具特色的专业孵化链条，加快集聚资金、人才、企业等创新要素，为中小科技企业成长创新赋能。推动县（区）加快出台孵化育成体系建设的政策，明确孵化育成体系建设时间表、孵化器建设任务数，引导社会资本积极参与孵化育成体系建设。发挥园区平台企业的作用，推动平台企业利用自有物业建设孵化载体，开展产业链等招商。

三是发挥行业组织的纽带作用。进一步理顺惠州市科技产业孵化协会的体制机制，以"突出能力、激发活力"为宗旨，加快启动协会换届工作。组织全市孵化载体从业人员培训，建立全市创业导师库，加强与市内外行业组织、孵化载体的交流和对接，不断提高惠州市孵化载体的服务水平和质量。

四是深化与大湾区产业资源对接。推进惠深创新中心建设，进一步深化与"双区"和"两个合作区"的产业协同，加强惠深创新中心与本土孵化载体对接合作，重点挖掘招引一批产业链上的深圳创业团队与中小企业落户惠州。开展"湾区创业导师惠州行"活动，充分利用湾区创业导师智力资源，解决孵化载体和在孵企业的内在需求，支撑惠州市孵化育成体系高质量发展。

（三）公共检测服务平台的建设重点

充分利用并整合各检验检测机构的优势资源，技术上相互取长补短，业务上互通有无，让资源投入的收效实现最大化，也能有效平衡业务关系，避免恶性竞争，从而提供更高效的技术检测服务支撑。同时，要利用检验检测机构的技术优势，立足民生，主动转型，加强与高校、科研机构、行业协会等力量相结合，协同打造创新能力强、服务水平高、社会资源共建共享的公共检测服务平台，服务社会发展，回应民生诉求。

三、惠州公共科技服务平台建设的问题诊断

公共科技服务平台的建设既不能过于超前，也不能过于落后于经济社会的发展，理想的情况是实现科技服务平台建设与经济社会发展之间的良性互动，进而实现二者和谐共生发展。具体而言，地方产业创新需求强度是判断公共科技服务平台建设动力强弱及其必要性的重要参考指标；科技平台建设条件是判断公共科技服务平台建设的基础条件的重要参考指标；科技创新供给能力、科技创新供给成效是判断公共科技服务平台建设成果的重要参考指标。基于此，本书从产业创新需求强度、科技平台建设条件、科技创新供给能力、科技创新供给成效四个维度建构惠州市公共科技服务平台"需求—供给"评价指标体系（表2-5）。

表 2-5　惠州市公共科技服务平台"需求—供给"评价指标体系

维度		指标	省内排名（2021年）
产业创新需求强度		R&D 经费投入强度	第 3 ↑
		规模以上工业总产值	第 5 →
		高新技术企业工业总产值	第 5 →
		高新技术产品产值	第 5 →
		国家高新区工业总产值	第 5 →
		规模以上高新技术企业数量	第 7 ↓
		入库科技型中小企业数量	第 7 ↓
科技平台建设条件	制度建设	科技平台制度	有待完善
		引才用人制度	有待完善
		创新联盟制度	有待完善
	资金投入	地方财政科技投入占本级财政支出比例	第 8 ↓
		重点支持本科院校经费数	珠三角第 9 ↓
	人才队伍	科研人员总量	第 5 →
		每万从业人员中 R&D 人员数量	第 4 ↑
		当年新增博士数量	第 6 ↓
		当年新增硕士数量	第 7 ↓
		引进省创新创业团队数量	未能引进
		引进高层次人才数量	未能引进
		博士后创新平台数量	第 8 ↓
		博士后在站人数	第 8 ↓
科技创新供给能力		省级重点实验室数量	第 8 ↓
		国家级重点实验室数量	暂无
		新型研发机构数量	第 6 ↓
		省级工程技术研究中心数量	第 8 ↓
		国家级工程技术研究中心数量	暂无
		当年承担省重大研发项目数	第 8 ↓
		国家级众创空间数量	第 6 ↓
		省级众创空间数量	第 8 ↓
		国家级科技企业孵化器数量	第 7 ↓
		省级科技企业孵化器数量	第 6 ↓
		省级以上大学科技园数量	第 8 ↓
		省级以上双创示范基地数量	第 6 ↓
		科技服务平台集聚度	有待提高

续表

维度	指标	省内排名（2021 年）
科技创新 供给成效	省级以上科技奖数量	第 8 ↓
	专利授权量	第 8 ↓
	发明专利授权量	第 6 ↓
	每万人发明专利拥有量	第 7 ↓
	有效发明专利量	第 6 ↓
	PCT 专利申请量	第 6 ↓
	本科院校向企业转移技术成果数	第 6 ↓
	技术合同成交额	第 5 →
	技术交易额	第 5 →

注：以惠州市 GDP "省内第 5" 为基准，上述指标排名超过这一排名的标为 "↑"，落后这一排名的标为 "↓"，持平的标为 "→"。

（一）惠州产业创新需求强度分析

从全社会研究与试验发展（R&D）经费投入强度看，2021 年惠州全社会 R&D 经费投入为 168.97 亿元，所占 GDP 比重增长达到 3.39%，其投入强度省内排名第 3，高于广州（3.12%）、珠海（2.93%）、佛山（2.82%）、中山（2.27%），低于深圳（5.49%）、东莞（4.00%）。

从规模以上工业总产值看，2021 年惠州规模以上工业总产值为 9949.28 亿元，省内排名第 5，略高于中山（6619.31 亿元），低于深圳（42 453.96 亿元）、佛山（26 312.48 亿元）、东莞（24 513.14 亿元）、广州（23 121.00 亿元）。

从高新技术企业工业总产值看，2021 年惠州高新技术企业工业总产值为 4367.56 亿元，省内排名第 5，略高于珠海（3271.24 亿元），低于深圳（29 035.42 亿元）、东莞（13 043.43 亿元）、广州（10 961.35 亿元）、佛山（8341.75 亿元）。

从高新技术产品产值看，2020 年惠州高新技术产品产值为 4010.49 亿元，省内排名第 5，略高于中山（3041.62 亿元），低于深圳（27 849.10 亿元）、东莞（12 358.00 亿元）、广州（10 713.54 亿元）、佛山（10 354.83 亿元）。

从国家高新区工业总产值看，2022 年惠州市国家高新区工业总产值为 2931.60 亿元，省内排名第 5，略高于珠海（2750.52 亿元），低于深圳（16 469.04 亿元）、广州（8270.35 亿元）、佛山（4881.63 亿元）、东莞（3356.95 亿元）。

从规模以上高新技术企业数量看，2020 年惠州拥有规模以上高新技术企业 1035 家，省内排名第 7，略高于珠海（958 家），低于深圳（9639 家）、广州（4892 家）、东莞（3787 家）、佛山（3026 家）、中山（1355 家）、江门（1046 家）。

从入库科技型中小企业数量看，2020 年惠州拥有入库科技型中小企业 1481 家，省内排名第 7，略高于江门（1389 家），低于广州（12 410 家）、深圳（8419 家）、东莞（3435 家）、佛山（3377 家）、中山（1856 家）、珠海（1553 家）。

综合上述信息可知：第一，在上述反映产业创新需求强度的 7 个可量化指标当中，惠州全社会 R&D 经费投入强度省内排名第 3，规模以上工业总产值、高新技术企业工业总产值、高新技术产品产值、国家高新区工业总产值等主要经济产业发展指标的省内排名与其 GDP "省内第 5" 的排名一致，惠州市产业创新需求强度非常高。第二，惠州规模以上高新技术企业数量、入库科技型中小企业数量的省内排名较为落后，规模以上高新技术企业数量代表一个城市当前的总体科技实力，科技型中小企业数量代表一个城市未来的科技发展潜力，惠州市总体科技发展存在 "当前实力不强，未来潜力不足" 的发展困境。

（二）惠州科技平台建设条件分析

惠州市有关公共科技服务平台的制度建设尚未跟上、稍显滞后。惠州市目前尚未出台有关公共科技服务平台的管理办法，对平台的内部规章制度、运营和服务模式、运行机制尚未做出统一规定，平台之间仍处于 "独自运行" 的离散状态。

科技平台工作人员的劳动关系、单位编制、职称评审制度、社保福利待遇尚未跟上。引人、用人制度等软件条件难以满足公共服务平台快速发展的需要，科研人才流动性较大，不能形成较为稳定的科研人才队伍，对科研项目的开展及各项科技业务的顺利开展造成了一定影响。

尚未建立产业技术创新战略联盟。惠州公共科技服务平台与大学（惠州学院）、科研院所和地方龙头企业之间尚未建立起产业技术创新战略联盟，没有充分发挥公共科技服务平台 "共建、共用、共享" 的机制优势，未能就产业发展需求、产业发展方向、技术攻关任务、重大课题研究等形成定期磋商机制。

资金投入仍然不足。具体而言，地方财政科技投入占本级财政支出比例低。2021 年惠州地方财政科技投入占本级财政支出比例为 3.56%,省内排名第 8,略高于肇庆(2.76%),低于佛山(9.48%)、深圳(8.36%)、广州(6.66%)、珠海(6.29%)、中山(5.40%)、江门(3.80%)、东莞(3.72%)。重点支持本科院校经费较少。2020 年惠州市重点支持本科院校经费数仅 0.05 亿元,位于珠三角 9 市末位,低于深圳(124.74 亿元)、广州(50.41 亿元)、佛山(13.77 亿元)、东莞(5.43 亿元)、珠海(2.94 亿元)、江门(2.83 亿元)、肇庆(0.79 亿元)、中山(0.43 亿元)。

人才队伍没有明显优势。具体而言,第一是科研人员总量。2021 年惠州拥有科研人员 5.5 万人,省内排名第 5,高于珠海(2.6 万),但低于深圳(40 万)、广州(15.2 万)、东莞(13.4 万)、佛山(7.2 万)。第二是每万从业人员中 R&D 人员数量。2021 年,惠州每万从业人员中 R&D 人员数量为 91 人,省内排名第 4,高于广州(81 人)、佛山(75 人),但低于深圳(226 人)、东莞(188 人)、珠海(106 人)。第三,就当年新增博士数量而言,2020 年惠州市新增博士 298 人,省内排名第 6,略高于中山(291 人)、江门(159 人),远低于深圳(2427 人)、广州(2258 人)、佛山(748 人)、东莞(618 人)、珠海(425 人)。第四,就当年新增硕士数量而言,2020 年惠州市新增硕士 1510 人,省内排名第 7,高于肇庆(776 人)、江门(493 人),低于深圳(39 627 人)、广州(23 670 人)、珠海(3726 人)、东莞(3351 人)、佛山(3216 人)、中山(1666 人)。人才队伍建设与惠州市本身的 GDP 在省内的排名并不相称。第五,引进省创新创业团队的力度不够,2020 年惠州市未能引进省创新创业团队,而广州、深圳、佛山、珠海、东莞分别引进省创新创业团队 20 个、16 个、4 个、2 个、2 个。第六,引进高层次人才数量不够,2020 年惠州市引进高层次人才数量严重不足,广州、深圳、东莞、佛山、珠海、中山、肇庆、江门分别引进高层次人才 153 人、101 人、6 人、4 人、2 人、2 人、2 人、1 人。第七,博士后创新平台数量较少,2020 年惠州市拥有博士后创新平台数量 10 家,省内排名第 8,高于肇庆(3 家),低于深圳(120 家)、佛山(115 家)、广州(97 家)、珠海(50 家)、东莞(36 家)、江门(19 家)、中山(15 家)。第八,博士后在站人数过少,2020 年惠州市拥有博士后在站人数 21 人,省内排名第 8,高于肇庆(4 人),低于深圳(3266 人)、广州(742 人)、佛山(201 人)、珠海(95 人)、东莞(57 人)、中山(33 人)、江门(23 人)。

综上所述可知:第一,在上述反映科技平台建设条件的 10 个可量化指标当中,惠州科研人员总量与其 GDP "省内第 5"的排名保持一致,每万从业人员中 R&D 人员数量的省内排名第 4，说明惠州市科技发展人才队伍基础较好。

第二，惠州地方财政科技投入占本级财政支出比例、重点支持本科院校经费数（这里只有珠三角的数据，显示 0.05 亿元，排名珠三角末位，但可以推测在全省也无任何优势）都排在比较靠后的位置，说明惠州市政府对地方科技发展和地方高校的支持非常有限，这对惠州市科技的长远发展十分不利。

第三，惠州当年新增博士数量、当年新增硕士数量、博士后创新平台数量、博士后在站人数等指标均较为落后，引进省创新创业团队数量、引进高层次人才数量等指标均为 0（落后于广州、深圳、东莞、佛山、珠海、中山、肇庆、江门等地），这可能与其现有的引才用人制度不完善、爱才惜才的环境和氛围不浓有关。在当今世界范围内科技进步日新月异、国内各大城市"抢人大战"愈演愈烈的大环境下，这种情况不利于惠州建设高质量发展所需的"人才蓄水池"。

（三）惠州科技创新供给能力分析

科技平台体系建设有待加强。其中，省级重点实验室的建设优势并不突出。2021 年惠州拥有各类实验室 7 个（包括广东省实验室和广东省重点实验室），省内排名第 8，与肇庆、中山持平，低于广州（291 个）、深圳（79 个）、佛山（32 个）、东莞（13 个）、珠海（10 个），甚至低于粤西城市湛江（13 个）、粤东城市汕头（10 个）。此外，惠州暂无国家级重点实验室，而广州、深圳、珠海、东莞、肇庆则分别有 21 家、6 家、1 家、1 家、1 家。

新型研发机构并不领先。2021 年惠州拥有省级新型研发机构 9 家，略高于中山（7 家），省内排名第 6，低于广州（63 家）、深圳（40 家）、东莞（24 家）、佛山（18 家）、珠海（15 家）。

工程技术研究中心建设亟待加强。2021 年惠州拥有省级工程技术研究中心 209 家，省内排名第 8，略高于肇庆（163 家），但远低于广州（1766 家）、深圳（1182 家）、佛山（811 家）、东莞（497 家）、江门（407 家）、中山（352 家）、珠海（317 家）。此外，惠州暂无国家级工程技术研究中心，广州、深圳、珠海、东莞、肇庆、清远、云浮分别有 9 家、6 家、4 家、1 家、1 家、1 家、1 家。

承担省重大研发项目数较少。2020 年惠州市承担广东省重大研发计划项目数 2 项，省内排名第 8，与中山持平，低于深圳（65 项）、广州（52 项）、东莞（12 项）、佛山（8 项）、珠海（8 项）、肇庆（4 项）。

　　省级及以上众创空间、孵化器、科技园、双创示范基地数不足。就国家级众创空间而言，2020 年惠州拥有国家级众创空间 11 家，略高于中山（7家），省内排名第 6，与珠海持平，低于深圳（112 家）、广州（58 家）、东莞（24 家）、佛山（23 家）。就省级众创空间而言，截至 2020 年，惠州拥有省级众创空间 2 家，省内排名第 8，低于广州（39 家）、深圳（28 家）、佛山（14 家）、东莞（14 家）、珠海（7 家）、江门（6 家）、中山（3 家）。就国家级科技企业孵化器而言，2020 年惠州拥有国家级科技企业孵化器 7 家，省内排名第 7，仅高于江门（2 家），低于广州（42 家）、深圳（35 家）、东莞（25 家）、佛山（24 家）、珠海（10 家）、中山（9 家）。就省级科技企业孵化器而言，2020 年惠州拥有省级科技企业孵化器 7 家，省内排名第 6，与中山持平，低于广州（38 家）、东莞（21 家）、佛山（11 家）、珠海（8家）。就省级以上大学科技园而言，2020 年惠州拥有省级以上大学科技园 1家，省内排名第 8，与深圳、东莞、佛山、中山、江门持平，少于广州（8家）、肇庆（2 家）。就省级以上双创示范基地而言，惠州拥有省级以上双创示范基地 2 家，省内排名第 6，与中山持平，略高于珠海（1 家）、江门（1家），低于广州（13 家）、深圳（9 家）、东莞（4 家）、佛山（4 家）。

　　科技服务平台集聚度不高。具体而言，第一，省级新型研发机构相对集中但数量较少。惠州现有省级新型研发机构 10 家，其中惠城区 2 家、大亚湾经济技术开发区 1 家、仲恺高新技术产业开发区 7 家。第二，重点实验室布局分散。惠州现有 7 家广东省重点实验室，其中，学科类 1 家，企业类 6 家。从区位分布空间来看，仲恺高新技术产业开发区 2 家、惠城区 4 家、博罗县 1 家。第三，省级工程技术研究中心布局分散。惠州现有省级工程技术研究中心 236 家，其中仲恺高新技术产业开发区 77 家、博罗县 47 家、惠阳区 39家、大亚湾经济技术开发区 25 家、惠城区 29 家、惠东县 11 家、龙门县 4家、市直 4 家。

　　综上所述可知：第一，在上述代表惠州科技创新供给能力的 12 个可量化指标当中，惠州的省级重点实验室、新型研发机构、省级工程技术研究中心等指标在广东省内的排名均落后于其 GDP "省内第 5" 的排名，同时惠州尚未拥有国家级重点实验室/工程技术研究中心，科技创新供给能力较为有限，这可能是导致 "当年承担省重大研发项目数" 这一指标落后的原因之一。

　　第二，惠州的国家级/省级众创空间、国家级/省级科技企业孵化器、省级以上大学科技园、省级以上双创示范基地等指标也落后于其 GDP "省内第5" 的排名，这可能是导致上述 "入库科技型中小企业数量" 这一指标落后的原因之一。

第三，惠州的科技服务平台集聚度不高，相互之间难以通过资源共享充分发挥在人才、信息、设备等方面的积聚优势，资源利用效率较低。这会造成科技创新资源分散、科技资讯传达受阻、科技创新和成果转化成本过高等流弊，使有限的科技平台资源无法最大限度发挥其科创价值，甚至会降低惠州科技创新供给的成效。

（四）惠州科技创新供给成效分析

第一，省级以上科技奖数量较少。2020 年惠州获省级以上科技奖 1 项，省内排名第 8，与肇庆持平，远低于广州（127 项）、深圳（28 项）、佛山（9 项）、珠海（5 项）、东莞（4 项）、中山（4 项）。

第二，专利授权量不多。2022 年惠州专利授权量为 27 613 件，省内排名第 8，略高于江门（20 501 件），低于深圳（275 774 件）、广州（146 851件）、佛山（106 422 件）、东莞（95 581 件）、中山（43 328 件）、珠海（27 764 件）。

第三．发明专利授权量和每万人发明专利拥有量等方面并没有突出的成绩。具体而言，2022 年惠州发明专利授权量为 2092 件，省内排名第 6，略高于中山（1939 件），远低于深圳（52 172 件）、广州（27 604 件）、东莞（10 700件）、佛山（8607 件）、珠海（6188 件）。就每万人发明专利拥有量而言，2022 年惠州每万人发明专利拥有量为 20.14 件，省内排名第 7，略高于江门（11.90 件），低于深圳（137.90 件）、珠海（120.81 件）、广州（62.59 件）、东莞（54.73 件）、佛山（43.05 件）、中山（24.63 件）。

第四，2020 年惠州有效发明专利量为 12 216 件，省内排名第 6，略高于中山（11 003 件），低于深圳（243 831 件）、广州（117 738 件）、东莞（57 668件）、佛山（41 387 件）、珠海（29 799 件）。

第五，2022 年惠州《专利合作条约》（Patent Cooperation Treaty，PCT）专利申请量为 303 件，省内排名第 6，略高于中山（178 件）、江门（121 件），低于深圳（15 892 件）、东莞（4224 件）、广州（1869 件）、佛山（975 件）、珠海（542 件）。

第六，2020 年惠州市本科院校向企业转移技术成果数为 155 件，省内排名第 6，略高于中山（139 件）、江门（111 件）、肇庆（104 件），低于广州（3108 件）、深圳（1284 件）、佛山（673 件）、东莞（463 件）、珠海（222 件）。

第七，技术合同成交额和技术交易额的成绩并不显眼。2022 年惠州市技术合同成交额为 27.39 亿元，省内排名第 5，略高于中山（23.75 亿元）、佛山（19.75 亿元）、江门（17.99 亿元），远低于广州（2645.54 亿元）、深圳（1575.68 亿元）、珠海（98.41 亿元）、东莞（96.37 亿元）。就技术交易额而言，2021 年惠州市技术交易额为 24.76 亿元，省内排名第 5，略高于中山（19.84 亿元）、佛山（15.75 亿元），低于深圳（1347.18 亿元）、广州（1079.36 亿元）、东莞（93.70 亿元）、珠海（55.58 亿元）。

综上所述可知：第一，在上述反映科技创新供给成效的 9 个可量化指标当中，惠州仅有技术合同成交额和技术交易额的省内排名与其 GDP "省内第 5" 的排名保持一致，其他 7 个指标均较为落后，表明惠州市科技创新供给成效较差。

第二，惠州的省级以上科技奖数量、专利授权量、发明专利授权量、每万人发明专利拥有量、有效发明专利量、PCT 专利申请量等指标可以反映出一个城市的科技创新实力，惠州这些指标的排名落后可能意味着惠州市科技创新实力比较有限。

第三，惠州的本科院校向企业转移技术成果数的排名比较落后，这可能与上述 "地方财政科技投入占本级财政支出比例" "重点支持本科院校经费数" 等指标排名落后有关。参照以往国内外经验，地方财政科技投入和支持本科院校经费数直接决定其科技创新的产出和技术成果转化的效率。

第四，产业创新需求强度、科技平台建设条件、科技创新供给能力、科技创新供给成效等因素之间相互影响、共生共荣。一方的不足可以制约另一方的表现；反之，一方的突出也可以促进另一方的发展。

四、公共科技服务平台促进惠州产教融合的对策探究

（一）逐步改善惠州市科技平台建设条件

第一，加强公共科技服务平台制度建设。由市委、市政府牵头出台《惠州市公共科技服务平台管理办法》，对惠州公共科技服务平台的运行机制、管理制度、人员聘用、审核评估、资源共用共享等做出统一规定，建立动态考核评价机制及其配套奖励性机制。

第二，加大对公共科技服务平台的财政资金扶持力度，利用财政补贴、税收减免等手段引导社会资本参与政府公共科技服务平台建设，完善科技金

融体系，形成"政府引导+社会参与"的多元化投资格局。同时，加大对惠州学院的财政支持力度，充分发挥惠州学院作为应用型本科院校在地方科技创新和技术成果交易方面的核心作用，打造环惠州学院的科技创新生态圈、生态带。

第三，加大人才引进力度，成立"惠州市人才引进专项资金"，配套完善、升级医疗、教育、社会福利等制度，真正形成全社会"尊重人才、爱护人才、善待人才"的环境土壤，针对特别紧缺的高层次人才和其他优秀人才，实行"一人一议""一事一议"制度，让人才"进得来"；同时完善人才的职称评聘、岗位晋升、社会荣誉等职业生涯和发展通道，让人才"留得住"。

（二）大力提高平台科技创新能力

第一，基于惠州市目前的院士、杰青等人才资源，联合惠州学院、惠州市地方龙头企业的科研力量，建设与惠州市产业对接的新型研发机构，共同突破制约惠州地方产业发展的"卡脖子"技术；通过申报、审核、遴选、建设等环节，支持一批有特色、有实力的重点实验室、工程技术研究中心、新型研发机构建设成为国家级重点实验室、工程技术研究中心、新型研发机构，实现惠州科技服务平台在"国字头"上"零"的突破，实现"补链"。

第二，继续加大对已有省级及以上众创空间、科技企业孵化器、大学科技园和双创基地的支持力度，夯实惠州科技创新的基础，实现"强链"；同时通过引进创新创业团队、高层次人才等加大对符合未来惠州地方产业发展方向的科技创新体系的培育力度，实现"延链"。

第三，将惠州市科技创新发展的相关规划纳入国家、广东省科技创新规划序列，对接广东省国民经济和社会发展五年规划。通过提供配套资金、颁发社会荣誉等途径鼓励惠州的院士、杰青等领军人才申请、主持省级、国家级重大研发项目，提高惠州在广东省内尤其是粤港澳大湾区的科技地位，打造惠州市的"城市名片"。

第四，基于现有公共科技服务平台主要分布在仲恺、惠阳、大亚湾等高新技术产业园区这一事实，通过土地置换、税收优惠等方式引导其他公共科技服务平台往仲恺高新技术产业开发区、惠阳区、大亚湾经济技术开发区等地积聚，建设仲恺—惠阳—大亚湾"科技创新走廊"。

（三）优化整合科技资源，提高科技创新成效

第一，通过物态资源联合惠州学院及惠州市相关科研院所，推进共建以

大型企业为主导、中小企业广泛参与的未来技术学院、现代产业学院、产业创新研究院，深化科研管理创新，实现企业创新需求和惠州学院科创资源的零距离对接。支持建设以惠州市龙头企业牵头，惠州学院、东江实验室等公共科技服务平台、金融投资机构和专业服务机构共同参与的产业技术创新战略联盟，开展协同创新，面向产业集群开展共性技术研发，加快科技成果应用与产业化。

第二，加大对科技创新、技术发明、专利申请、成果转化的保护和激励，由市财政局牵头设立表彰科技创新、成果转化的"专项资金"，按适当比例对科技创新、技术发明、成果转化等进行补贴、奖励，厚植"重创新""重转化"的社会环境和土壤。推进研发转化一体化布局，实行"定向研发、定向转化、定向服务"的科技创新和成果转化机制。

第五节　公共科技服务平台助力高质量发展：以广东为例

主要由省、市地方政府公共财政经费资助建设的公共科技服务平台，是区域创新体系的重要组成部分，是地方战略科技力量的核心元素，是在新形势下打造新发展格局、实现科技自立自强的重要支点。广东省贯彻落实习近平总书记对科技创新和广东工作的重要指示批示精神，深入实施创新驱动发展战略，并按照广东省委"1+1+9"工作部署，不断完善科技创新平台体系，打造战略科技力量，扎实推进科技创新强省建设。

一、广东省公共科技服务平台建设的经济社会环境分析

（一）广东省公共科技服务平台建设的优势

1. 产业需求旺盛

广东作为我国制造业发展的排头兵，产业水平较高，且产业链比较完整、工业体系比较完备。产业集群作为产业现代化发展的主要形态，已成为广东推动制造业高质量发展的重要抓手，近年来，广东逐步聚焦了重点发展的"十大"战略性支柱产业集群及"十大"战略性新兴产业集群。2021 年，广东规模以上工业增加值为 3.75 万亿元，同比增长 9.0%，两年平均增长 5.2%；工业增加值突破 4.5 万亿元，位居全国第一，约占全国的 1/8；20 个战略性产业集群实现增加值 49 069.97 亿元，同比增长 8.3%，增加值占全省 GDP 比重

约为 40%；"十大"战略性支柱产业集群实现增加值 43 262.03 亿元，占全省 GDP 比重为 34.8%；"十大"战略性新兴产业集群实现增加值 5807.94 亿元，同比增长 16.6%。目前，广东已对"十大"战略性支柱产业、"十大"战略性新兴产业提出明确的发展目标：到 2025 年，新一代电子信息产业营业收入达到 6.6 万亿元，家电产业营业收入突破 1.9 万亿元，半导体及集成电路产业营业收入突破 4000 亿元，高端装备制造产业营业收入达 3000 亿元以上，等等。

1）"十大"战略性支柱产业发展势头迅猛

第一，新一代电子信息产业集群。电子信息产业作为广东省第一大支柱产业，2021 年广东规模以上电子信息制造业营业收入为 4.56 万亿元，占全国 32.3%，已连续 31 年位居全国第一；电子信息制造业企业有 10 家营业收入超 1000 亿元，19 家企业进入 2021 年中国制造业 500 强，24 家企业进入 2021 年全国电子信息百强，33 家企业进入 2021 年全国电子元器件百强，数量均居全国第一。广东电子信息产业以珠江东岸电子信息产业带为集聚区，在智能终端、信息通信、集成电路设计等领域具有良好产业基础，5G 手机、通信设备、计算机整机等产品产量居全国前列。"十四五"期间，广东将以粤港澳大湾区建设为契机，做强珠江东岸高端电子信息产业带，带动粤东西北协同发展，以广州、深圳、惠州、东莞、河源为依托建设高端化智能终端产业集聚区，以深圳、汕头、梅州、肇庆、潮州为依托建设新型电子元器件产业集聚区，以广州、深圳为依托发展网络安全产业集聚区；粤东地区重点承接珠江东岸电子信息产业带辐射，发展电子信息上下游配套产业；粤西地区重点加强与珠江西岸先进装备制造产业带的配套协作，打造原材料、基础件和设备制造集聚区；粤北地区重点打造珠三角电子信息产业装备配套产业基地、信息技术应用创新基地。当前，广东集聚了富士康、比亚迪、TCL、OPPO、创维等知名企业。

第二，汽车产业集群。作为全国汽车产业第一大省，广东已形成涵盖整车及零部件研发、设计、生产、销售等完备产业链。2021 年，广东汽车制造业规模以上企业利润总额为 582.27 亿元，汽车产量达 338.5 万辆，同比增长 8%，已连续 5 年保持全国第一。其中，新能源汽车产量为 53.5 万辆，同比增长 155.6%，占全国同期产量的 15.1%。随着比亚迪、广汽传祺等自主品牌发展壮大，小鹏汽车、腾势汽车、广汽蔚来等新能源造车企业逐步发展，广东形成了日系、欧美系和自主品牌多元化汽车产业格局。"十四五"期间，广东将重点依托广州花都、南沙、番禺以及深圳坪山等汽车产业基地，带动上下游配套企业集聚发展，完善研发设计、生产制造、汽车销售、汽车金融等产业链功能，打造千亿级汽车产业园区。

第三，现代轻工纺织产业集群。纺织服装产业作为广东的传统优势产业，具备良好的产业基础，制造品类齐全，产业链条完整，交易规模庞大，拥有全国最多、最大的服装专业批发市场、面辅料批发交易市场。2021 年，广东服装及衣着附件出口金额为 2024.7 亿元，比上年增长 20.7%；优势传统产业比上年增长 8.0%，其中，纺织服装业增长 1.3%；在限额以上批发和零售业商品零售额中，服装、鞋帽、针纺织品类增长 4.2%。广东在珠三角、东西两翼形成了一批特色产业集群，其中服装、皮具、家具、造纸及纸制品、珠宝首饰、玩具、乐器、日化产品、塑料制品、陶瓷、金属制品等产品产量居全国前列，具有较强的国际竞争力。"十四五"期间，广东将发展技术研发、创意设计、电子商务、金融服务、检测认证、贸易物流等生产性服务业，改造珠三角现有工业园区和村镇工业集聚地，发挥广州、深圳"双核驱动"带动作用，巩固珠三角轻工纺织先进制造业基地地位；发挥汕头、湛江两大省域副中心作用，打造沿海经济带东西两翼轻工纺织新增长极。目前，广东集聚了比音勒芬、真维斯、歌力思、影儿、安奈儿、玛丝菲尔、赢家时尚、洪兴实业、锦嘉泰针织等知名企业。

第四，绿色石化产业集群。2021 年，广东规模以上工业企业原油加工量同比增长 8.5%，达 6740.95 万吨，乙烯同比增长 14.2%，达 417.75 万吨。当前，广东已逐渐形成炼化、基础化工、合成材料、精细化工等产业链一体化发展格局，沿海石化产业经济带基本成形，成为我国重要的石化基地之一，拥有广州、惠州大亚湾、湛江东海岛、茂名、揭阳大南海五大炼化一体化基地，珠海高栏港精细化工基地和若干化工园区。"十四五"期间，广东不断优化产业结构，逐步形成粤东、粤西两翼产业链上游原材料向珠三角产业链下游精深加工企业供给，珠三角精细化工产品和化工新材料向粤东、粤西两翼先进制造业企业供给的循环体系，打造"一带、两翼、五基地、多园区协同发展"的特色产业布局，促进产业结构由"哑铃型"向"协调型"发展。

第五，智能家电产业集群。广东是全球规模最大、品类最齐全的家电制造业中心，已呈现数字化、智能化、绿色健康的发展趋势。广东家电产业规模占全国比重超过 40%，出口规模占全国一半。2021 年，广东家电出口额达3282.7 亿元，占全国的 51.4%。家电制造业作为广东的传统制造业，在全国具有举足轻重的地位，洗衣机、冰箱、空调、彩色电视等家电产量占比较高，其产业集群主要是集中在珠三角地区，已形成深圳、佛山、东莞、珠海、中山、惠州、湛江为聚集地的家电产业集群。"十四五"期间，广东将打造以深圳、佛山、珠海、惠州、中山、湛江为核心，以电视机、空调、冰箱、洗衣机、小家电、厨房电器等为主要产品的制造基地，健全和优化压缩机、电机、五金、模具等核心零部件和配件产业链，提升原材料和零配件质量与供应水平。目前，广东集聚了美的、创维、康佳、TCL、格兰仕、格力等知名企业。

第六，超高清视频显示产业集群。2021年，广东超高清视频产业营业收入达6465亿元，彩电产量为9810万台，约占全国53%，显示面板月产能为109万片，4K电视频道全国有8个，广东省占3个。广东在全国率先发力4K产业取得显著成效，成功举办中国超高清视频（4K）产业发展大会、世界超高清视频（4K/8K）产业发展大会，成功开播全国首个省级4K频道，被工业和信息化部以及国家广播电视总局联合授予全国首个"超高清视频产业发展试验区"称号，4K电视机产量、机顶盒产量、电视面板产能均位居全国前列。"十四五"期间，广东将依托广州、佛山、惠州打造世界级超高清视频和智能家电产业集群，广州重点发展新型显示制造、内容制作产业等，打造世界显示之都、超高清视频应用示范区、超高清视频产业内容制作基地；佛山积极发展超高清应用产品生产；惠州重点发展终端垂直一体化制造，推广扩大超高清视频示范应用；深圳重点发展核心器件、整机产品、关键技术及标准等，建设具有全球影响力的超高清视频技术创新策源地；珠海、中山、东莞根据各自产业特点发展特色产业，带动汕头、湛江等沿海经济带地市和韶关、梅州等北部生态发展区地市配套发展超高清视频上下游产业。当前，广东集聚了TCL、创维、康佳、洲明、雷曼、利亚德等知名企业。

第七，先进材料产业集群。近几年，广东先进材料产业在全球价值链的地位稳步提升，呈现规模化、绿色化、高端化、智能化的发展趋势，省内已初步形成广州、深圳、珠海、佛山、韶关、河源、梅州、惠州、东莞、中山、阳江、湛江、茂名、肇庆、清远、云浮等先进材料产业基地，其中绿色高性能水泥、装配式建材、高端建筑陶瓷、特种玻璃（电子玻璃等）、铝材（铝型材等）、铜材（铜箔等）、稀土发光材料、磁性材料、高性能树脂、涂料及胶粘剂、塑胶材料及制品、高端电子化学品、电子陶瓷等领域的产品技术水平和产量位居全国前列。"十四五"期间，广东以龙头骨干企业为依托，推进佛山先进材料产业集群、广州先进材料产业集群、深莞惠先进材料产业集群、珠海化工材料产业集群、阳江合金材料和新型建材产业集群、云浮石材和优特钢产业集群、肇庆建材和铝合金加工材产业集群、清远建材和有色金属产业集群、河梅先进材料产业集群、韶光绿色钢铁和有色金属产业集群、中山先进材料产业集群、湛江先进材料产业集群、茂名绿色化工和非金属材料产业集群建设。

第八，软件与信息服务产业集群。2021 年，软件业务收入为 15 692 亿元，累计增速达 15.4%。目前，广东已形成以广州和深圳两个中国软件名城为中心、珠三角地区为主体的产业发展格局。"十四五"期间，广东将强化广州、深圳两个中国软件名城的产业集聚效应和辐射带动作用，培育自主软件产业生态，加强与港澳开展合作；支持东莞依托电子信息制造、工业互联网等产业基地发展嵌入式软件、新型工业软件，支持珠海做大做强集成电路设计、办公软件等优势软件产业，加快迈向千亿产业规模；支持惠州、佛山、中山围绕电子信息、装备制造、智能家电等特色产业领域，加强与大型平台企业合作，发展平台化、SaaS 化软件和新型信息服务；支持江门、肇庆和粤东粤西粤北地区以新型信息基础设施为支撑，培育发展云计算、大数据、工业互联网等信息服务和配套产业。

第九，生物医药与健康产业集群。2021 年，广东生物医药与健康产业实现增加值 1315 亿元，比上年增长 13.1%，部分创新药和高端医疗器械填补国产空白，全省有 5 项专利获第二十二届中国专利奖生物医药领域金银奖，数量全国第一，拥有广州国际生物岛、深圳国家生物产业基地、中山健康科技产业基地等产业集聚区及中山大学、南方医科大学等一批知名医科大学。"十四五"期间，广东打造以广州、深圳为核心，以珠海、佛山、惠州、东莞、中山等为重点的产业创新集聚区；支持广州打造粤港澳大湾区生命科学合作区和研发中心，布局生命科学、生物安全、研发外包、高端医疗、健康养老等领域；支持深圳建设全球生物医药创新发展策源地，做精做深高性能医疗器械、生物信息、细胞与基因治疗等领域；支持珠海打造生物医药资源新型配置中心，重点发展现代中药标准化、高端制剂、医养结合等领域；支持佛山、中山打造生物医药科技成果转化基地、生物医药科技国际合作创新区；支持惠州、东莞打造国内重要的核医学研发中心、生物医药研发制造基地；支持江门、肇庆建设再生医学大动物实验基地、南药健康产业基地。当前，广东集聚了阿斯利康、费雪派克、百济神州、恒瑞医药、金域医学、康方生物等知名企业。

第十，现代农业与食品产业集群。2021 年，广东农林牧渔业总产值达到 8369 亿元，同比增长 9%，增速创 34 年来最高；水果、蔬菜、肉类、水产品等多种农产品产量及苗木花卉产值位居全国前列；食品产业发展态势向好，已形成了门类齐全、品种繁多、产品质量较高和经济效益较好、产业链较完整的产业体系，精制食用植物油、酱油、冷冻饮品、饮料产量位居全国前列，是全国主要的饮料、糖果、米粉、酱油生产出口地区。"十四五"期间，广东力争全省形成粮食、蔬菜、岭南水果、畜禽、水产、精制食用植物油、岭南特色食品及功能性食品、调味品、饮料、饲料 10 个千亿级子集群以及茶叶、南药、苗木花卉、现代种业、烟草 5 个数百亿级子集群，积极发展综合种养、全程农业社会化服务、直供配送、定制食品、休闲农业等新产业新业态。当前，广东集聚了温氏股份、恒兴集团、国联水产、华润五丰、百果园、鑫荣懋集团等知名企业。

2）"十大"战略性新兴产业快速崛起

第一，半导体及集成电路产业集群。广东是我国信息产业第一大省，在消费电子、通信、人工智能、汽车电子等领域拥有国内最大的半导体及集成电路应用市场，集成电路需求超过全国的 30%。2021 年，广东省半导体及集成电路产业集群，总产值达 2017 亿元，比 2020 年增长 31.3%，进口的集成电路规模达到了 1700 亿元，约合人民币为 1.1 万亿元，占全国 39%。目前，广东拥有广州和深圳两个国家级集成电路设计产业化基地,基本形成以广州、深圳、珠海为核心，带动佛山、东莞、中山、惠州等地协同发展的产业格局。"十四五"期间，广东将以深圳、汕头、梅州、肇庆、潮州为依托建设新型电子元器件产业集聚区，广深珠莞等多地联动发展化合物半导体产业，佛山、惠州、东莞、中山、江门、汕尾等城市依据各自产业基础，在封装测试、半导体材料、特种装备及零部件、电子化学品等领域，积极培育发展产业龙头企业，推动建设半导体及集成电路产业园区，形成与广深珠联动发展的格局。当前，广东集聚了海思半导体、中兴微电子、汇顶科技、比亚迪微电子、昂宝电子、广芯微电子等知名企业。

第二，高端装备制造产业集群。近年来，广东在高端数控机床、海洋工程装备、航空装备、卫星及应用、轨道交通装备等领域引进建设了一批项目，培育了一批龙头骨干企业，高端装备制造研发、设计和制造能力持续增强，新产品新技术不断取得突破，在广州、深圳、东莞、珠海、佛山、中山、江门、阳江等地初步形成产业集聚态势。2021 年，广东装备制造业增加值比上年增长 7.4%，占规模以上工业增加值比重为 44.6%，"十四五"期间，广东力争高端装备制造产业营业收入达 3000 亿元以上，年均增长达到 10%以上，其中海洋工程装备产业年均增长 18%、卫星及应用产业年均增长 20%。目前，广东集聚了比亚迪、和而泰、中集集团、大族集团、汇川技术等知名企业。

第三，智能机器人产业集群。广东在机器人产业上素有"尖子生"之称，既有库卡、大族、川崎、明珞等一批已经在国内外知名的企业，也培育了一批正在崛起的本土"新秀"，如深龙、嘉腾、利迅达、海川智能等。2021年，广东工业机器人累计产量达12.44万台，产量连续两年保持全国第一，占全国产量的34.0%。在企业数量方面，广东已有省级机器人骨干（培育）企业超100家。从区域分布来看，全省智能机器人产业主要集中在珠三角地区，分地市情况看，全省有10余个地市有智能机器人产业，产业主要聚集深圳、东莞、惠州、佛山、广州等地。"十四五"期间，广东将支持广州、深圳发挥高端资源汇集优势，开展机器人研发创新；支持佛山、东莞、珠海、中山等地发挥生产制造优势，建设机器人生产基地；支持其他各地市做好产业配套；推广实施智能化改造，提升机器人应用的广度和深度，推动制造业转型升级。

第四，区块链与量子信息产业集群。2021年，广东省是我国区块链申请相关专利数量最多的地区，共计3037件，其中深圳是我国区块链发明专利申请量最多的城市，共计2525件；从地区分布看，广东区块链相关企业数量最多，2021年底，广东区块链相关企业数为43 194家（占比35.80%），其中91.78%的企业来自广州（28 507家）和深圳（11 136家）两个城市。量子信息产业方面，广东在量子通信、量子材料、关键元器件、重大仪器设备等方面已初步建立具有一定研发和生产规模的产业体系，行业龙头企业已初步完成技术与产业布局。"十四五"期间，在区块链方面，广东重点推动广州、深圳、佛山、珠海、东莞等区域联动，协同推进技术攻关、成果转化和应用推广，支持广州建设以区块链为特色的中国软件名城示范区，打造国家级区块链发展先行示范区；支持深圳依托数字货币研究院，布局数字货币为主的金融科技产业，打造区块链特色的数字经济示范窗口；推进佛山、珠海、东莞、中山建设区块链+智能制造创新产业园和金融科技应用集聚区。量子信息方面，重点支持广州、深圳吸引省外、海外量子信息高水平院校、优势科研机构与龙头骨干企业在广东设立分支机构，开展量子信息人才培养与重大科技成果转化。

第五，前沿新材料产业集群。广东前沿新材料产业技术水平和综合实力位居全国前列，其空间布局日趋合理，形成了梯次发展的良好格局，以广州、深圳、佛山、东莞、珠海等地市为核心，清远、惠州、韶关、江门、汕尾等地市快速发展，区域化聚集初步呈现；新能源材料、生物医用材料、新型显示、先进陶瓷材料等产业具有较为完整的产业链和完备的产业配套体系，产业集群效应明显。"十四五"期间，广东将围绕前沿新材料重点领域，推动产业链和创新链协同发展，培育新型半导体材料集聚区、电子新材料和电子化学品集聚区、先进金属材料集聚区、新能源材料集聚区、生物医用材料集聚区、纳米材料与技术集聚区、材料创新服务集聚区等区位优势突出、产业特色明显、政策配套完善、具有品牌竞争力的产业集聚区。

第六，新能源产业集群。截至2021年10月底，广东新能源装机容量为1997万千瓦，其中海上风电为230万千瓦、光伏发电为897万千瓦、生物质为331万千瓦。当前，广东风力发电机组、逆变器、高效太阳能电池和集热器、氢燃料电池电堆等研发制造处于全国领先地位，氢能利用、储能技术、充电桩和智能电网建设位居全国前列，自主品牌"华龙一号"三代核电技术达到国际先进水平，天然气水合物连创试采纪录。"十四五"期间，广东将健全全省电网主干网架，加快推进智能变电站、多能互补综合能源网络建设，构建适应大规模新能源接入并满足分布式能源"即插即用"要求的全省智能化电网；加快推进天然气利用"县县通工程"和沿海液化天然气（LNG）接收站建设，形成全省多气源、多主体天然气供应格局；探索削峰填谷的氢电综合调峰站建设；强化充电保障能力，优化完善电动汽车充电设施布局，实现车、桩与智能电网灵活互动。

第七，激光与增材制造产业集群。2021年，广东激光与增材制造产业规模超过1300亿元。目前，广东已成为我国最大的激光与增材制造产业集聚区，相关企业数量超过1000家，上市企业20余家，产业规模和企业数量均占全国30%以上，位居全国首位，已形成广州、深圳为核心，东莞、佛山、珠海、中山等珠三角城市为重要节点的激光与增材制造产业发展格局，已建立了关键材料、核心器/软件、装备系统、应用与技术服务等各环节协同发展的全流程产业链，涌现大族激光、纳思达、创鑫激光、海目星激光、创想三维、纵维立方、迈普医学等龙头骨干企业。"十四五"期间，广东优化区域布局，促进产业协同发展。其中，广州重点布局专用材料、精密激光制造、生物增材制造等领域；深圳重点布局激光器件、激光与增材制造装备等领域；珠海、佛山、惠州、东莞、中山、江门、阳江等地积极打造一批支撑产业链上中下游协同发展的企业和配套载体，推进激光与增材制造技术在电子信息、汽车、船舶、新能源等领域的创新应用。

第八，数字创意产业集群。广东数字创意产业规模和发展水平全国领先，动漫、电竞、数字音乐居全国前列，直播、短视频等新业态发展迅猛，数字技术加速渗透，国际化程度不断提高。2021年上半年，广东6800家规模以上数字创意产业集群企业发展势头良好，实现营业收入 2257.07 亿元，增长 24.5%，其中，数字创意技术设备制造业为 281.21 亿元，增长 44.7%；数字文化创意活动为 1500.06 亿元，增长 15.8%；数字创意与融合服务为 350.02 亿元，增长 59.1%。"十四五"期间，广东将以珠三角地区为核心，辐射带动粤东粤西粤北地区推广应用，大力推进 5G、人工智能、大数据、虚拟现实（VR）/增强现实（AR）等新技术深度应用，巩固提升游戏、动漫、设计服务等优势产业，提速发展电竞、直播、短视频等新业态，培育一批具有全球竞争力的数字创意头部企业和精品知识版权（IP）。目前，广东拥有腾讯综合性国际巨头、网易游戏、三七互娱等游戏龙头企业和华强方特、奥飞娱乐等动漫领军企业，培育了 YY、虎牙、网易 CC 等知名直播平台。

第九，安全应急与环保产业集群。安全应急与环保产业行业跨界大，分布在国民经济各行业中。广东安全应急产业主要集中在安全应急监测预警装备、应急救援特种装备、智能安全应急产品、安全应急服务等领域，节能环保产业主要集中在节能电气设备、环保设备、固体废物处置利用、节能环保服务等领域，其有效发明专利量为 1.30 万余件。"十四五"期间，广东将通过以点带线、以线带面，逐步形成龙头企业带动、特色产业集聚的发展格局，在珠三角地区形成以技术研发和总部基地为核心的产业聚集带，在粤东、粤西、粤北地区形成以装备制造和资源综合利用为特色的产业聚集带。

第十，精密仪器设备产业集群。广东精密仪器设备产业已经初步构建了产品门类品种比较齐全、具有一定生产规模和研发应用能力、以民营企业为主力军的产业体系，形成了以广州、深圳、珠海、佛山、东莞、中山为主的产业布局，在示波器、监护仪、血细胞分析仪、功率分析仪、基因测序仪、质谱仪等仪器的制造方面处于国内领先技术水平。2021 年，广东高技术制造业增加值比上年增长 6.9%，占规模以上工业增加值比重为 29.9%，其中医疗仪器设备及仪器仪表制造业增长 10.1%；高技术制造业投资增长 24.8%，占固定资产投资比重为 6.0%，其中，医疗设备及仪器仪表制造业投资增长 12.8%。"十四五"期间，广东将支持广州、深圳发挥高端资源汇集与港澳联合优势开展精密仪器设备及核心元器件研发创新与制造；支持佛山、东莞、江门、肇庆、珠海、中山等地发挥生产制造优势建设精密仪器设备生产基地，支持其他各地市做好产业配套发展；鼓励技术成熟、产品成型的领域向粤东西北地区转移；积极构建粤港澳协调联动、珠三角核心驱动、辐射带动粤东西北的区域有序发展和高端、中端、低端错位互补的区域协同发展新格局。

2. 产学研互动频繁

广东地区的区域创新能力较强，且科技成果转化较为迅速，即从实验室样品到产品，再到商品的转化链条完整，且运行迅猛。2016—2020 年，从专利申请数来看，广东高校的专利申请量快速增长，年均增量 4223.5 项，占全国增量的 12%，年均增长率为 47%，高于全国高校年均增长率的 20%；从专利授权数来看，2020 年广东高校的专利授权量是 2016 年的近 3 倍，高于全国高校平均水平；从专利授权数占专利申请数的比例来看，呈现出 U 形曲线，2016 年为 55%，2018 年则下降至 43%，2020 年回升至 51%（表 2-6 和表 2-7）。[①]

表 2-6　2016—2020 年广东高校知识产权与专利情况　（单位：项）

指标名称	2020	2019	2018	2017	2016
专利申请数	26 174	27 235	20 042	15 333	9 280
专利授权数	13 436	12 988	8 616	7 459	5 098
专利出售合同数	379	261	437	224	107
专利转让签订合同数	591	397	680	378	405

资料来源：2016—2020 年《高等学校科技统计资料汇编》。

表 2-7　2022 年 1—12 月全省专利产出指标

指标	绝对量/件	增长率/%
专利授权量	837 276	−4.01
发明专利量	115 080	11.89
PCT 国际专利申请量	24 290	−6.86
有效发明专利量	539 237	22.66
每万人口中发明专利拥有量	42.51	21.84

从各省区域创新能力来看，广东在综合区域创新能力方面排名第一，高于北京、上海、江苏、浙江等地。其中，广东在企业创新、创新环境、创新绩效等三个指标上的得分排名第一，在知识创造、知识获取等两个指标上的得分排名第二（表 2-8）。2021 年广东全社会研发经费投入达 4002.18 亿元，其中，基础研究经费投入 274.27 亿元，基础研究占 R&D 经费投入比重为 6.85%（表 2-9）。

---

① 胡英芹，贺增莉. 广东高校科技成果转化的现状、困境及路径[J]. 南方职业教育学刊, 2022, 12(6): 83-94.

表 2-8　各省区域创新能力综合指标

地区	综合值		知识创造		知识获取		企业创新		创新环境		创新绩效	
	效用值	排名	效用值	排名	效用值	排名	效用值	排名	效用值	排名	效用值	排名
权重	1		0.15		0.15		0.25		0.25		0.20	
广东	64.04	1	49.99	2	44.16	2	77.5	1	59.17	1	69.45	1
北京	54.89	2	80.03	1	27.78	4	45.65	4	56.72	2	58.94	3
江苏	50.78	3	41.88	4	23.3	6	61.21	2	44.53	3	64.65	2
浙江	44.34	4	46.47	3	18.34	11	52.29	3	42.99	4	49.83	4
上海	42.82	5	41.69	5	27.96	4	41.79	6	37.03	5	49.44	5

资料来源：《中国区域创新能力评价报告 2022》。

表 2-9　全省研发经费活动类型分布（2010—2021 年）

年份	R&D 经费 /亿元	基础研究 /亿元	应用研究 /亿元	试验发展 /亿元	基础研究占 R&D 经费的比重/%
2010	808.75	16.72	37.32	754.71	2.07
2011	1045.49	31.39	53.63	960.47	3.00
2012	1236.15	32.45	88.78	1114.92	2.63
2013	1443.45	33.82	102.77	1306.86	2.34
2014	1605.45	42.77	126.38	1436.30	2.66
2015	1798.17	54.21	165.00	1578.96	3.01
2016	2035.14	86.02	164.50	1784.62	4.23
2017	2343.63	109.42	215.60	2018.61	4.67
2018	2704.70	115.18	230.53	2358.99	4.26
2019	3098.49	141.86	247.28	2709.36	4.58
2020	3479.88	204.10	319.89	2955.90	5.87
2021	4002.18	274.27	356.72	3371.19	6.85

3. 与港澳地理邻近且可优势互补

　　港澳优质的高等教育资源、学术资源、人才资源等与广东广阔的产业机会可以实现资源优势互补。首先，区域发展有赖于人口、教育、技术等要素的新一轮集聚与融合。在人才方面，粤港澳大湾区 15—59 岁年龄人口的比例为 73%，接受高等教育人口比例约占 20%，年轻化、规模化的高素质人力资源奠定了粤港澳大湾区的人才基础。在教育方面，粤港澳大湾区教育国际化水平、教育开放性、教育体系完备程度达到新高度。香港亚洲教育枢纽的地位渐趋稳定，高等教育国际化水平位居世界前列。此外，发展迅猛的"高校扩建运动"成为大湾区的一大特色。近三年，香港大学、香港中文大学、香港浸会大学、香港科技大学、香港理工大学、香港城市大学等逾 40 所高校或其分校在大湾区如雨后春笋般涌现。[①]

其次，香港在基础研究方面具有明显优势，特别是高水平成果和科研影响力长期领跑大湾区。以 2017 年为例，香港科技人员发表论文总数居大湾区第二位（广州第一），而高被引论文数量、论文总下载量和引用量均居第一位。但是，香港的应用发展较为滞后，2017 年专利数量仅为深圳的 1/33，在大湾区 11 个城市中排第 8 位。这可能是由于香港的科研以高校为主体，倾向于基础研究和发表论文；深圳则以企业为主体，应用开发和申请专利的积极性更高。因此，可以充分发挥港澳在基础创新研究以及广东在产业积聚方面的各自优势，例如港澳的大学、企业等可通过中央人民政府驻香港特别行政区联络办公室的下辖部门审批后牵头申报广东省的技术创新研发项目，提高港澳基础科技创新的产业应用和成果转化速度。

最后，香港高度发达的金融、法律等现代服务业，为大湾区高新技术产业融资及其他配套服务打下良好基础。大湾区中以深圳、广州、佛山等为代表的 9 个内地城市，已经具有良好的产业基础及相当数量蓬勃发展的初创企业，但金融、咨询、专业服务等行业的发展还相对滞后。香港高度成熟的金融市场、国际投融资经验和配套服务，为大湾区企业提供了有力支撑。2017 年，共有 253 家内地企业和 169 家中资背景的企业在香港上市，共筹集资金 4669 亿港元，为内地企业的发展注入了大量国际资本。同时，这些公司也在香港更加完善的市场监管中，利用香港经验和服务业人才，不断优化内部会计和监管制度，树立起良好的国际形象。[②]

4. 吸引国内、国外高水平大学来粤合作办学或举办研究院的能力强劲

广东是建设粤港澳大湾区的主体之一，粤港澳三地空间距离的邻近为高等教育集群的知识溢出提供助力。一方面，增进粤港澳三地高校的交流与合作，尤其是毗邻香港和澳门地区的深圳、珠海，成为香港和澳门地区高校扩张的首选地。如 2005 年，香港浸会大学与北京师范大学在珠海联合开办联合国际学院，2006 年，香港大学深圳分校成立。另一方面，促进粤港澳三地学

① 卓泽林. 深入推进粤港澳大湾区国际科技创新中心建设[EB/OL]. https://tech.gmw.cn/2023-02/14/content_36364926. htm[2023-05-12].

② 游玎怡, 李芝兰, 王海燕. 香港在建设粤港澳大湾区国际科技创新中心中的作用[J]. 中国科学院院刊, 2020, 35（3）: 331-337.

生的流动。如距离相近让广东成为香港和澳门地区学生到内地就读的首选。据统计，2020 年在粤港生近 8000 人，约占内地港生人数的 50%。随着粤港澳三地互联互通的持续推进，广深港高铁、港珠澳大桥陆续开通，进一步缩短了三地的溢出距离。目前，内地 9 市共有 20 余所高校在筹建中，其中 8 所为港澳合作办学。①再比如，深圳作为中国首个经济特区，在其建立之初就举政府之全力，从零开始发展高等教育：1983 年建立深圳大学；1993 年创建深圳职业技术学院；2010 年建设深圳大学城，引进北京大学、清华大学、哈尔滨工业大学建设深圳研究生院，并在"十二五""十三五"期间超常规地集聚优质高教资源；至今已建成深圳大学、南方科技大学、深圳技术大学、香港中文大学（深圳）、深圳北理莫斯科大学、哈尔滨工业大学（深圳）、中山大学（深圳）、深圳职业技术大学、深圳信息职业技术学院、清华大学深圳国际研究生院、北京大学深圳研究生院、暨南大学深圳旅游学院、广东新安职业技术学院、深圳广播电视大学（非全日制）等 14 所高校，全日制在校生 10 多万人。②目前，广东省仍在进一步提升高水平大学建设能力，加快高等教育建设步伐，力争最大限度吸引国内外优质高等教育资源向广东省内积聚，助力广东和粤港澳大湾区建设国际科技创新中心。

（二）广东省公共科技服务平台建设的劣势

1. 多项经济指标增速相对较慢

从 GDP 总量来看，2021 年广东 GDP 总量为 124 369.67 亿元，高于江苏（116 364.20 亿元）、山东（83 095.90 亿元）、浙江（73 515.76 亿元）等地，继续位列全国第一；但是，广东人均 GDP 仅为 98 285 元，落后于北京（183 980 元）、上海（173 630 元）、江苏（137 039 元）、天津（113 732 元）、浙江（113 032 元）等省市（表 2-10）。2021 年广东省 GDP 增速为 8.0%，低于江苏（8.6%）、浙江（8.5%）、北京（8.5%）、山东（8.3%）、上海（8.1%），也低于同期全国平均值（8.1%）。③

从财政一般预算收入来看，2021 年广东财政一般预算收入为 14 105.04 亿元，高于江苏（10 015.16 亿元）、浙江（8262.64 亿元）、上海（7771.80

① 杨蕾，陈先哲. 从"中心—边缘"到创新网络：知识溢出视野下的粤港澳大湾区高等教育集群发展[J]. 现代大学教育，2022(5)：91-99.
② 陈伟，郑文. 高等教育的深圳探索与中国特色社会主义先行示范区建设[J]. 中国高等教育，2019(17)：41-43.
③ 国家统计局. 2022 年中国统计年鉴[DB/OL]. https://www.stats.gov.cn/sj/ndsj/2022/indexch.htm[2024-10-13].

亿元）、山东（7284.46 亿元）、北京（5932.31 亿元）等地；但是，当年广东这一指标增速仅为 9.1%，低于浙江（14.0%）、天津（11.3%）、山东（11.0%）、江苏（10.6%）、上海（10.3%），也低于同期全国平均值（10.9%）。[①]

从出口总额来看，2021 年广东出口总额为 50 525.50 亿元，高于江苏（32 526.70 亿元）、浙江（30 119.90 亿元）、山东（17 557.70 亿元）、上海（15 713.40 亿元）等省市；但是，广东这一指标的增速仅为 16.2%，低于山东（34.6%）、北京（31.3%）、天津（26.1%）、浙江（19.7%）、江苏（18.6%）等地。

从实际使用外商投资金额来看，2021 年广东实际使用外商投资金额为285.21 亿美元，全国排名第二，仅低于江苏省（288.50 亿美元），高于上海（225.51 亿美元）、山东（215.20 亿美元）等地；但是同期广东这一指标的增速仅为 13.6%，低于江苏（22.7%）、山东（21.9%）、浙江（16.2%）、天津（13.8%）等地。

表 2-10　全国及部分省市科技投入产出指标（2021 年）

地区	GDP/亿元	人均 GDP/元	R&D 经费/亿元	R&D 经费占 GDP 的比重/%	专利申请数/项	专利授权数/项
全国	1 143 669.7	80 976	27 956.3	2.44	5 060 312	4 467 165
广东	124 369.67	98 285	4 002.2	3.22	980 634	872 209
江苏	116 364.20	137 039	3 438.6	2.95	696 693	640 917
山东	83 095.90	81 727	1 944.7	2.34	369 470	329 838
浙江	73 515.76	113 032	2 157.7	2.94	503 197	465 468
上海	43 214.85	173 630	1 819.8	4.21	232 918	179 317
北京	40 269.55	183 980	2 629.3	6.53	283 134	198 778
天津	15 695.05	113 732	574.3	3.66	90 471	97 910

资料来源：《中国统计年鉴 2022》《2021 年全国科技经费投入统计公报》。

2. 全社会研发强度等科技指标不及其他省区市

从全社会研发强度即 R&D 经费占 GDP 比重来看，2021 年广东省的全社会研发投入为 4002.2 亿元，高于江苏（3438.6 亿元）、北京（2629.3 亿元）、浙江（2157.7 亿元）等地，位列全国第一；但是，广东全社会研发投入强度仅为3.22%，仍低于北京（6.53%）、上海（4.21%）、天津（3.66%）等地（表 2-11）。

---

① 国家统计局. 2022 年中国统计年鉴[DB/OL]. https://www.stats.gov.cn/sj/ndsj/2022/indexch. htm[2024-10-13].

表 2-11　全国及部分省区市科技经济协同指标（2021 年）

地区	R&D 经费占 GDP 比重/%	人均 GDP/元
全国	2.44	80 976
北京	6.53	183 980
上海	4.21	173 630
天津	3.66	113 732
广东	3.22	98 285
江苏	2.95	137 039
浙江	2.94	113 032
陕西	2.35	75 360
山东	2.34	81 727
湖北	2.32	86 416
辽宁	2.18	65 026
安徽	2.34	70 321
重庆	2.16	86 879
湖南	2.23	69 440
四川	2.26	64 326
福建	1.98	116 939
河北	1.85	54 172
江西	1.70	65 560
河南	1.73	59 410
宁夏	1.56	62 549
吉林	1.39	55 450

从技术市场成交额来看，2021 年广东省技术市场成交额为 4292.7 亿元，全国排名第二，仅低于北京（7005.7 亿元）。但是，2021 年广东省技术市场成交额增速仅为 23.9%，低于上海（52.1%）、浙江（34.8%）、山东（31.3%）、江苏（29.0%），也低于全国的平均值（32.0%）。

从发明专利授权量来看，2021 年广东发明专利授权量为 10.3 万件，高于北京（7.9 万件）、江苏（6.9 万件）、浙江（5.7 万件）等地；但是，广东万人发明专利拥有量仅为 34.9 件，低于北京（185.0 件）、上海（69.1 件）、江苏（41.2 件）、浙江（38.8 件）等地（表 2-12）。

表 2-12　全国及部分省区市科技经济指标（2021 年）

指标名称	广东	江苏	山东	浙江	北京	上海	天津	全国
R&D 经费占 GDP 比重/%	3.2	3.0	2.3	2.9	6.5	4.2	3.7	2.4
高新技术企业纳统数/家	59 475.0	37 368.0	20 378.0	28 310.0	25 071.0	19 189.0	9 118.0	324 112.0
技术市场成交额/亿元	4292.7	3 013.6	2 564.9	1 992.2	7 005.7	2 761.3	1 321.8	37 294.3
技术市场成交额增速/%	23.9	29.0	31.3	34.8	10.9	52.1	18.8	32.0
专利授权量/万件	87.2	64.1	33.0	46.6	19.9	17.9	9.8	446.7
发明专利授权量/万件	10.3	6.9	3.6	5.7	7.9	3.3	0.7	58.6
PCT 专利申请量/万件	2.6	0.7	0.3	0.5	1.0	0.5	0.0	6.8
有效发明专利量/万件	44.0	34.9	15.1	25.0	40.5	17.2	4.3	277.3
万人发明专利拥有量/件	34.9	41.2	14.9	38.8	185.0	69.1	31.6	19.1
常住人口/万人	12 684.0	8 505.0	10 170.0	6 540.0	2 189.0	2 489.0	1 373.0	141 260.0
GDP/亿元	124 369.7	116 364.2	83 095.9	73 515.8	40 269.6	43 214.9	15 695.0	1 143 669.7
GDP 增速/%	8.0	8.6	8.3	8.5	8.5	8.1	6.6	8.1
三次产业比例/%	4.0：40.4：55.6	4.1：44.5：51.4	7.3：39.9：52.8	3.0：42.4：54.6	0.3：18.0：81.7	0.2：26.5：73.3	1.4：37.3：61.3	7.3：39.4：53.3
财政一般预算收入/亿元	14 105.0	10 015.2	7 284.5	8 262.6	5 932.3	7 771.8	2 141.1	111 084.2
财政一般预算收入增速/%	9.1	10.6	11.0	14.0	8.2	10.3	11.3	10.9
出口总额/亿元	50 525.5	32 526.7	17 557.7	30 119.9	6 122.6	15 713.4	3 875.8	217 287.4
出口总额增速/%	16.2	18.6	34.6	19.7	31.3	14.5	26.1	21.2
实际使用外商投资金额/亿美元	285.21	288.5	215.2	183.0	155.6	225.5	53.9	1 735.0
实际使用外商投资金额增速/%	13.6	22.7	21.9	16.2	10.3	11.5	13.8	20.2

3. 实验室体系建设存在空白，科技创新成效有待提升

　　尽管广东实验室体系建设已具备了一定的基础条件，然而当前所面临的困难挑战与发展机遇是并存的。从体系布局上看，在国家实验室建设方面，截至 2022 年，广东尚未有国家实验室，北京、安徽、甘肃、辽宁、山东分别

已建成 2 家、1 家、1 家、1 家、1 家国家实验室；同时，北京、安徽、湖北等省市分别有 3 家、1 家、1 家国家实验室获得科技部立项；另外，北京、上海、安徽、辽宁、江苏、四川等省市还有共 9 所正在筹建但尚未获得立项的国家实验室，广东在国家实验室建设方面仍处于空白状态。在国家重点实验室建设方面，广东有 11 家国家重点实验室，低于北京（79 家）、上海（32 家）、天津（20 家）、江苏（18 家）、浙江（13 家）等省市（表 2-13 和表 2-14）。

表 2-13　部分省市实验室体系建设指标　　　　（单位：家）

省市	国家实验室		国家重点实验室[①]	省实验室[②]	省重点实验室[③]
	建成	筹建			
北京	2	7	79	—	457
上海	0	1	32	—	117
天津	0	0	20	5	300
江苏	0	1	18	4	72
湖北	0	1	8	9	170
江西	0	0	1	—	169
陕西	0	0	9	1	93
广东	0	0	11	10	199[④]
浙江	0	0	13	10	231
山东	1	0	9	9	193
福建	0	0	10	6	193
安徽	1	2	6	15	159
湖南	0	0	3	4	204
甘肃	1	0	1	0	109
辽宁	1	1	7	4	422
河南	0	0	4	10	206
四川	0	1	2	4	114

① 敦帅，陈强. 国家重点实验室的空间分异及其影响机制研究——基于 GIS 与 QCA 的分析[J]. 科学学与科学技术管理，2023，44（10）：18-34. 据科技部 2018 年发布的最新国家重点实验室年度报告，截至 2016 年底，正在运行的国家重点实验室共 254 个。

② 柴萍，张冬冬，李小芬，等. 各地省实验室建设现状及对天津的启示：学习贯彻党的二十大精神[J]. 天津经济，2023（8）：3-6.

③ 刘佳，钟永恒，勇美菁，等. 全国省级重点实验室科研竞争力比较研究[J]. 科技管理研究，2020，40（5）：48-54.

④ 截至 2018 年底，广东省重点实验室 199 家；截至 2023 年底，广东省重点实验室 460 家。

表 2-14　国家实验室建设情况（2022 年）

	国家实验室	年份	依托单位	城市	备注
	国家实验室名单（2022 年前已建成）				
1	国家同步辐射实验室	1984	中国科学技术大学	合肥	—
2	北京正负电子对撞机国家实验室	1984	中国科学院高能物理研究所	北京	—
3	北京串列加速器核物理国家实验室	1988	中国原子能科学研究院	北京	—
4	兰州重离子加速器国家实验室	1991	中国科学院近代物理研究所	兰州	—
5	沈阳材料科学国家（联合）实验室	2000	中国科学院金属研究所	沈阳	已转设为沈阳材料科学国家研究中心
6	青岛海洋科学与技术试点国家实验室	2006	中国海洋大学 中国科学院海洋研究所等	青岛	已转设为崂山实验室
	2003 年科技部批准筹建名单				
7	北京凝聚态物理国家实验室（筹）	2003	中国科学院物理研究所	北京	已转设为北京凝聚态物理国家研究中心
8	合肥微尺度物质科学国家实验室（筹）	2003	中国科学技术大学	合肥	已转设为合肥微尺度物质科学国家研究中心
9	清华信息科学与技术国家实验室（筹）	2003	清华大学	北京	已转设为北京信息科学与技术国家研究中心
10	北京分子科学国家实验室（筹）	2003	北京大学 中国科学院化学研究所	北京	已转设为北京分子科学国家研究中心
11	武汉光电国家实验室（筹）	2003	华中科技大学 中国科学院武汉物理与数学研究所 中国船舶重工集团公司第七一七研究所	武汉	已转设为武汉光电国家研究中心
	国家实验室名单（尚未通过批准立项）				
12	磁约束核聚变国家实验室（筹）	2006	中国科学院合肥物质科学研究院 核工业西南物理研究院	合肥	未通过科技部立项
13	洁净能源国家实验室（筹）	2006	中国科学院大连化学物理研究所	大连	未通过科技部立项
14	船舶与海洋工程国家实验室（筹）	2006	上海交通大学	上海	未通过科技部立项
15	微结构国家实验室（筹）	2006	南京大学	南京	未通过科技部立项
16	重大疾病研究国家实验室（筹）	2006	中国医学科学院	北京	未通过科技部立项
17	蛋白质科学国家实验室（筹）	2006	中国科学院生物物理研究所	北京	未通过科技部立项

	国家实验室	年份	依托单位	城市	备注
	国家实验室名单（尚未通过批准立项）				
18	航空科学与技术国家实验室（筹）	2006	北京航空航天大学	北京	未通过科技部立项
19	现代轨道交通国家实验室（筹）	2006	西南交通大学	成都	未通过科技部立项
20	现代农业国家实验室（筹）	2006	中国农业大学	北京	未通过科技部立项

从创新能力上看，国家重点实验室和省实验室作为国家和区域战略科技力量的"领头羊"，所起的引领作用仍不明显。关键核心技术攻坚能力不足，集聚整合创新资源的能力不足，导致缺少标志性、战略性重大科技成果的产出；从体制机制上看，尚未充分发挥新型举国体制所具备的协同与竞争优势。管理体制未固化形成符合中国特色的混合治理结构，运行机制的不完善、不匹配问题仍然突出。

二、广东省公共科技服务平台的类型分析

科技创新平台是区域创新体系的重要组成部分、战略科技力量的核心元素，是在新形势下打造新发展格局、实现科技自立自强的重要支点。广东省贯彻落实习近平总书记对科技创新和广东工作的重要指示批示精神，深入实施创新驱动发展战略，按照"1+1+9"工作部署，不断完善科技创新平台体系，打造战略科技力量，扎实推进科技创新强省建设。

广东创新平台体系由科学研究、技术创新、产业集聚、民生支撑等不同类型的平台组成。其中，在科学研究方面，建立了包括鹏城实验室、广州实验室、25家国家重点实验室、5家省部共建国家重点实验室、10家省实验室、460家省重点实验室、20家粤港澳联合实验室、4家"一带一路"联合实验室在内的高水平多层次实验室体系。建成散裂中子源、超算中心、国家基因库等重大基础设施，近期又在"广州—深圳—香港—澳门"科技创新走廊布局建设基础科学中心、量子科学中心、脑科学与类脑研究联合体、国家应用数学中心等重要基础研究平台。在技术创新方面，推进建设粤港澳大湾区国家技术创新中心（综合类）、2家领域类国家技术创新中心、3家省级技术创新中心、23家国家级和6714家省级工程技术研究中心，27家高水平创新研

究院、277 家省级新型研发机构，技术创新平台体系不断丰富发展。约 6 万家高新技术企业、近 5.7 万家科技型中小企业、173 家技术先进型服务企业成为技术创新主体。在产业集聚方面，现有 14 家国家级高新技术产业开发区，其中 5 家进入国家高新技术产业开发区前 30 强；建有 26 家省级高新技术产业开发区；还获批建设 2 个国家新一代人工智能创新发展试验区和 4 家国家级、16 家省级新一代人工智能开放创新平台。在民生支撑方面，已建和在建的高级别生物安全三级实验室（P3 实验室）共 10 家，纳入"十四五"国家规划清单的四级实验室（P4 实验室）1 家、P3 实验室 7 家；拥有 3 家国家级、15 家省级临床医学研究中心。

（一）科学研究类

1. 实验室体系

1）鹏城实验室和广州实验室

2020 年 10 月，鹏城实验室挂牌建设，"鹏城云脑Ⅲ"重大科学设施正式上线运行，人工智能算力水平居国际领先水平；2021 年 5 月，广州实验室挂牌启动，聚焦新冠疫情防控亟须解决的关键科学和技术难题，助力广东和全国科技抗疫。鹏城实验室基地（琶洲实验室）、广州实验室基地（深圳湾实验室）以及合肥国家实验室深圳基地（深圳国际量子研究院）加快推进建设，张江实验室广州基地依托大湾区集成电路与系统应用研究院、临港实验室中山基地依托中科中山药物创新研究院积极筹建。广东初步建成以 2 家国家工程实验室为引领、5 家基地相呼应的国家工程实验室"2+5"建设布局。

2）广东省实验室

广东分三批次共建设 10 家省实验室及分中心，分布于 16 个地级市，包括生物岛实验室、鹏城实验室、季华实验室、松山湖材料实验室、广州海洋实验室、化学与精细化工广东省实验室、深圳湾实验室、岭南现代农业科学与技术广东省实验室、东江实验室、琶洲实验室。

3）国家重点实验室

广东建有广东省可持续仿生材料与绿色能源重点实验室、广东省先进热电材料与器件物理重点实验室、广东省二氧化碳资源化利用重点实验室、广东省污水信息解析与预警重点实验室、广东省多模态无创脑机接口理论与技术重点实验室、广东省高精度射线探测技术重点实验室、广东省全驱系统控制理论与技术重点实验室、广东省超高清沉浸媒体技术重点实验室、广东省传感物理与系统集成应用重点实验室、广东省动力系统与神经系统交叉研究重点实验室、广东省新能源材料服役安全重点实验室、广东省退役新能源器件高质循环利用重点实验室、广东省算力微电子重点实验室、广东省中药有效成分与肠道微生物组学重点实验室等 25 家国家重点实验室,另有 5 家省部共建国家重点实验室。这些实验室涵盖了从基础研究到技术攻关的多个领域,旨在推动广东省的科学研究和技术创新。

4）广东省重点实验室

目前,全省已建成省重点实验室 460 家,包括学科类 306 家(含省市共建 11 家)、企业类 154 家(含省市共建 1 家)。省重点实验室覆盖全省各地市,其中珠三角九市建有 412 家,占 89.57%;粤东西北地区建有 48 家,占 10.43%。建设数量排名前 5 的地市为广州(265 家,占 57.61%)、深圳(71 家,占 15.43%)、佛山(32 家,占 6.96%)、湛江(13 家,占 2.83%)、东莞(11 家,占 2.39%)。

5）“一带一路”联合实验室

全省建有中国-斯里兰卡热带海洋环境“一带一路”联合实验室、“一带一路”传统医药创新研究国际联合实验室、中国-东盟海水养殖技术“一带一路”联合实验室等“一带一路”联合实验室。此外,新增 3 家“一带一路”联合实验室在粤建设,省级财政给予每家实验室 500 万元保障建设经费。

6）粤港澳联合实验室

全省建有粤港澳光电磁功能材料联合实验室、粤港澳离散制造智能化联合实验室、粤港澳呼吸系统传染病联合实验室、粤港慢性肾病免疫与遗传研究联合实验室、粤港澳环境污染过程与控制联合实验室、粤港澳环境质量协同创新联合实验室、粤港量子物质联合实验室、粤港 RNA 医学联合实验室、粤港澳中医药与免疫疾病研究联合实验室、粤港澳污染物暴露与健康联合实验室[①]等 20 家[②]粤港澳联合实验室。

2. 重大基础设施

在粤国家重大科技基础设施包括:一是已建成并投入使用的中国散裂中子源(东莞);二是已开工在建的强流重离子加速器(惠州)、加速器驱动

---

① 广东省科学技术厅. 广州再添 4 家粤港澳联合实验室 总量占全省五成[EB/OL]. http://gdstc.gd.gov.cn/ kjzx_n/gdkj_n/content/post_3151499.html[2024-10-18].

② 广东省科学技术厅. 首批粤港澳联合实验室顺利通过验收[EB/OL]. http://gdstc.gd.gov.cn/zwgk_n/zwdt_n/ content/post_4190909.html[2024-10-18].

嬗变研究装置（惠州）、中微子实验站（江门）、新型地球物理综合科学考察船（广州）、未来网络试验设施（深圳分中心）；三是已列入国家"十四五"规划待立项的散裂中子源二期（东莞）、先进阿秒激光设施（东莞）、冷泉生态系统（广州）、人类细胞谱系（广州）、鹏城云脑网络智能重大科技基础设施（深圳）等5个重大科技基础设施。此外，根据初步统计，广东已建设的单台套 5000 万以上的重大科技基础设施包括超算中心（广州、深圳）、国家基因库（深圳）等 19 项。

3. 前沿领域重大基础平台

1）基础科学中心

基础科学中心项目从 2016 年开始实施，到 2021 年全国共立项约 50 项。广东累计获批 2 项，分别为华南理工大学唐本忠院士在 2017 年牵头实施的"分子聚集发光"基础科学中心项目，直接经费为 1.8 亿元（5 年）；南方科技大学张明杰院士在 2021 年牵头实施的"神经系统疾病致病机理的研究和干预"基础科学中心项目，直接经费为 6000 万元（5 年）。

2）粤港澳大湾区量子科学中心

粤港澳大湾区量子科学中心由南方科技大学薛其坤院士牵头实施，量子信息科学国家工程实验室深圳基地深度参与，采用"1+N"总体架构：在深圳福田河套深港科技创新合作区建设核心基地——河套量子谷，并依托粤港澳大湾区的高校、科研机构、企业等共建 N 个网络化研究和教育平台。

3）粤港澳大湾区脑科学与类脑研究联合体

广东省科技厅联合广州、深圳和珠海等地科技管理部门，围绕脑科学与类脑智能领域的国际前沿科学问题，聚焦脑疾病诊疗临床需求和智能产业市场化需求，以广东省智能科学与技术研究院为核心，推动建设大湾区脑科学与类脑研究联合体，打造国内脑科学与类脑研究"第三极"。

4）国家应用数学中心

2020 年科技部批准建设 13 家国家应用数学中心，其中广东省建设粤港澳国家应用数学中心、深圳应用数学中心 2 家。粤港澳国家应用数学中心以中山大学为依托单位，整合华南师范大学、华南理工大学等应用数学优势力量，联手港澳高校和研发机构，围绕人工智能、云计算、大数据、区块链、物联网等产业对数学理论研究成果和相关数学技术应用的重大需求，在 1—2 个应用数学学科方向建成具有国际领先的数学研究基地。深圳应用数学中心由南方科技大学牵头组建，聚焦网络信息、精准医学、工程计算和设计软件、金融技术和数字经济等方向开展大型计算与快速算法研究，与华为、腾讯、迈瑞、华大基因等企业合作，破解数学应用的"卡脖子"共性问题。

5）野外科学观测研究站

截至 2023 年 6 月，在粤单位主持建设的野外科学观测研究站共 27 家，包括国家级 11 家、省级 16 家。按地域划分，27 家野外科学观测研究站中 22 家主站分布在 9 个地市，其中广州（7 家）、韶关（4 家）、深圳（3 家）、珠海（3 家），以及江门、肇庆、茂名、汕头、梅州（各 1 家），另有 5 家在粤单位主持建设的野外科学观测研究站分布在海南省。按学科划分，生态学占 32.08%、地学占 26.42%、环境科学占 24.53%、农学占 11.32%、材料科学占 5.66%，其中有 16 家呈现学科交叉特点。

（二）技术创新类

1. 技术创新中心

广东省 2021 年先后获批组建 3 家国家技术创新中心，分别为：粤港澳大湾区国家技术创新中心（综合类）、国家新型显示技术创新中心（领域类）和国家第三代半导体技术创新中心（领域类）。与此同时，广东还组建了 3 家省级技术创新中心。另外，广东还承接了国家耐盐碱水稻技术创新中心华南（湛江）分中心的建设任务。

1）粤港澳大湾区国家技术创新中心

首期五年拟新增投入 266.1 亿元，打造"核心战略总部—王牌军—独立团"的"1+9+N"技术研发与成果转化集团军体系，包括总部建设集成电路技术创新中心、关键软件攻关基地、智能系统创新中心、生物岛创新中心、粒子应用技术创新中心等 5 大创新平台，遴选聚华国家新型显示技术创新中心、深圳清华大学研究院、中国科学院深圳先进技术研究院、广东华中科技大学工业技术研究院等建设 4 家分中心。

2）国家新型显示技术创新中心

积极推动新型显示行业各垂直领域具备优势力量的龙头企业、高校、科研院所在全国开展创新平台建设，已完成 4 个创新平台的正式批建。

3）国家第三代半导体技术创新中心

2021 年 3 月，科技部批复支持建设国家第三代半导体技术创新中心，该中心由江苏省和深圳市联合共建，设置江苏平台和深圳平台，江苏平台以位于园区的江苏第三代半导体研究院为建设实施单位，承担着为区域和产业发展提供源头技术供给，为科技型中小企业孵化、培育和发展提供创新服务等国家战略使命。深圳平台目前已经完成多轮建设磋商。

2. 工程技术研究中心

目前广东已建有国家工程技术研究中心 23 家、省级工程技术研究中心 6714 家。

3. 高水平创新研究院

2019 年以来，广东省持续吸引国家级科研机构、高校、央企等国家战略科技力量来粤建设高水平创新研究院，目前已围绕纳米技术、深海深空、集成电路、类脑智能、激光应用、新材料、精准医学等前沿领域，共引进落地建设了 27 家高水平创新研究院。

4. 新型研发机构

全省建有 277 家省级新型研发机构，其中珠三角地区 221 家，占比 79.78%；粤东西北地区 56 家，占比 20.22%，数量在全国保持领先地位。

5. 科技型企业

1）高新技术企业

2021 年全省高新技术企业总量约达 6 万家，继续位居全国第一。全省高新技术企业科技活动投入、授权发明专利量、营业收入总额、净利润总额、上缴税费总额、上市企业数等核心指标持续保持全国第一。

2）科技型中小企业

为加快落实省委省政府"1+1+9"工作部署，紧抓"双区"建设发展机遇，广东省持续优化中小企业创新环境，增强中小企业创新要素供给，着力提升中小企业创新发展能力。2021 年，全省累计入库科技型中小企业 5.7 万家，约占全国入库企业数的 1/5，同比增加 53.3%。[①]

3）技术先进型服务企业

2021 年，广东修订印发《广东省技术先进型服务企业认定管理办法》，经企业申报、专家评审等程序，认定技术先进型服务企业 47 家，全省存量技术先进型服务企业总数 173 家。

---

① 广东省科学技术厅. 广东省科学技术厅关于广东省十三届人大五次会议第 1633 号建议答复的函[EB/OL]. http://gdstc.gd.gov.cn/zwgk_n/jyta/content/post_3998974.html[2024-09-10].

（三）产业集聚类

1. 高新区

1988 年国务院启动建立国家高新技术产业开发区。随后，广东省也在 1993 年启动了省级高新技术产业开发区建设工作。目前，全省建有省级以上高新技术产业开发区 40 个。

1）国家高新技术产业开发区

广东建有 14 家国家高新技术产业开发区，总量全国排名第 2，深圳高新技术产业开发区（第 3 位）、广州高新技术产业开发区（第 6 位）均位列全国前 10，阳江、韶关、梅州、揭阳、云浮、潮州、汕尾等 7 个地市正在着手创建国家高新技术产业开发区工作。

2）省级高新技术产业开发区

广东建有 26 家省级高新技术产业开发区，近期正在组织新一批 6 家省级高新技术产业开发区的认定工作。至 2020 年，全省 40 家高新技术产业开发区以占全省 0.7% 的土地，实现生产总值 2.04 万亿元、工业增加值 1.24 万亿元，承载了"广州—深圳—香港—澳门"科技创新走廊上近 2/3 的重点创新平台，全省 10 家省实验室均在高新技术产业开发区布局。

2. 新一代人工智能创新发展试验区及平台

1）国家新一代人工智能创新发展试验区

2019 年以来，科技部共认定 18 个国家新一代人工智能创新发展试验区，其中广东省获批 2 个（深圳、广州）。

2）国家新一代人工智能开放创新平台

2018 年以来，科技部共批复建设 15 家国家新一代人工智能开放创新平台，其中广东获批 4 家，分别由腾讯、商汤科技、华为和平安在医疗影像、视觉智能处理、基础软硬件和普惠金融等领域实施建设。2021 年科技部启动新一批国家平台建设工作，广东省共推荐美的集团、大疆创新科技、琴智科技等 9 家企业申报。另外，广东省分三批共建设 16 家省级新一代人工智能开放创新平台。

（四）民生支撑类

1. 高等级生物安全实验室

广东省共有 18 家纳入国家高级别生物安全实验室规划，其中已建和在建的 10 家生物安全 P3 实验室、纳入"十四五"国家规划清单的 8 家（含 1 家 P4 实验室）。

广东现有已建和在建的共 10 家 P3 实验室。按科技创新链条划分，从事前沿科学研究的有 2 家、临床医学的有 3 家、检验检疫的有 3 家、应急反恐和药物与疫苗生产的各 1 家。按依托单位划分，3 家由大学承建、5 家由医疗卫生机构（含疾病预防控制中心）承建、广州海关和企业（温氏大华农生物科技公司）各承建 1 家。按区域布局划分，珠三角地区 9 家（广州 7 家、深圳 2 家），粤东西北地区 1 家。

8 家纳入"十四五"国家规划清单，包括 1 家生物安全 P4 实验室，7 家生物安全 P3 实验室。

2. 临床医学研究中心

2012 年以来，科技部会同国家卫生健康委、中央军委后勤保障部和国家药品监督管理局在 20 个疾病领域布局了四批共 50 家国家临床医学研究中心，2021 年新启动第五批国家临床医学研究中心申报工作。

1）国家临床医学研究中心

广东建有 3 家国家临床医学研究中心，分别为"国家呼吸系统疾病临床医学研究中心"（依托广州医科大学附属第一医院）、"国家慢性肾病临床医学研究中心"（依托南方医科大学南方医院）、"国家感染性疾病（结核病）临床医学研究中心"（依托深圳市第三人民医院）。截至 2022 年，广东省有 14 个医院申报 16 个国家临床医学研究中心，正处于材料评审阶段。

2）省临床医学研究中心

广东建有 15 家省临床医学研究中心，由广东省科技厅会同省卫生健康委、药品监督管理局在 9 个疾病领域布局，包含 3 家国家临床医学研究中心依托单位直接认定为相应学科领域的广东省临床医学研究中心依托单位。

（五）基于类型分析的工作重点梳理

广东省科技创新平台体系初步建成，但是与北京、上海等先进地区相比，部分领域仍比较薄弱，领先领域优势不明显，发展基础还不牢固，主要表现为：高层次创新平台数量偏少；基础研究投入偏低，原始创新能力有待提升；关键核心技术"卡脖子"问题突出，产业技术核心竞争力不足；创新人才引进培育模式不够完善，高层次人才队伍建设需进一步强化；深层次体制机制障碍依然存在，创新政策落地以及创新环境营造有待加强等若干薄弱环节。

广东省的公共科技服务平台建设相对滞后，其中以高校为载体的公共科技服务平台建设最能够反映出其历史基础。据 2021—2022 学年广东省教育事业统计公报，在广东省的高校中，国家重点实验室仅 12 个（全国 499 个），全国排名第 8，落后于北京、陕西、江苏、上海、湖北、浙江、四川；国家工程研究中心 12 个（全国 280 个），全国排名第 7，落后于北京、陕西、江苏、辽宁、福建、上海；国家工程技术研究中心 8 个（全国 237 个），全国排名第 8，落后于北京、湖北、江苏、上海、山东、陕西、江西。面对这些问题，仍要坚定不移把科技自立自强作为战略支撑，以建设粤港澳大湾区国际科技创新中心为"纲"，促进产业链创新链深度融合，深入推动各类型科技创新平台高质量发展。

第一，强化战略科技力量布局，打造标杆性科技创新平台。继续优化实验室体系建设，高标准推进鹏城实验室、广州实验室建设，争取更多国家重点实验在粤布局，新建和扩建一批高级别生物安全实验室。加强对粤港澳大湾区国家技术创新中心的指导和支持，筹划建设一批新的国家级技术创新中心，协同港澳体系化推进大湾区量子科学中心、应用数学中心、中药新药技术创新中心等重大创新平台建设。推进大湾区综合性国家科学中心先行启动区建设，推进散裂中子源二期（东莞）、冷泉生态系统（广州）等新一批重大科技基础群建设。

第二，加强产业科技创新平台建设，有效提升企业技术创新能力。继续推进高新技术企业树标提质，培育一批创新标杆企业，引导企业加快建设研发机构，构建龙头骨干企业牵头、高校院所支撑、各创新主体相互协同的创新联合体。加快国家高新技术产业开发区地市全覆盖，推动韶关、阳江等创建国家级高新技术产业开发区，加强省级高新技术产业开发区建设。落实落细"孵化育成高质量发展六大专项行动计划"，建设一批大学科技园、专业化和特色科技企业孵化载体、留学人员创业园。做大做强科研机构，制订新型研发机构的扶持政策措施，探索建设卓越工程技术研究中心。

第三，深化科技体制机制改革，激发创新平台发展活力。深入推进科技领域新一轮创造型引领型改革，完善科技创新平台管理体制，将现有的人才政策和创新平台无缝对接，赋予创新平台选人用人、自主立项等权利，激发平台创新活力。探索新型的科研体制机制，大力发展创业风险投资，推动创新链、产业链、政策链、资金链融会贯通，构建全过程创新生态链，优化平台成果转化机制，加快科技成果转化。

第四，提升科技创新平台产业支撑能力。搭建关键核心技术"供需"对接信息服务平台，连通企业产业与科技创新平台；完善科技成果转移转化激励机制，加快构建以市场需求为导向的科技成果转化体系。

第五，发挥大科学装置的集群效应。发挥大科学装置技术密集、人才密集特性，促进学科交叉融合；完善产学研协同创新机制，加强国内外创新资源与大科学装置"协同攻关"；进一步理顺大科学装置管理体制、运行机制和用户委员会设置，切实深化管理制度、完善使用机制，让科学家能够更加充分、更加顺畅地在大湾区的大科学装置上开展科研工作，与广东共同运营管理，共同开展合作研究。支持依托大科学装置开展原创性重大科学问题研究，突破一批"卡脖子"关键技术。大力推进新技术、新方法在大科学装置建设运行中的应用，攻克"卡脖子"关键技术；利用大科学装置部署交叉前沿方向，开展引领未来发展方向的关键技术研究。

三、加快广东公共科技服务平台建设的对策和建议

广东省建设公共科技服务平台、优化平台管理制度和机制，要坚持价值导向，紧扣国家和广东的发展战略；要坚持系统观念，全面统筹产业升级和社会发展、科技研发与人才集聚之间的关系；要坚持问题导向、绩效导向，既通过科教融汇而聚焦基础研究，又通过产教融合而强化应用开发研究。

（一）强化全省公共科技服务平台的体系化建设

建议之一，开展全省公共科技服务平台的摸底调查，绘制广东省公共科技服务平台的地图，一方面，按照体系化建设的思路进行系统梳理、科学分类，以强化全省公共科技服务平台建设的战略性统筹；另一方面，通过关注和培育重点资助领域等方式，鼓励和扶持各类平台的差异化、特色化发展。

在体系化建设省、市域公共科技服务平台方面，可以学习深圳的经验。通过持续努力，目前深圳市基本形成了由国家重点实验室、广东省实验室、市级重点实验室、大学实验室、企业实验室等组成的完整实验室体系，同时与各类新型研发机构、工程技术创新中心、企业孵化器等共同组成深圳科技创新链条，各类公共科技服务平台分别对应深圳市甚至粤港澳大湾区特定产业的发展需求，为深圳市和粤港澳大湾区的产业转型升级提供强有力的科技支撑。

建议之二，充分发挥社会主义新型举国体制的制度优势，根据经济、社会发展需要，由省、市各级政府重点统筹建设三类关键性公共科技服务平台。

一是与战略性支柱产业、战略性新兴产业密切相关的公共科技服务平

台。战略性支柱产业和战略性新兴产业是提升广东产业发展的国际竞争力、彰显广东的比较优势和竞争优势的关键。引导全省的公共科技服务平台动态掌握战略性支柱产业和战略性新兴产业的技术创新需求，积极引导战略性支柱产业、战略性新兴产业不断向产业链和价值链顶端跃升。

二是在全省范围内具有公共性、外部性的公共科技服务平台。比如，教育、医疗等公益性公共科技服务平台建设事关广大人民群众生活福祉和社会安定团结，对整个经济社会的健康发展具有极为重要的"保驾护航"作用。因此公共科技服务平台的建设要注重对这类平台的持续性资金投入和机制建设，凝聚科技力量和科研团队，对阻碍医疗卫生和教育事业健康发展的关键核心技术进行集体攻关，不断攻克"卡脖子"难题。

三是仍处于空白和盲区地带的公共科技服务平台。广东目前在国家实验室建设方面仍然落后于其他省市，且在某些基础研究领域存在空白和盲区，因此，应继续加大对国家实验室等大型公共科技服务平台的投入，详细梳理广东在基础研究领域的痛点、堵点和弱点，有针对性地建设科学研究类公共科技服务平台，夯实基础研究的根基。具体而言，要围绕前瞻引领型公共科技服务平台进行重点建设，要坚持全球视野，定位于解决最前沿的科学问题、提出更多原创理论、做出更多原创发现，以国际合作为主要组织方式，参与高水平国际合作。

（二）建构公共科技服务平台联盟

建议之三，以公共科技服务平台为轴心和支点，建立各类联盟，共享资源和信息，连带推动产业、教育、人才等各方面的工作，有力促进各地市的产教融合型城市建设。

重点建立两类联盟。一是重点建立公共科技服务平台的联盟。公共科技服务平台，分化则弱、整合则强，同质化重复性建设则弱、互补性共享性建设则强。可以鼓励各地市按照两种方式建设公共科技服务平台联盟。方式之一是针对服务产业同质、研究领域相近、地域相近的公共科技服务平台，建设横向联盟；方式之二是针对处于相同产业链的公共科技服务平台，建设纵向联盟。联盟内部重在强化科技信息交流、设施设备共享共用等，打通不同科技创新主体之间的创新壁垒，最大限度提高公共科技服务平台的利用效率，减少科技资源重复建设。

二是重点建立公共科技服务平台与头部科技企业、高校等之间的产学研联盟。各地头部企业的参与，有利于缩短公共科技服务平台的服务距离。建议以各地市政府为节点性力量，在以"产业集聚"为核心的各地产业园区建设中，按照"学科相近、区域相邻、服务产业相关"的原则，重点打造集各类研发机构和专业化科技服务于一体、拥有一批科技成果和科技创新人才的公共科技服务平台集聚区，以提高公共科技服务平台与产业需求的对接度，提升产业和区域整体创新能力，实现创新资源高度集聚。

在公共科技服务平台与高校合作方面，建议继续优化、有力推进以下三种已有初步探索但仍待完善的实践模式。

模式之一是共建二级学院。在这个方面，惠州案例值得借鉴。惠州市人民政府委托中国科学院近代物理研究所建设的东江实验室，是由广东省人民政府 2019 年授牌启动建设的省属事业法人单位、广东省重点建设的省级实验室平台"先进能源科学与技术广东省实验室"的总部；该实验室聚焦先进核能与核技术，重点发展化石能源，开展新型固态储能等能源关键技术攻关研究，建设多能互补能源系统。2024 年，惠州市人民政府、惠州学院、中国科学院近代物理研究所、先进能源科学与技术广东省实验室、兰州大学共建的惠州学院能源与物理学院成立。围绕打造一批特色鲜明的能源优势学科专业、建设与地方能源产业紧密结合的高层次人才队伍、培养一批助力区域能源产业发展的高素质应用型专门人才、建成以协同创新为引领的高层次能源产业科技创新中心、产出一批服务区域创新驱动发展的高水平成果的建设目标，确立了如下建设思路：惠州市资助建设经费；能源与物理学院建设成为惠州学院的二级学院；先进能源科学与技术广东省实验室和兰州大学共同提供学术指导、人才支撑，企业提供产业支撑、提出人才需求。

模式之二是部分兼并。原本为独立法人的国家超级计算广州中心，经中山大学部分兼并之后，其中具有高学历、高职称的人才按照中山大学的人事聘任制度入职中山大学。兼并的举措，能为之提供更为雄厚的学术支撑，但也引发了两大亟待处理的问题：未能入职中山大学的人员，职业发展面临瓶颈、聘任身份比较尴尬；该中心的财务收支管理、原本极为灵活的市场化运作等面临制度约束，一些探索性、创新性工作难以迅速开展。

模式之三是学科共建。应积极促使广东省内处于学术前沿、产业前沿的公共科技服务平台，与省内高水平、应用性大学和学科的深度合作以实现一体化建设和共生发展，重点推动省内公共服务平台与中山大学、华南理工大学、暨南大学、华南师范大学、华南农业大学、广州医科大学、广州中医药大学、南方科技大学等"双一流"高校的数学、化学、生物学、材料科学与工程、电子科学与技术、基础医学、临床医学、药学、物理学、中医学等"双一流"学科的融合发展。畅通政府统筹和需求牵引的双向流通渠道，依靠公共科技服务平台主导的"政-产-学-研"深度合作，联合打造"原始创新—应用研究—成果转化—产业化"的完整创新链条。

（三）优化公共科技服务平台的治理

1. 协调好公共科技服务平台"举办-管理-运行"的权责关系

建议之四，优化公共科技服务平台的治理，允许以公共科技服务平台为支点，探索建设省域科技体制改革"特区"，科学厘定公共科技服务平台的权责，并进行合理赋权、有效放权。

公共科技服务平台的"举办权-管理权-运行权"内容模糊、边界不清，容易导致治理上的难题。以国家基因库为例。2011年由国家发展和改革委员会、财政部、工业和信息化部、卫生健康委员会（原卫生部）四部委批复依托深圳华大生命科学研究院（原深圳华大基因研究院）建设的深圳国家基因库，后改由深圳市举办、管理，即资产由深圳市回购并管理、关键性人事任命由深圳市负责，但委托深圳华大基因研究院开展日常运行，从而形成了"市政府举办-市工信局管理-民营机构受托运行"的治理模式。这种模式虽然从理论上讲可以调动多方积极性且凸显专业性，但在具体管理和运行过程中，存在权责不清的问题，并导致治理程序复杂化，在一定程度上束缚了发展与创新。

公共科技服务平台的建设与发展，在公共财政开支、公共服务责任厘定方面，需要按照政治行政管理的方式，给予必要的制度规范；在科学发现、技术创新等方面需要按照学术机构的管理方式，给予足够的自主空间；在面向产业和社会发展需求时，要建立起足够灵活的运行机制。既为了防止因制度过疏而诱致失范，又防止因制度过密而制约自主创新，建议省科技厅具体研究公共科技服务平台的举办、管理、运行问题，正式发布指导性文件，从原则上总体明确公共科技服务平台的举办权、管理权、运行权的内容及边界，并督促各地市对公共科技服务平台进行"放管服"改革，以建立负面清单制度、经费包干制度等为契机，赋予公共科技服务平台较灵活的经费使用权利，强化其自主开展科技研发、灵活实现研发成果向产品转化的权利。

2. 协调好公共科技服务平台的"公益性-市场化"之间的关系

建议之五，公共科技服务平台的运行，既要赋予其公益性责任，并通过评估监督而具体落实；又要赋予其市场化运行的权利和空间，最大效益地激发科技服务的生产力价值；更要从制度上容忍其在市场适应过程中的失败。

公共科技服务平台，大多接受了政府财政资助，因此有责任通过服务于本地经济和社会发展而间接回报政府资助；还有责任利用自己的科技背景服务于社会公益，比如：参与地方政府中长期科技发展规划编制；通过召开学术研讨会议而引导地方科技创新、推进科学发展；通过建立科普教育基地来助力社会公众的科学教育；等等。公共科技服务平台的公益服务，在一定程度上事关国家战略、社会进步和地方高质量发展。而公共科技服务平台的市场化运行，即其研发成果向产品乃至商品的转化，则能直接激发其创新与活力。公益服务与市场化运行的有机结合，可以有效盘活公共科技服务平台的内外部资源，促进公共科技服务平台的持续发展。

大多数公共科技服务平台，在培育、建设初期，主要依靠政府的公共财政资助；在后续的发展期，则必须依靠市场。公共科技服务平台的市场化转化收益，基本上能够自主支配。但通过调研发现，一些科技平台离开财政扶持后只能勉强维持运营，既没有与共建单位建立起密切的联系，也没有发挥成果转化和技术创新的功能；或者由于缺乏市场价值、不能从市场中找到生存空间，又或者失去了原本存在的市场，某些公共科技服务平台被迫中止运行或解散。如果发生这些情况，相关部门（主要是其科技局等部门）作为公共科技服务平台资助经费的划拨者，将面临巨大的问责、审计责任。

典型案例是 2016 年深圳市三航工业技术研究院围绕无人机业务专门成立的惠州市三航无人机技术研究院。该研究院与惠州市人民政府签订了《惠州市人民政府 深圳市三航工业技术研究院 共建三航（惠州）无人机技术研究院合作协议》。遗憾的是，由于研发的产品未得到市场认可、负责该产品研发试飞环节的检测中心因空域管制而一直没有取得检测资质，该研究院耗费财政巨资采购的设备一直没有启用，且研究院的重点放在市场推广而基本不做研发，2019 年该研究院中止运行。

单纯依赖领导个人的宽容，并不能有效鼓励建设风险与创新并存的公共科技服务平台。对此本书给出以下建议：一方面，由广东省出台政策或规划，且必须考虑全生命周期，在重视新项目立项和建设的同时，统筹考虑运行开放和维护、实验终端的建设以及升级改造；在制定平台发展规划的同时，提前做好人才队伍建设规划。建构公共科技服务平台运营监测和考核评估的指导性框架，并组织专家对公共科技服务平台的运营状况进行动态监测和科学考评，及时掌握运营动态，系统掌握、有效防范运行风险，为各地市的公共科技服务平台建设提供管理指导。另一方面，为存在一定风险但同时具有较强创新性、开拓性的公共科技服务平台建设，建立起系统、规范且具有行政、审计豁免权的评估程序，为地方政府相关部门的公共科技服务平台建设资助决策保驾护航。

（四）推进公共科技服务平台的开放性发展

建议之六，坚持开放发展的原则，一方面继续推进公共科技服务平台的科研仪器设备的开放共享；另一方面探索创新公共科技服务平台的人员开放机制。

为了继续推进公共科技服务平台开放共享大型科学仪器设施，国家颁布了《中华人民共和国科学技术进步法》《国务院关于国家重大科研基础设施和大型科研仪器向社会开放的意见》《国家重大科研基础设施和大型科研仪器开放共享管理办法》等法律法规及政策，广东省科技厅发布了《关于深入推进重大科研基础设施与大型科研仪器开放共享的若干措施》。目前广东省纳入统计并可用于开放共享的大型仪器设施有 8995 台（套），其中 7412 台（套）纳入科研设施国家网络平台对外开放，占比为 82.4%，高于国家平均水平 76.0%；省属单位大型科研仪器平均单台（套）年有效工作机时和平均单台（套）年对外服务机时分别位居全国首位和全国第四。为了进一步推进广东省大型仪器设施的开放共享，可以学习上海的经验，上海的研发平台和大型仪器设施，不仅服务上海，而且积极规划、努力服务于长三角，并为江苏、浙江的企业等提供了服务。广东公共科技服务平台的建设，一方面要善于整合粤港澳大湾区的大型仪器设施资源，另一方面要建立起粤港澳三地公共科技服务平台、企业、科技工作者的深度互动、密切交流机制，建立不同类型科技平台的使用标准和服务范围，在保障国家安全的同时提升广大市场主体的积极性，扩大公共科技服务平台和科研仪器设备的共享范围，提升平台服务区域经济社会发展的效果和效率。

为了促进公共科技服务平台的人员开放，建议建构两大政策措施。一是建立高层次人才专用事业编制"周转池"，吸引国内科技工作者动态进入公共科技服务平台开展一定期限的项目工作。而与中国科学院、在其他省份办学的高水平大学合作创建的公共科技服务平台，总需要在一定时段内解决一些科技工作者的编制管理问题。为此，建议借鉴福建、江西、深圳等地经验，按照"动态调整、人走编收、空编置换、循环使用"的原则，在省委编办牵头下出台人员编制池管理办法，将事业单位空余编制收回集中统筹使用，建立高层次人才专用事业编制"周转池"，其中部分编制专供公共科技服务平台使用，专编专用、单列管理、动态调整，开辟编制"绿色通道"，解决公共科技服务平台高层次人才引进难的问题，助力高层次人才在广东落地生根。二是允许并鼓励国内退休科技专家依托某些组织，申请创建公共科技服务平台。因年龄超过 60 岁而于 2001 年在法国被迫退休，转而在美国俄亥俄州立大学工作的皮埃尔·阿戈斯蒂尼与其他两人分享了 2023 年诺贝尔化学奖，这表明 60 岁退休的科技工作者仍有巨大的科技潜力可供挖掘。国内 60 岁退休的科技工作者规模庞大，且学术上比较成熟，不但有助于公共科技服务平台的科技研发，而且事实上目前已有许多公共科技服务平台聘请了这类科技工作者。建议广东省在公共科技服务平台建设领域统筹实施"银龄计划"，积极鼓励、全面吸引国内退休的高水平科技工作者进入公共科技服务平台，同时制定政策，全面保障退休专家的各项权益、基本待遇及各类保障。

（五）重点加强新型研发机构建设

在公共科研服务平台建设过程中，逐渐涌现出一种非常独特的机构，即新型研发机构。新型研发机构，是聚焦科技创新需求，主要从事科学研究、技术创新和研发服务，且投资主体多元化、管理制度现代化、运行机制市场化、用人机制灵活的独立法人机构。在现实运行中，新型研发机构可依法注册为科技类民办非企业单位、事业单位和企业。不少公共科技服务平台，以新型研发机构的样式建构和运行，这极有助于进一步优化科研力量布局，强化产业技术供给，促进科技成果转移转化，推动科技创新和经济社会发展深度融合。

1. 全面梳理、充分利用新型研发机构的扶持政策

2019 年 9 月，科技部印发的《关于促进新型研发机构发展的指导意见》对新型研发机构的定义、功能定位、应符合的条件、管理机制等提出要求和指导意见。2021 年 12 月，国家发布修订后的《中华人民共和国科学技术进步法》，明确支持发展新型研究开发机构等新型创新主体，完善投入主体多元化、管理制度现代化、运行机制市场化、用人机制灵活化的发展模式，引导新型创新主体聚焦科学研究、技术创新和研发服务。近年来，合肥、南京等多个省外城市也出台了系列支持举措促进新型研发机构的发展。广东作为新型研发机构的发源地，自 2015 年起出台了一系列支持政策措施，在推进产学研合作，促进科技与产业融合，提升产业核心竞争力等方面取得显著成效。截至 2022 年，广东省共有 277 家省级新型研发机构，研发人员达到 2.6 万人以上，创办企业数量 1000 多家，重点围绕新材料、高端装备制造、信息技术、

生物、新能源等战略性新兴产业开展技术攻关与成果转化，为广东建设科技创新强省和促进粤港澳大湾区国际科技创新中心建设提供了支撑。从我国的现实状况看，主要形成了以下支持新型研发机构发展的实践举措。

第一，设立专项资金扶持新型研发机构的发展。2019 年 9 月，国家在《关于促进新型研发机构发展的指导意见》中提出，鼓励地方通过中央引导地方科技发展专项资金，支持新型研发机构建设运行。实际上，广东在 2015 年出台的《关于支持新型研发机构发展的试行办法》中就提出鼓励各级政府设立专项资金扶持新型研发机构的发展（表 2-15）。

表 2-15　设立专项资金扶持新型研发机构发展的相关政策措施

序号	层级		支持内容与方式	政策依据
1	国家		鼓励地方通过中央引导地方科技发展专项资金，支持新型研发机构建设运行。鼓励国家科技成果转化引导基金，支持新型研发机构转移转化利用财政资金等形成的科技成果	《关于促进新型研发机构发展的指导意见》（国科发政〔2019〕313 号）
2	广东		支持国内外知名高校、科研机构、世界 500 强企业、中央企业等来粤设立研发总部或区域研发中心，在新一代通信与网络、量子科学、脑科学、人工智能等前沿科学领域布局建设高水平研究院，并直接认定为省新型研发机构，评估优秀的省财政最高给予 1000 万元奖补	《广东省人民政府印发关于进一步促进科技创新若干政策措施的通知》（粤府〔2019〕1 号）
3			对在粤东西北地区建设的高水平新型研发机构，省财政给予启动经费支持，经认定为省新型研发机构且评估优秀的，最高给予 2000 万元奖补	
4		创新资源引进类	（高水平新型研发机构建设专题）根据专家评估和审核结果，对符合条件的机构给予省新型研发机构资格认定，并对通过本次认定、符合产业重点发展方向的省新型研发机构，按内容和评估档次给予资助，最高每家资助 1000 万元，资助经费专用于新型研发机构的建设与发展	《2020—2021 年度新型研发机构建设指南》（粤科函资字〔2020〕583 号）
5			（粤东西北新型研发机构建设专题）根据专家评估和审核结果，对符合条件的机构给予省新型研发机构资格认定，并对通过本次认定、地方政府重点支持、符合粤东西北产业发展方向的新型研发机构，按建设内容和评估的档次给予支持，资助金额最高 2000 万元，资助经费专用于新型研发机构的建设与发展	
6		新型研发机构认定与补助类	（省新型研发机构资格认定专题）根据专家评估和审核结果，对符合条件的机构经专家审后择优给予省新型研发机构资格认定，并按规定享受省新型研发机构的相关政策优惠	
7			（新型研发机构初创期建设补助专题）本专题的项目采用奖励性后补助方式择优给予支持。根据专家评估审核结果，按照机构初始投入额度择优给予 10%奖励性后补助，支持额度最高不超过 500 万元	

第二，强化新型研发机构创新资源保障。目前，支持新型研发机构创新资源保障主要集中在科技人才、科研仪器设备、科研用地等方面（表2-16）。在科技人才方面，向符合条件的新型研发机构下放企业主体系列的职称评审权限；在科研仪器设备方面，主要是可享受进口科研用品税收优惠；在科研用地方面，主要是优先保障新型研发机构建设用地。

表2-16　强化新型研发机构创新资源保障的政策支持内容

序号	创新资源	支持举措	支持政策	政策依据
1	科技人才	下放人才职称评审权限	按规定向符合条件的新型研发机构下放企业主体系列的职称评审权限，开展单位主体系列或专业职称评审	《广东省新型研发机构管理办法》（粤科规范字〔2022〕10号）
2	科研仪器设备	进口科研用品税收优惠	对科学研究机构、技术开发机构、学校、党校（行政学院）、图书馆进口国内不能生产或性能不能满足需求的科学研究、科技开发和教学用品，免征进口关税和进口环节增值税、消费税	《财政部 海关总署 税务总局关于"十四五"期间支持科技创新进口税收政策的通知》（财关税〔2021〕23号）
			支持符合条件的事业单位性质的社会研发机构享受支持科技创新进口税收政策。社会研发机构包括省级和市级事业单位性质的社会研发机构。市级社会研发机构是指由各地级以上市认定、在资格有效期内的事业单位性质的市级新型研发机构	《印发〈关于核定"十四五"期间享受支持科技创新进口税收政策的事业单位性质社会研发机构名单的实施办法〉的通知》（粤科规范字〔2021〕7号）
3	科研用地	保障科研用地	国家下达的年度林地定额，优先用于重大科技基础设施、省实验室、省新型研发机构等重点科技创新项目建设，该类项目使用林地申请优先受理审核。对将"三旧"改造用地用于科技创新类项目的县（区），省按相关规定奖励新增建设用地计划指标。通过"三旧"改造建设重大科技基础设施、省实验室、高新技术企业，以及各市新型研发机构、科技企业孵化器和众创空间，在满足基础设施承载能力前提下，依法适当放宽地块容积率限制，缩短规划审批时间	《广东省人民政府印发关于进一步促进科技创新若干政策措施的通知》（粤府〔2019〕1号）

第三，支持新型研发机构管理体制机制改革创新。目前，新型研发机构管理体制机制改革创新举措包括实行"预算+负面清单"管理模式、采用市场化用人机制、事业单位可不纳入机构编制管理、实行多方参股的股权结构、业绩同时认定为共建方所有等措施（表2-17）。

表 2-17　支持新型研发机构管理体制机制创新的主要政策措施一览表

序号	支持举措	层级	支持政策内容	政策依据
1	实行"预算+负面清单"管理模式	国家	鼓励地方对新型研发机构采用与国际接轨的治理结构和市场化运行机制,实行理事会领导下的院(所)长负责制。创新财政科研经费支持方式,给予稳定资金支持,探索实行负面清单管理,赋予更大经费使用自主权	《国务院办公厅关于改革完善中央财政科研经费管理的若干意见》(国办发〔2021〕32号)
2	采用市场化用人机制	国家	新型研发机构应采用市场化用人机制、薪酬制度,充分发挥市场机制在配置创新资源中的决定性作用,自主面向社会公开招聘人员,对标市场化薪酬合理确定职工工资水平,建立与创新能力和创新绩效相匹配的收入分配机制。以项目合作等方式在新型研发机构兼职开展技术研发和服务的高校、科研机构人员按照双方签订的合同进行管理	《关于促进新型研发机构发展的指导意见》(国科发政〔2019〕313号)
3	事业单位可不纳入机构编制管理	广东	符合条件的省实验室及所属科研机构、高水平研究院,经批准可作为省或市登记设立的事业单位,不纳入机构编制管理	《广东省人民政府印发关于进一步促进科技创新若干政策措施的通知》(粤府〔2019〕1号)
4	实行多方参股的股权结构	南京	鼓励新型研发机构建立人才(团队)持有多数股份,政府科技创新基金、投资平台和社会资本等多方参股的股权结构,政府股权收益部分不低于30%奖励高校院所,政府科技创新基金、投资平台所占股权可按协议约定转让	《南京市关于新型研发机构的备案管理办法(试行)》(2018年)
5	支持新型研发机构运营管理机制试点改革	广东	允许涉及国有资产的新型研发机构在符合国家相关法律法规的前提下,精简科研仪器设备采购流程,结合自身实际制定采购管理办法及设备运营管理办法,报事会批准实施。鼓励新型研发机构建立灵活自主的运营管理机制,对仪器设备、实验室场地等进行开放运营,资产运营收益由机构自主安排用于建设发展	《广东省新型研发机构管理办法》(粤科规范字〔2022〕10号)
6		广东	试点实施事业单位性质的新型研发机构运营管理机制改革,允许新型研发机构设立多元投资的混合制运营公司,其管理层和核心骨干可以货币出资方式持有50%以上股份,并经理事会批准授权,由运营公司负责新型研发机构经营管理;在实现国有资产保值增值的前提下,盈余的国有资产增值部分可按不低于50%的比例留归运营公司	《广东省人民政府印发关于进一步促进科技创新若干政策措施的通知》(粤府〔2019〕1号)
7	下放投资决策权	广东	对省市参与建设的事业单位性质新型研发机构,省或市可授予其自主审批下属创投公司最高3000万元的投资决策权	《广东省人民政府印发关于进一步促进科技创新若干政策措施的通知》(粤府〔2019〕1号)
8	促进科技成果转化	国家	除特殊规定外,财政资金支持产生的科技成果及知识产权由新型研发机构依法取得、自主决定转化及推广应用	《国务院办公厅关于改革完善中央财政科研经费管理的若干意见》(国办发〔2021〕32号)

续表

序号	支持举措	层级	支持政策内容	政策依据
9	业绩同时认定为共建方所有	广东	鼓励高校、科研机构出台政策措施支持合作共建新型研发机构，联合培养研究生，引导高校、科研院所的科研人员到新型研发机构开展科学研究、技术创新和成果转化等工作，科研人员在新型研发机构取得的业绩同时认定为共建单位的业绩	《广东省新型研发机构管理办法》（粤科规范字〔2022〕10号）
10	分级分类管理评估	合肥	按照"分类管理、分级评估、产业导向、聚焦绩效"的原则，对不同类型特点的新型研发机构进行差异化管理服务，有针对性地给予政策支持	《合肥市高质量新型研发机构分类支持管理细则》（2022年9月）
11	可设立投资子基金	南京	鼓励新型研发机构设立投资子基金。鼓励市级科技创新基金支持和参与新型研发机构发起设立针对新型研发机构孵化企业发展的股权投资基金，增强新型研发机构专业孵化及企业融资能力。基金完成备案后，根据基金实际到位规模给予最高1500万元开办奖励	《市政府办公厅关于加强金融支持新型研发机构高新技术企业和先进制造业发展的通知》（宁政办发〔2020〕12号）

2. 清晰厘定新型研发机构的发展现状

广东省内不同地市的新型研发机构的发展状况各不相同、进度不一。在此主要梳理广州、深圳、东莞、佛山等相对发达的地市的情况。

1）广州市新型研发机构发展状况

第一，机构方向分类情况。截至 2021 年底，广州市共设立新型研发机构 78 家，主要从事产业技术开发及成果转化业务的新型研发机构有 64 家，占比 82.05%；主要从事前沿技术研发业务的机构有 7 家，占比 8.97%；主要从事基础与应用基础研究业务的机构有 7 家，占比 8.97%。

第二，机构性质分布情况。广州市民办非企业性质的新型研发机构有 13 家（占比 16.67%），企业性质的新型研发机构有 43 家（占比 55.13%），事业单位性质的新型研发机构有 22 家（占比 28.21%），广州市企业性质的新型研发机构数量占比超 50%。

第三，研究领域分布情况。从整体上看，涉及计算机与软件技术、生物医药与医疗器械、新材料、新能源、先进制造与装备等技术领域。广州市新型研发机构产业领域分布前三名为计算机与软件技术（24 家涉及该领域，占比 30.77%）、生物医药与医疗器械（22 家涉及该领域，占比 28.21%）与新材料（15 家涉及该领域，占比 19.23%）。

2）深圳市新型研发机构发展状况

第一，机构方向分类情况。截至 2021 年底，深圳市共设立省级新型研发机构 44 家，主要从事产业技术开发及成果转化业务的新型研发机构有 23

家，占比 52.27%；主要从事前沿技术研发业务的机构有 4 家，占比 9.09%；主要从事基础与应用基础研究业务的机构有 17 家，占比 38.64%。

第二，机构性质分布情况。深圳市民办非企业性质的新型研发机构有 10 家（占比 22.73%），企业性质的新型研发机构有 13 家（占比 29.55%），事业单位性质的新型研发机构有 21 家（占比 47.73%）。

第三，研究领域分布情况。从整体上看，涉及生物医药与医疗器械、新材料、计算机与软件技术、新能源、高端装备等技术领域。深圳市新型研发机构产业领域分布前三名为生物医药与医疗器械（13 家涉及该领域，占比 29.55%）、新材料（11 家涉及该领域，占比 25%）和计算机与软件技术（10 家涉及该领域，占比 22.73%）。

3）东莞市新型研发机构发展状况

第一，机构方向分类情况。截至 2021 年底，东莞市共设立新型研发机构 26 家，主要从事产业技术开发及成果转化业务的新型研发机构有 17 家，占比 65.38%；主要从事前沿技术研发业务的机构有 5 家，占比 19.23%；主要从事基础与应用基础研究业务的机构有 4 家，占比 15.38%。

第二，机构性质分布情况。东莞市民办非企业性质的新型研发机构有 4 家（占比 15.38%），企业性质的新型研发机构有 7 家（占比 26.92%），事业单位性质的新型研发机构有 15 家（占比 57.69%），东莞市事业单位性质的新型研发机构数量占比超 50%。

第三，研究领域分布情况。从整体上看，涉及先进制造与装备、计算机与软件技术、新材料、生物医药与医疗器械等技术领域。产业领域分布前三名为先进制造与装备（7 家涉及该领域，占比 26.92%）、计算机与软件技术（7 家涉及该领域，占比 26.92%）与新材料（5 家涉及该领域，占比 19.23%）。

4）佛山市新型研发机构发展状况

第一，机构方向分类情况。截至 2021 年底，佛山市共设立新型研发机构 21 家（表 2-18），主要从事产业技术开发及成果转化业务的新型研发机构有 11 家，占比 52.38%；主要从事前沿技术研发业务的机构有 1 家，占比 4.76%；主要从事基础与应用基础研究业务的机构有 3 家，占比 14.29%。

第二，机构性质分布情况。佛山市民办非企业性质的新型研发机构有 4 家（占比 19.05%），企业性质的新型研发机构有 5 家（占比 23.81%），事业单位性质的新型研发机构有 12 家（占比 57.14%），佛山市事业单位性质的新型研发机构数量占比超 50%。

第三，研究领域分布情况。从整体上看，涉及先进制造与装备、新材料、计算机与软件技术、新能源、生物医药与医疗器械等技术领域。产业领域分布前三名为先进制造与装备（6 家涉及该领域，占比 28.57%）、新材料（5 家涉及该领域，占比 23.81%）和计算机与软件技术（4 家涉及该领域，占比 19.05%）。

表 2-18　珠三角九市省级新型研发机构发展情况表

地市	省级新型研发机构数量/家	2021 年成果转化收入数/万元	累计创办企业数量/家	知识产权		
				累计专利申请数/个	累计有效专利数/个	累计发表论文数/篇
广州	78	405 501	368	12 540	4 151	8 217
深圳	44	114 008	409	26 473	8 370	46 699
东莞	26	217 034	342	3 359	1 159	2 151
佛山	21	133 672	61	4 881	1 216	499
珠海	20	193 092	104	5 575	1 059	519
惠州	13	94 277	7	1 255	246	102
中山	8	7 037	32	548	68	227
江门	6	1 617	8	204	30	73
肇庆	5	1 497	4	527	119	169

3. 深度吸纳新型研发机构的建设经验

1）广州市新型研发机构建设经验

广州市各区积极探索建设新型研发机构，其中一些新设行政区的改革、发展、探索、建构的力度非常大、成果明显。以黄埔区为例，该区坚持大投入建大平台发展大产业，一年区财政投入 20 多亿元支持新型研发机构建设，并由区国资提供低水平租金（30 元/平方米）的物业场地，全区现有省级新型研发机构 39 家，占广州的 1/2。黄埔区的具体建设措施及经验如下。

第一，加强新型研发机构财务管理。加强财政资金拨付管理和监管，财政资金拨付一般按照协议拨付，大额资金一般分批拨付，控制资金使用效益。一年分期的一般不审计，分阶段拨付的由黄埔科技局负责阶段审计。同时，财政资金全部纳入银行监管体系，同一单位在同一银行多开一个账户，将财政资金放入新开设账户，当有大额资金、采购设备等需要时，单位须凭发票等相关证明材料才能支出费用（含投资费用），减少财政资金流失风险与责任。加强预算监管，新型研发机构按照《中华人民共和国政府采购法》进行采购即可，不需要走政府采购平台，但采购 400 万元以上的设备需要审批。

　　第二，赋予新型研发机构财务自主权。由清华珠三角研究院进行财政性资金投资试点，授予其自主审批下属创投公司最高 3000 万元的投资决策权，高于 3000 万的投资，须经省财政厅备案。试点后，出台新型研发机构负面清单管理制度，对事业单位性质的新型研发机构全部放开 3000 万元的投资决策权，财政性资金投资要求与研究院研究及发展方向一致。

　　第三，赋予新型研发机构招引项目自主权。推动新型研发机构实行理事会决策制和院长负责制，黄埔区科技局在理事会占两个席位，通过参加理事会、指导制订完善内部管理制度、审定年度预算、开展绩效考核和财务审计等对新型研发机构进行监督管理，一般不参与新型研发机构的日常运行，如新型研发机构引进项目资源，通过理事会决定即可，赋予新型研发机构招引项目自主权，推动新型研发机构集聚创新资源。

　　2）深圳市新型研发机构建设经验

　　1996 年 12 月，深圳清华大学研究院成立，揭开了全国新型研发机构建设的序幕。此后深圳市新型研发机构如雨后春笋一般陆续成立，并诞生了一批国内代表性新型研发机构。

　　第一，分类支持新型研发机构建设。深圳市的新型研发机构主要分为两类：一类是"国有新制"模式，如中国科学院深圳先进技术研究院、深圳清华大学研究院等；另一类是"民办官助"模式，如深圳华大基因研究院、深圳光启高等理工研究院等。这些新型研发机构的建立，大都打破传统科研机构建设模式，由多方联合组建，坚持产学研合作导向，采用企业化方式运作，并逐步探索出"科学发现—技术发明—产业发展"的"三发联动"发展模式，打通了从基础研究到应用研究再到产业化的创新链条。

　　第二，对新型研发机构早期成长阶段给予重点支持。深圳市政府在新型研发机构早期成长阶段，予以诸多支持措施大力帮助新型研发机构快速成长，不仅包括高额的建设经费和稳定的支持资金，还包括在土地使用、人才引进、设备购置、税收优惠和特事特办等方面的支持。如在中国科学院深圳先进技术研究院成立初期，深圳市政府无偿提供了 77 亩[①]土地和 1.8 亿元基本建设资金，持续 6 年每年无偿资助其稳定运行经费 1500 万元；自深圳华大基因研究院成立起至 2013 年，深圳市政府以无偿支持、平台建设、国家专项配套、项目专项等方式累计资助其约 2.5 亿元。

　　第三，创新新型研发机构管理运行模式。一是组织架构现代化，采用理

---

　　① 1 亩≈666.67 平方米。

事会（董事会）领导下的院/所长负责制，作为投入主体之一的政府部门不以行政命令的方式干涉新型研发机构的运行和发展，如深圳清华大学研究院实行理事会领导下的院长负责制；二是运行机制企业化，新型研发机构按照企业方式运行，自负盈亏，在科研管理上可自主选题、自主选聘科研人员、自主安排科研经费，如中国科学院深圳先进技术研究院对全体员工采取企业化合同制管理，同时参考企业绩效管理模式，建立末位淘汰制；三是管理机制灵活化，构筑"以人为本"的用才机制，注重人才能力、业绩和实际贡献，"不以年龄论资历，不以学位论英雄"，对具有创新能力的年轻人委以重任，对人才进行分类评价和管理，全力激发人才的积极性，如深圳华大基因研究院的 17 岁高二学生就能担任研发经费达 500 万的项目组长。

第四，支持港澳来深创建新型研发机构。深圳市政府充分发挥毗邻港澳优势，积极吸引港澳高校来深创建新型研发机构。2006 年成立的中国科学院深圳先进技术研究院由香港中文大学和中国科学院、深圳市政府合力共建。2022 年 9 月，《深圳市前海深港现代服务业合作区管理局支持新型研发机构管理办法（试行）》发布，支持企业、港澳高校、港澳研发中心建设新型研发机构，提出在建设资金扶持方面，按照研发投入强度，设置 300 万、600 万和 1000 万元三档年度支持标准；对港澳高校、研发中心设立的新型研发机构，通过协议方式予以支持。在发展扶持方面，对机构获评粤港澳联合实验室、承担各级科技立项予以奖励。

第五，营造适合新型研发机构发展的创新创业环境。出台人才政策助推新型研发机构引才，深圳市于 2010 年推出"孔雀计划"，对纳入"孔雀计划"的海外高层次人才，予以 160 万至 300 万元不等的奖励补贴，并可享受居留和出入境、落户、子女入学、配偶就业、医疗保险等方面的优惠政策；对引进的世界一流团队给予最高 8000 万元资助，并在创业启动、项目研发、政策配套、成果转化等方面予以特殊支持。积极建设技术转移全球交易、技术项目中试熟化、国际并购等平台网络，连接技术转移服务机构、投融资机构、高校、科研院所、企业等主体，支持平台上的各类技术转化活动。同时积极构建了"楼上楼下创新创业综合体"科技成果高效转化机制，即"楼上"科研人员利用大设施开展原始创新活动，"楼下"创业人才对原始创新进行工程技术开发和中试转化，推动更多科技成果沿途转化，缩短原始创新到成果转化再到产业化的时间周期。

3）东莞市新型研发机构建设经验

东莞市将重大科技基础设施、省实验室等创新平台与新型研发机构分开管理，市财政持续稳定支持创新平台，新型研发机构则推行"分类管理、提质增效、谨慎新建"。对于引进新的科研机构，主要以市场化模式为主，改变大包大揽的模式，政府资金不再出资超过50%，主要是吸引龙头企业牵头建设，新引进的新型研发机构更多采取镇街、园区共建方式。

第一，创新新型研发机构分类管理模式和考核淘汰机制。东莞创新新型研发机构分类管理模式，对母机构支持建设发展的，如华中科技大学、北京大学等建设的机构，采用继续扶持方式；对母机构支持力度一般的，如清华大学，按照学校要求转制成为国企，下阶段由国资部门负责管理，科技局指导开展工作；对做得比较差的就退出，如和北京航空航天大学联系不够紧密的研究院，东莞认为没有存在的必要性。总体上来说，做得好的扶持、一般的维持、做得比较差的就退出。并根据考核结果，对优秀和良好的分别给予500万和300万支持（优秀的数量比例不超过当年参加考核机构总数的20%、良好的不超过30%）。对单项指标前三名的给予最高不超过100万、50万、30万的奖励。

第二，加强新型研发机构的顶层设计。2022年5月，出台《东莞市新型研发机构管理暂行办法》（东科〔2022〕41号），对新型研发机构申报认定、绩效考核、支持措施、机构运行、强化共建类新型研发机构管理制度等方面进行规定。如明确新型研发机构的运营管理机制，即采用适合科研管理规律的扁平化、灵活性的管理架构；实行理事会、董事会决策制和院长、所长、总经理负责制，根据法律法规和出资方协议制定章程，依照章程管理运行。

第三，强化财务审计和授予财务自主权并行。在推动实现全市新型研发机构国有资产审计全覆盖的同时，也授予新型研发机构财务自主权，即赋予事业单位性质的共建类新型研发机构及下属创投公司单笔1000万元的科技成果处置和投资决策权，由机构在充分论证、评估、公示的基础上按程序自行审批。其中，对于在市内发生的事项，处置权额度可提高至3000万元。

4）佛山市新型研发机构建设经验

佛山积极引进国内外创新资源在佛山组建创新平台，加强对新型研发机构的规范管理，引导新型研发机构产业协作，促进新型研发机构提质增效。

第一，全市统筹，落实到区。结合佛山培育发展"2+2+4"产业集群发展需要，围绕关键技术破解、重点工艺提升，精准引进大院大所组建创新平台。根据全市统一部署，充分发挥主体建设责任，加大区级财政投入，结合区内产业发展的技术痛点、难点和要点，从弥补技术缺口、支撑产业发展出发，为平台的落地建设和长效发展做好服务。

第二，分类施策，提质增效。建立平台年度考核机制，对运营良好、考核成绩排名靠前的重点平台，加大扶持力度；对于考核不合格的平台，终止资金扶持。加强各类平台与行业协会、商会、科技服务机构、金融机构，以及孵化载体的合作，提高技术研发、成果转化、人才培养和企业培育的产出成效，逐步搭建起产业联盟和平台联盟，着力孵化、引进一批产业关联度高、牵引力和带动能力强的大项目、好项目。对已完成历史发展使命、运营不佳或已停止运作的平台，按照事业单位机构改革要求和有关规定进行分类改革，妥善处理平台的人、财、物等处置问题。

第三，优化机制，多源投入。鼓励平台争取多渠道投入方式，积极争取国家、省财政资金和市场资金的支持和投入。建立系统的共建投入引导机制，合理提高平台启动经费力度，配备完善的场地、设备以及人员等基本条件，为起步建设创造良好环境。明确建设定位及可量化的投入产出、进度目标等考核要素，建立全过程管理机制，以及合作期满的跟踪管理、服务和清退机制。例如在平台建设经费来源渠道上做出创新，探索按照"3 个三分之一平衡"提出平台收入来源规划，即首先地方政府支持三分之一，保证其服务的非营利性；其次申请竞争性项目经费三分之一，充分发挥院校优势积极承担国家和省课题项目；最后市场化运营解决三分之一，立足市场提供技术服务以获得相应收入，尤其是鼓励龙头企业、领军企业牵头联合大院大所组成重点创新联合体，形成体系化、任务型的协同创新模式。

第三章　产教融合型城市建设：
产教融合的区域空间视角

第一节　城市视角的产教融合研究设计

一、研究设计的价值前提

（一）产教融合型城市建设：激活职业教育和高等教育的空间载体

城市是整合优质资源、带动高质量发展进而实现共同富裕的关键性空间，以城市为细胞，进而就可以推动城市群、都市圈的发展。随着产教融合日益成为我国深化产业体制和教育体制改革、促进经济和社会发展的重要国策，产教融合型城市建设逐渐成为激活职业教育发展价值、实现共同富裕的战略性空间支点，因此也成为中央评价地方创新型发展、高质量发展的重要观测点。《国务院办公厅关于深化产教融合的若干意见》强调，"深化职业教育、高等教育等改革……促进人才培养供给侧和产业需求侧结构要素全方位融合"。《国家产教融合建设试点实施方案》要求，"健全以企业为重要主导、高校为重要支撑、产业关键核心技术攻关为中心任务的高等教育产教融合创新机制"，并确定 18 个省域和宁波、青岛、深圳三个计划单列市为试点范围，计划 5 年左右试点布局建设 50 个左右产教融合型城市。《国家发展改革委办公厅 教育部办公厅关于印发产教融合型企业和产教融合试点城市名单的通知》进一步确定了广州市、深圳市等城市的"国家产教融合试点城市"身份。为了进一步发挥产教融合型城市建设的战略性价值，广东省发展和改革委员会、广东省教育厅、广东省工业和信息化厅、广东省财政厅、广东省人力资源社会保障厅、广东省人民政府国有资产监督管理委员会印发的《广东省产教融合建设试点实施方案》确定了以下发展目标："支持广州、深圳等市试点建设国家产教融合型城市，组织开展省级产教融合试点。分批次布局建设省级产教融合型城市，到 2025 年，在珠三角 9 市中至少培育 5 个市级试点城市，在粤东粤西粤北地区至少各培育 1 个市级试点城市；县（市、区）级试点城市达到 10 个左右；建设培育 30 个以上具有一定示范带动作用的产教融合型行业，其中制造业相关行业 20 个以上，现代农业、现代服务业相关行业 10 个以上；建设培育 1000 家以上的产教融合型企业；重点打造 200 个以上产教融合创新平台和实训基地。"

为了落实中央和广东省的政策精神，为了借助产教融合的创新发展驱动力来促进地方经济和社会的高质量发展，非常有必要全面深化职业教育体制改革、积极促进市域职业教育的体系建设和运行机制优化，进而有效深化产教融合，高质量建设省级、国家级"产教融合型试点建设城市"。通过职业教育发展与产业发展的良性双循环，通过城市发展带动乡村振兴，通过先发的职业院校带动后发的职业院校，进而实现全方位、深层次的共同富裕。

（二）高等教育和职业教育：促进产教融合型城市建设、实现共同富裕的理智动力

高等教育已毫无疑问地成为创新发展的动力，成为促进产教融合型城市建设、实现共同富裕的理智动力。值得注意的是，职业教育在中国也日益发挥其巨大的产业促进作用。职业教育具有两方面的特征和优势。一是其技术、技能积累功能。职业教育助力技术、技能积累，进而促进技能型社会建设，这不但可以培养技能型人才、拓宽致富渠道，服务乡村振兴、缩小城乡差距，对接困难群体、精准预防返贫，而且还可以促进产业升级、推动产业兴旺，革新产教融合、促进产教融合型城市建设，进而统筹推进共同富裕。[1]二是其开放性、包容性甚至兜底性教育服务。在中国高等教育大众化、普及化的进程中，特别是 2019 年的高职百万扩招[2]，极大地拓展了职业教育的发展道路，在现有条件下极大地保障了社会公众受教育机会领域的"共同富裕"。

（三）共同富裕：发展职业教育和高等教育、建设产教融合型城市的根本旨趣

中国的改革开放和社会主义建设，重要目标之一就是共同富裕，基本路径则是先富带动后富；进入 21 世纪之后，中国的发展策略逐渐从"让一部分人先富起来"的"重点论"转向以"共同富裕"为焦点的"全面论"。

"共同富裕"，是结果意义上的全纳性富裕，是富裕性和共享性的辩证

---

① 李名梁, 庄金环, 史静妍. 职业教育助推共同富裕的耦合机理及实践理路[J]. 教育与职业, 2022(12): 20-27.

② 张祺午. 高职百万扩招的战略意义与实现路径[J]. 职业技术教育, 2019, 40(12): 1.

统一[①]，但绝不是"同时富裕、同步富裕、同等富裕"，也不是"绝对平均主义"。共同富裕，强调两大要点：一是根据发展的规律，基于效率优先的原则，"做大蛋糕"；二是根据合目的性的要求，基于效益（达成目标）和效能（满足需求）兼顾的原则，优化和创新"蛋糕"分配机制——其中包括公平分配机制、"先富带动后富"的发展机制。理论上厘清、实践上落实效率和公平的辩证关系，是实现共同富裕的法宝。[②]

职业教育发展、产教融合型城市建设，一方面都作为社会主义发展的途径和手段，以助力共同富裕为根本目标，另一方面它们本身也需要按照"共同富裕"的原则，在不同区域之间、不同城市之间，在职业教育与普通教育之间，在职业教育系统中的不同学校之间，坚持发展机会均等、资源分配公平的原则，通过先发带动后发、先进帮扶后进的方式，实现共同发展、均衡发展。

二、研究框架的整体设计

（一）研究维度建构

本书根据教育的外部关系规律、内部关系规律[③]，分别从职业教育的在地性和本土性、职业教育系统与本地产业结构的适切性以及产教融合状况等三个方面，梳理职业教育的外部关系规律；从职业教育体系的角度梳理职业教育的内部关系规律，进而构建起职业教育促进产教融合型城市建设以实现共同富裕的核心观测指标体系。[④]

第一大研究维度是职业教育对城市产业的空间覆盖度。重点考察职业教育在空间上是否全面覆盖本地产业，以方便实现近距离、无边界的校企合作、产教融合。

第二大研究维度是职业院校专业与产业的结构对应度。重点考察职业院校的专业结构与产业结构能否保持高度对应，以保证学生"学用一致"、人才培养与产业需求"供需相符"、毕业生"本地就业"。

第三大研究维度是职业教育的体系完整度。重点考察能否建立起"中职—

① 陈子曦, 青梅, 杨玉琴. 中国共同富裕逻辑、测度、时空动态及收敛研究[J]. 四川轻化工大学学报(社会科学版), 2022(3): 1-20.

② 渝宇杰, 许钤川. 分配制度改革推进共同富裕的内在逻辑、基本特征与结构优化[J]. 南昌大学学报(人文社会科学版), 2022, 53(3): 32-40.

③ 潘懋元. 教育的基本规律及其相互关系[J]. 高等教育研究, 1988(3): 6-12.

④ 陈伟, 薛亚涛, 陈心怡. 职业教育促进产教融合型城市建设的实践路径——以惠州为例[J]. 高教探索, 2023(4): 92-102.

专科层次高职—本科职业教育和应用型本科—专业学位研究生教育（专业学位硕士、专业学位博士）"纵向贯通、链条完整且符合城市产教融合需求的现代职业教育体系。

第四大研究维度是产教融合的制度创新度。重点考察能否以建设产业学院为产教融合的制度创新契机，通过地方政策创新，地方政府全面促进本地产业与职业教育之间的"政-产-学"融合（图 3-1）。

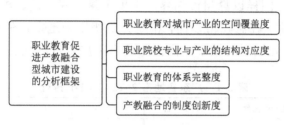

图 3-1 调查研究的指标体系

（二）研究案例遴选

本书运用案例研究法，在市域层面遴选惠州市作为案例，在省域层面遴选广东省作为案例，系统开展研究。

1. 研究案例的特点

从研究的角度看，广东省自 1989 年以来 GDP 一直位居全国第一并且保持至今，广东省与香港、澳门要共同担负起建设粤港澳大湾区的重大使命，《中共中央 国务院关于支持深圳建设中国特色社会主义先行示范区的意见》要求广东省内的深圳市担负起"建设中国特色社会主义先行示范区"的神圣使命；但与此同时，广东省内部又呈现出较强的不平衡现象，珠三角地区与粤东西北地区之间的非均衡性差异极为明显。率先发展与不平衡发展同时并存的局面，导致广东省极具个案研究价值。

而在广东省内，惠州市具有典型的案例特征。

第一，从地理空间看，惠州市处于珠三角与粤东地区的过渡地带；但是，这种过渡，在经济社会发展层面则表现为陡峭式过渡。具体而言，在惠州市内，城市和乡村地区之间存在着悬崖式的发展断层，各行政区划因是否靠近东莞、深圳、广州而处于不同的发展水平，其中，作为主城区的惠城区（2022年 GDP 为 1029.66 亿元），邻近东莞、深圳、广州的惠阳区（2022 年的 GDP 为 803.46 亿元），惠东县（2022 年 GDP 为 741.80 亿元），博罗县（2022

年 GDP 为 801.39 亿元），大亚湾经济技术开发区（2022 年 GDP 为 915.80 亿元），仲恺高新技术产业开发区（2022 年 GDP 为 905.98 亿元），以及与更邻近粤东、与河源市和韶关市接壤的龙门县（2020 年 GDP 为 203.21 亿元）之间，在发展水平上存在着断崖式过渡。[①] 从地域看，惠州市是发达的珠三角地区与相对滞后的粤东地区之间的过渡地带。惠州市西与广州、东莞、深圳接壤，东与韶关、河源、汕尾接壤，并向东延伸至揭阳、梅州、汕头、潮州。从 GDP 看，同样以惠州市为界，出现了悬崖式过渡。惠州市的 GDP 处于 5000 亿元级别；在惠州市以西，都是万亿级别的地市，在其东面，则瞬间跌落到一两千亿元级别的城市，同样呈现出断崖式过渡状态（表 3-1）。

表 3-1　广东各地市 2022 年 GDP 排行

地市	GDP/亿元	省内排名	地市	GDP/亿元	省内排名
深圳	32 387.68	1	肇庆	2 705.05	12
广州	28 839	2	揭阳	2 260.98	13
佛山	12 698.39	3	清远	2 032.02	14
东莞	11 200.32	4	韶关	1 563.93	15
惠州	5 401.24	5	阳江	1 535.02	16
珠海	4 045.45	6	汕尾	1 322.02	17
茂名	3 904.63	7	梅州	1 318.21	18
江门	3 773.41	8	潮州	1 312.98	19
湛江	3 712.56	9	河源	1 294.57	20
中山	3 631.28	10	云浮	1 162.43	21
汕头	3 017.44	11			

资料来源：广东省各市统计局。

第二，从战略地位看，惠州市在广东"一核一带一区"区域发展格局中处于中介、枢纽位置。具体而言，惠州市属于广东省的珠三角核心区，但由于它在珠三角中相对滞后而成为决定珠三角核心区高质量发展程度和水平的关键性"短板"；同时，惠州市是连接珠三角与粤东的"沿海经济带"的中介和枢纽，它的链接能力的大小、枢纽功能的强弱，直接决定"沿海经济带"的建设成效。

第三，从发展状态看，惠州市的职业教育发展相对滞后，不但相对滞后于本地经济社会发展需求，而且也相对滞后于同类地市，甚至落后于 GDP 排名落后于惠州的珠海等地市。

---

① 惠州市统计局, 国家统计局惠州调查队. 惠州统计年鉴 2021[M]. 北京: 中国统计出版社, 2021: 49.

在 1998 年之后的中国高等教育大众化和普及化进程中，在建设现代职业教育体系的宏观战略中，惠州市的职业院校和高等院校的数量和办学规模、"双一流"建设及办学质量、办学层次（硕士、博士学位授权点）都没有实现整体性跃进和根本性突破，没有建成"中职—专科层次高职—本科职业教育和应用型本科—专业学位研究生教育"的现代职业教育体系，也没有建成"高职和高专—本科—硕士—博士"完整的普通高等教育体系，因此其职业教育发展水平与其经济地位不相称。

具体而言，惠州市的高等教育、职业教育绝对落后于广州、深圳、佛山、东莞，也落后于 GDP 排名靠后的珠海。

广州市有"双一流"建设高校 7 所、"双一流"建设学科 16 个，有普通本科高校 30 所，有国家高水平高职院校建设单位 2 所、高水平高职院校专业群建设单位 7 所，还有其他高职院校（包括职业本科）38 所，有中职学校 38 所。有 7 所在世界技能大赛中极富影响力、屡获金牌的技师学院，且都在筹备纳入高等学校序列、转设为高职院校。

深圳市有"双一流"建设高校 1 所（南方科技大学）、"双一流"建设学科 1 个（数学），有普通本科高校 4 所、国家高水平高职院校建设单位 2 所（2023 年 6 月，教育部批准以深圳职业技术学院为基础整合资源设立深圳职业技术大学）、其他高职院校 1 所，有中职学校 31 所。

东莞市有普通本科高校 3 所、高水平高职院校专业群建设单位 1 所（东莞职业技术学院）、其他高职院校 2 所，有中职学校 22 所。

佛山市有普通本科高校 2 所（佛山大学、广东东软学院），有高水平高职院校建设单位 1 所、其他高职院校 3 所，有中职学校 24 所。

珠海通过"引进"外地高校办学的方式，目前拥有普通本科高校 7 所、高职院校 2 所，另外，还有中职学校 9 所、技工院校 5 所（其中技师学院 1 所）（表 3-2）。

表 3-2　广东"GDP 前 5 城市"教育发展现状比较

		广州	深圳	东莞	佛山	惠州
本科院校	"双一流"建设高校	中山大学、华南理工大学、华南师范大学、暨南大学、广州中医药大学、华南农业大学、广州医科大学	南方科技大学	—	—	—
	"双一流"建设学科	哲学、数学、化学、生物学、生态学、材料科学与工程、电子科学与技术、基础医学、临床医学、药学、工商管理、轻工技术与工程、食品科学与工程、中医学、物理学、作物学	数学	—	—	—

续表

		广州	深圳	东莞	佛山	惠州
本科院校	普通本科高校	广东工业大学、广州城市理工学院、广州大学、仲恺农业工程学院、广东技术师范大学、广州华立学院、广州软件学院、广州理工学院、广东药科大学、广东白云学院、广州南方学院、广州航海学院、广东应用科技学院、南方医科大学、华南农业大学珠江学院、广东外语外贸大学、广州商学院、广东警官学院、广州新华学院、广东培正学院、广东财经大学、广州美术学院、星海音乐学院、广州工商学院、广东第二师范学院、广东金融学院、广州华商学院、广东外语外贸大学南国商学院、广州医科大学、香港科技大学（广州）	深圳大学、深圳技术大学、香港中文大学（深圳校区）、深圳北理莫斯科大学	东莞理工学院、广东科技学院、东莞城市学院	佛山大学、广东东软学院	惠州学院
	办学层次	本科生、研究生（硕士、博士）	本科生、研究生（硕士、博士）	本科生、研究生（硕士、与国外大学联合培养博士）	本科生、研究生（硕士）	本科生
高职院校	高水平学校建设单位	广东轻工职业技术学院（B档）、广州番禺职业技术学院（B档）	深圳职业技术学院（A档）、深圳信息职业技术学院（B档）	—	顺德职业技术学院（B档）	—
	高水平专业群建设单位	广东科学技术职业学院（B档）、广东水利电力职业技术学院（B档）、广州铁路职业技术学院（B档）、广东工贸职业技术学院（C档）、广东机电职业技术学院（C档）、广东食品药品职业学院（C档）、广州民航职业技术学院（C档）	—	东莞职业技术学院（C档）	—	—
	其他高职	广州科技职业技术大学、广东交通职业技术学院、广东农工商职业技术学院、广东南华工商职业学院、私立华联学院、广州华南商贸职业学院、广东行政职业学院、广东体育职业技术学院、广东建设职业技术学院、广东女子职业技术学院、广东岭南职业技术学院、广东邮电职业技术学院、广东司法警官职业学院、广东省外语艺术职业学院、广东文艺职业学院、广州体育职业技术学院、广州工程技术职业学院、广州涉外经济职业技术学院、广州南洋理工职业学院、广州现代信息工程职业技术学院、广东理工职业学院、广州华南商贸职业学院、广州华立科技职业技术学院、广州城市职业学院、广东工程职业技术学院、广东科贸职业学院、广州科技贸易职业学院、广州珠江职业技术学院、广州松田职业学院、广州城建职业学院、广州华商职业学院、广州华夏职业学院、广东青年职业学院、广州东华职业学院、广东舞蹈戏剧职业学院、广东生态工程职业学院、广州卫生职业技术学院、广州幼儿师范高等专科学校	广东新安职业技术学院	广东创新科技职业学院、广东酒店管理职业技术学院	佛山职业技术学院、广东职业技术学院、广东环境保护工程职业学院	惠州城市职业学院、惠州经济职业技术学院、惠州卫生职业技术学院、惠州工程职业学院
中职学校		38 所	31 所	22 所	24 所	22 所

　　GDP 领先于惠州的广州、深圳能够培养硕士、博士，而佛山、东莞都已获得硕士学位授予权，GDP 落后惠州的珠海市则通过引进外地高校办学而可以招收、培养博士、硕士研究生（表 3-3）。

表 3-3　广东省内除广州、深圳之外具备硕士研究生招生培养资格的其他城市

城市	举办研究生教育的高校或校区
佛山	佛山大学
东莞	东莞理工学院
珠海	中山大学珠海校区等
肇庆	肇庆学院
湛江	广东海洋大学、广东医科大学
茂名	广东石油化工学院
汕头	汕头大学
汕尾	华南师范大学汕尾校区
河源	广东技术师范大学河源校区

　　惠州市仅有 1 所普通本科高校，即惠州学院，且至今尚无硕士研究生招生、培养及硕士学位授权资格；有高职院校 4 所；有中职学校 22 所。

　　2020 年广东成果转化实效排名前 10 的高职院校位于广州的有 3 所（分别是广东轻工职业技术学院、广东科学技术职业学院、广州番禺职业技术学院），位于深圳的有 2 所（分别是深圳职业技术学院、深圳信息职业技术学院），位于佛山的有 2 所（佛山职业技术学院、广东环境保护工程职业学院），位于中山的有 1 所（中山职业技术学院），位于东莞的有 1 所（东莞职业技术学院），位于江门的有 1 所（江门职业技术学院）[①]。惠州暂时没有高职院校入选（表 3-4）。

表 3-4　广东 2020 年成果转化实效排名前 10 的高职院校

学校	所在城市
深圳职业技术学院	深圳
广东轻工职业技术学院	广州、佛山
佛山职业技术学院	佛山

---

　　① 李海强. 产教融合、科创赋能！2021 年广东高校科技成果转化对接大会佛山举行[EB/OL]. http://k.sina.com.cn/article_1652484947_627eeb5302001a5gp. html[2022-06-09].

学校	所在城市
广东环境保护工程职业学院	广州、佛山
中山职业技术学院	中山
广东科学技术职业学院	广州、珠海
深圳信息职业技术学院	深圳
广州番禺职业技术学院	广州
东莞职业技术学院	东莞
江门职业技术学院	江门

2. 案例城市的高等教育、职业教育状态分析

利用公开发布的各类统计数据，分析惠州市在产教融合型城市建设背景下以共同富裕为目标的经济社会及教育发展状况则可发现，存在着一个主要矛盾，即经济和社会发展对高等教育、职业教育的需求日益旺盛但高等教育、职业教育的有效供给仍显相对不足。

1）外部经济社会发展对教育提出了极大需求

第一，惠州市第二产业占比总体稳定。根据广东省地区生产总值统一核算结果，2022年惠州地区生产总值（初步核算数）为5401.24亿元，同比增长4.2%。其中，第一产业增加值为277.45亿元，同比增长6.9%；第二产业增加值为3019.87亿元，同比增长7.2%；第三产业增加值为2103.91亿元，同比增长0.02%。三次产业结构调整为5.1：55.9：39.0。人均地区生产总值为89 157元（按年平均汇率折算为13 255美元），同比增长4.3%[①]。

近十年来，惠州市第一产业在地区生产总值中占比总体保持稳定；第二产业和第三产业在地区生产总值中占比变化较大，基本上呈"此消彼长"之势，其中，第二产业占比从2013年的57.9%下降到2022年的55.9%，第三产业占比则从2013年的37.2%上升到2022年的39.0%。如果没有新冠疫情的影响，第二产业占比可能会下降到50.0%以下，第三产业占比则可能会超过45.0%，甚至更高。第二产业在国民经济中扮演着"经济压舱石"和"稳定器"的角色，因此，惠州市有必要在大力发展第三产业的同时，进一步巩固第二产业在地区生产总值中的重要地位（表3-5）。

---

① 惠州市统计局，国家统计局惠州调查队. 2022 年惠州国民经济和社会发展统计公报[EB/OL]. http://www.huizhou.gov.cn/attachment/0/201/201837/4959495.pdf[2023-09-19].

表 3-5 2013—2022 年惠州市三次产业占地区生产总值比值情况（单位：%）

年份	2013	2014	2015	2016	2017	2018	2019	2020	2021	2022
地区生产总值	100.0	100.0	100.0	100.0	100.0	100.0	100.0	100.0	100.0	100.00
第一产业	4.9	4.6	4.7	4.9	4.4	4.4	4.9	5.2	4.7	5.1
第二产业	57.9	57.9	56.5	55.2	53.0	53.0	51.5	50.5	53.3	55.9
第三产业	37.2	37.5	38.8	39.9	42.6	42.6	43.6	44.3	42.0	39.0

第二，分行业看，规模以上工业生产重点行业增速高。分行业门类看，2022 年，全市规模以上采矿业完成增加值 11.3 亿元，同比增长 116.1%；规模以上制造业完成增加值 2277.4 亿元，同比增长 6.3%；规模以上电力、热力、燃气及水生产和供应业完成增加值 136.2 亿元，同比增长 1.2%。在产的 35 个大类行业中，24 个行业增加值实现增长，行业增长面达 68.6%；其中，16 个行业增速高于全市规模以上工业平均水平（6.3%）。对全市规模以上工业增加值增速贡献最大的三个行业分别为化学原料和化学制品制造业（44.8%，增加值增长 44.8%，下同）、专用设备制造业（63.9%）以及计算机通信和其他电子设备制造业（2.5%），其分别拉动全市规模以上工业增加值增速 5.0 个百分点、1.1 个百分点和 0.9 个百分点，贡献率分别为 79.1%、17.3% 和 14%。"2+1"产业中石油化工产业增长 16.1%。2022 年，电子产业完成工业增加值 787.8 亿元，占全市规模以上工业增加值比重 32.5%，增长 2.5%，拉动规模以上工业增加值增长 0.9 个百分点，贡献率为 14.0%。石化能源新材料产业完成增加值 761.8 亿元，占全市规模以上工业增加值比重 31.4%，同比增长 10.3%，拉动规模以上工业增加值增长 2.9 个百分点，贡献率为 46.5%。其中，石油化工产业增加值为 526.3 亿元，同比增长 16.1%；能源产业增加值为 120.3 亿元，同比增长 2.1%；新材料制造业增加值为 115.2 亿元，同比下降 2.3%。生命健康制造业完成增加值 48.4 亿元，占全市规模以上工业增加值比重 2.0%，同比增长 9.6%，比全市规模以上工业增加值增速高 3.3 个百分点，拉动规模以上工业增加值增速 0.2 个百分点，贡献率为 2.9%。高技术制造业增加值增长 4.6%，先进制造业增加值增长 8.4%。2022 年，规模以上高技术制造业实现增加值 947.5 亿元，占全市规模以上工业比重为 39.1%，同比增长 4.6%，比全市规模以上工业平均水平低 1.7 个百分点，拉动规模以上工业增加值增速 1.9 个百分点，贡献率为 29.7%。其中，电子及通信设备制造业增长 4.0%，拉动规模以上工业增加值增速 1.6 个百分点。规模以上先进制造业完成工业增加值 1598.4 亿元，占全市规模以上工业比重为

65.9%，同比增长 8.4%，比全市规模以上工业平均水平高 2.1 个百分点，拉动规模以上工业增加值增速 5.3 个百分点，贡献率为 84.7%。

第三，分企业规模看，小微企业增速较缓。2022 年，全市规模以上工业大型企业完成增加值 1365.4 亿元，占规模以上工业增加值比重 56.3%，同比增长 8.6%，拉动全市规模以上工业增加值增长 4.7 个百分点，贡献率为 74.6%。中型企业完成增加值 381.7 亿元，占规模以上工业增加值比重 15.7%，同比增长 6.7%，拉动全市规模以上工业增加值增长 1.1 个百分点，贡献率为 16.9%。小微型企业完成增加值 677.7 亿元，占规模以上工业增加值比重 27.9%，同比增长 1.8%，拉动全市规模以上工业增加值增长 0.5 个百分点，贡献率为 8.6%。

第四，分经济类型看，内资增长快于外资。2022 年，全市规模以上工业内资企业完成增加值 1439.4 亿元，占规模以上工业增加值比重 59.4%，同比增长 10.9%，比全市规模以上工业增速高 4.6 个百分点，拉动全市规模以上工业增加值增长 6.0 个百分点，贡献率为 95.8%。其中，国有控股企业完成增加值 500.8 亿元，占规模以上工业增加值比重 20.7%，同比增长 21.2%，拉动全市规模以上工业增加值增长 3.4 个百分点；私营企业完成增加值 567.2 亿元，占规模以上工业增加值比重 23.4%，同比增长 6.7%，拉动全市规模以上工业增加值增长 1.6 个百分点。外商及港澳台商投资企业完成增加值 985.5 亿元，占规模以上工业增加值比重 40.6%，同比增长 0.6%，拉动全市规模以上工业增加值增长 0.3 个百分点，贡献率为 4.2%。

第五，分主要产品看，超四成重点监测产品产量同比增长。2022 年，全市重点监测的 26 项主要工业产品中，产量增长的有 11 项，其中增长较快的 3 项产品为医疗仪器设备及器械、化学药品原药和液晶显示屏，分别增长 129.9%、35.1% 和 22.4%。另外，移动通信手持机（手机）增长 12.4%，彩色电视机下降 4.1%，组合音响下降 2.8%，锂离子电池下降 8.2%，微型计算机下降 27.3%，水泥下降 10.8%，初级形态塑料增长 5.6%，合成橡胶增长 6.9%。

第六，分销售情况看，内销产值同比增长 9.1%。2022 年，规模以上工业销售产值为 10 491.0 亿元，同比增长 7.5%。其中，内销产值为 7873.0 亿元，同比增长 9.1%，比销售产值增速高 1.6 个百分点，占销售产值比重 75.0%。出口交货值为 2618.0 亿元，同比增长 2.9%，比销售产值增速低 4.6 个百分点，占销售产值比重 25.0%。①惠州市经济平稳增长对高等教育、职业教育人才培

① 惠州市统计局，国家统计局惠州调查队. 2022 年惠州国民经济和社会发展统计公报[EB/OL]. http://www.huizhou.gov.cn/attachment/0/201/201837/4959495.pdf[2023-09-19].

养提出了迫切的需求，当务之急是，根据惠州"2+1"产业结构的总体布局，调整区域内现有高等教育、职业教育专业结构，提高人才培养的质量和针对性。

2）惠州市社会发展对教育提出了极大需求

社会发展指标的内容主要包括社会教育事业发展指标、社会卫生健康事业发展指标、社会保障事业发展指标、环境保护指标、社会治安和事故指标。有鉴于此，基于本研究所掌握的资料，暂且从教育与科技，文化、旅游、卫生和体育，居民收入和社会保障，资源、环境与安全生产等方面分析惠州市社会发展对职业教育提出的需求。

第一，教育与科技。全市参加 2022 年高考被录取的学生人数为 44 991 人；本地普通高等院校招生 20 418 人，普通中学招生 137 031 人，小学招生 99 814 人。全市共有各级各类学校数 1812 所。2022 年末县级以上国有研究与开发机构、科技情报和文献机构有 30 个。全年全市专利授权量为 27 613 件，同比增长 7.8%，其中发明专利授权量为 2092 件，同比下降 3.1%；PCT 专利申请量为 303 件，同比下降 33.7%；有效发明专利量为 12 216 件，万人发明专利拥有量为 20.14 件。全市共有建成或在建的国家产品质量监督检验中心 3 个；省级授权产品质量监督检验机构 10 个，其中，法定计量检定机构 5 个、特种设备综合检验机构 1 个、标准化技术机构 1 个、法定产品质量监督检验机构 3 个。至 2022 年底，获得资质认定计量认证的实验室有 265 家，获得质量、环境、职业健康三大管理体系认证企业分别为 5883 家、2528 家和 1558 家，获得 3C 产品认证的企业有 712 家。

第二，文化、旅游、卫生和体育。2022 年末全市共有文物保护单位 376 个，其中，博物馆（纪念馆）12 个、公共图书馆 7 个、文化馆 6 个、镇（街道）文化站 73 个、广播节目 7 套、电视台节目 6 套。广播人口覆盖率为 100%，电视人口覆盖率为 100%。全市有线电视用户为 58.29 万户，歌舞娱乐场所为 303 家，网吧为 353 家；新增广电互联网用户 30 577 户。年末全市共有 A 级景区 40 个，其中 5A 级景区 2 个、4A 级景区 10 个。全市共接待国内外游客 2390.77 万人次，同比下降 15.0%。接待住宿游客 1075.10 万人次，同比下降 21.3%，其中国内游客 1070.26 万人次，同比下降 21.2%。全年实现旅游总收入 168.18 亿元，同比下降 23.4%；国际旅游收入 6040.56 万美元，同比增长 127.9%。年末全市有医疗卫生机构 2487 个（不含村卫生室），其中医院、卫生院 153 个（乡镇卫生院 67 个、街道卫生院 1 个），妇幼卫生保健机构 6 个，疾病预防控制中心 8 个，卫生监督所 5 个。全市医疗卫生机构实有床位数 24 979 张，同比增长 4.8%，其中医院、卫生院实有床位 22 644 张。全市医疗卫生机构在岗职工有 52 082 人；卫生技术人员有 43 946 人，其中执业（助理）医师 16 911 人、注册护士 19 911 人、药师（士）2080 人。疾病预防控制中心卫生技术人员有 354 人，卫生监督所卫生技术人员有 151 人。村卫生室有 1276 间。全年体育健儿在省级以上比赛中共获奖牌 211.4 枚；人均体育场面积为 2.68 平方米。

　　第三，居民收入和社会保障。2022 年全年居民人均可支配收入为 44 890元，同比增长 3.6%，扣除价格因素，实际增长 0.9%；居民恩格尔系数为 36.0%。城镇居民人均可支配收入为 50 811 元，同比增长 3.2%，扣除价格因素，实际增长 0.5%；城镇居民恩格尔系数为 35.0%。农村居民人均可支配收入为 28 964 元，同比增长 5.0%，扣除价格因素，实际增长 2.2%；农村居民恩格尔系数为 40.0%。年末全市参加城镇职工养老保险（不包含离退休人员）的有 195.12 万人，同比增长 3.1%；参加城镇居民基本医疗保险的有 246.10 万人；城镇职工参加基本医疗保险的有 241.82 万人，同比增长 7.6%；参加失业保险的有 166.83 万人，同比增长 6.0%；参加工伤保险人数为 171.18 万人，同比增长 1.5%。全年城乡居民享受最低生活保障的有 51 154 人，其中农村 45 054 人。各类收养性社会福利单位床位为 6778 张，收养人员为 2181 人。城镇各种社区服务设施有 1416 个，其中综合性社区服务中心有 49 个。全年共发行销售福利彩票达 12.04 亿元，筹集福利彩票公益金达 1.33 亿元，直接接收社会捐赠为 5.30 亿元。

　　第四，资源、环境与安全生产。2022 全年全社会用电量为 517.80 亿千瓦·时，同比增长 1.5%。其中工业用电 347.06 亿千瓦·时，同比增长 0.8%；城镇居民用电 49.51 亿千瓦·时，同比下降 0.6%；农村居民用电 27.90 亿千瓦·时，同比增长 3.8%。年末全市拥有 110 千伏以上变电站 183 座，其中500 千伏变电站 7 座。110 千伏及以上主变容量为 4503.40 万千伏安。全年人工造林为 1098 公顷，退化林修复、人工更新达 15 700 公顷，全市森林覆盖率为 61.67%。发生森林火灾 5 次，森林火灾受灾面积为 7.4 公顷。全市共有自然保护区 28 个，保护区面积为 17.09 万公顷，湿地面积为 55.38 千公顷。全年市区环境空气良好，优良天数为 342 天。可吸入细颗粒物（$PM_{2.5}$）年平均浓度为 17 微克/米 ^{3}。全年共发生各类生产经营性安全事故 162 宗，死亡119 人，直接经济损失达 3094.18 万元。其中，生产经营性道路交通事故 139宗，死亡 91 人，占各类生产经营性安全事故死亡人数的 76.5%；工矿商贸企业事故死亡 11 人，占各类生产经营性安全事故死亡人数的 9.2%。全年发生火灾事故 3411 起，直接经济损失达 2053.51 万元。[①]

资源、环境与安全生产领域的发展形势要求惠州市高等教育、职业教育在专业建设和专业调整优化的过程中能够适当提升资源勘探类、地质类、测绘地理信息类、交通运输类、林业类等人才的培养能力与规模。

3）惠州教育与经济社会发展总体互动状态分析

第一，经济发展对职业教育的需求极其旺盛。惠州市的 GDP 全省目前排名第五，人均 GDP 约为 8.90 万元，全省排名第六（图 3-2）。

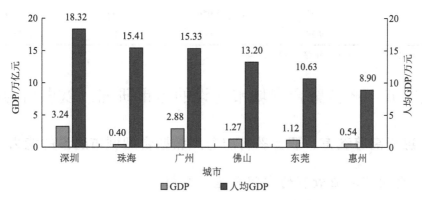

图 3-2　广东"GDP 前 6 城市"总体经济发展情况比较

资料来源：2022 年广东各市国民经济和社会发展统计公报

第二，惠州市科教融合促进职业教育发展的动力不足。惠州市的全社会 R&D 人员与经费，在全省各地市中都排名第五；但是，与排名在前的领先者相比，呈现出断崖式下降的特征，而与后面的追赶者相比则差距不大。

与 GDP 省内排名第四的佛山市相比较，在高校、企业、科研机构 R&D 经费的总支出方面，佛山为 288.6 亿元，惠州为 126.5 亿元；其中在 R&D 经费的企业支出方面，佛山为 268.6 亿元，惠州仅 120.6 亿元。与 GDP 省内排名第六的珠海相比较，优势并不明显（表 3-6）。

表 3-6　全社会 R&D 人员与经费（2020 年）

市别	高校、企业、科研机构 R&D 活动人员/人	企业参与 R&D 人员/人	高校、企业、科研机构 R&D 经费内部支出/亿元	企业投入 R&D 经费/亿元
全省	1 175 441	1 036 259	3 479.9	2 996.7
广州	239 333	151 969	774.8	475.2

① 惠州市统计局. 2022 年惠州国民经济和社会发展统计公报[EB/OL]. http://www.huizhou.gov.cn/bmpd/hzstjj/tjsj/content/post_4959478.html[2024-10-18].

续表

市别	高校、企业、科研机构 R&D 活动人员/人	企业参与 R&D 人员/人	高校、企业、科研机构 R&D 经费内部支出/亿元	企业投入 R&D 经费/亿元
深圳	428 515	409 614	1 510.8	1 408.8
珠海	41 870	38 243	113.5	107.3
佛山	107 715	103 033	288.6	268.6
惠州	60 581	58 166	126.5	120.6
东莞	142 158	137 984	342.1	322.8
中山	34 519	33 056	74.0	71.9
江门	39 301	37 663	78.6	73.1

资料来源：《广东统计年鉴 2022》。

第二节　产教融合型城市建设的地市研究：以惠州为例

一、惠州高等教育、职业教育服务产教融合型城市建设的能力分析

（一）惠州市职业教育的空间覆盖度分析

截至 2022 年，惠州市共有高职院校 4 所、中职学校 23[①]所、技工学校 6 所、技师学院 2 所（表 3-7）。

表 3-7　2022 年惠州市职业教育学校区域分布一览

区位	高职院校	中职学校	技工院校	
			技工学校	技师学院
惠城区	惠州城市职业学院、惠州卫生职业技术学院、惠州工程职业学院、惠州经济职业技术学院	惠州商贸旅游高级职业技术学校、惠州市体育运动学校、惠州市科技职业技术学校、惠州市东江职业技术学校、惠州市求实职业技术学校、惠州市成功职业技术学校、惠州市理工职业技术学校、惠州市金山信息工程职业技术学校、惠州市科贸职业技术学校、惠州市通用职业技术学校、惠州市惠城职业技术学校、惠州市财经职业技术学校	惠州市高迪技工学校、惠州市博赛技工学校、惠州市工贸技工学校	惠州市技师学院
惠阳区	—	惠州市惠阳区职业技术学校、惠州市新华职业技术学校、惠州市惠阳财经外贸职业技术学校	惠州市华达技工学校	—
惠东县		惠东县惠东职业中学	—	—

① 鉴于无法获取惠州市万方综合职业高级中学专业设置及招生人数的确切消息，故在后文统计数据时未包含该校，只统计 22 所。

区位	高职院校	中职学校	技工院校	
			技工学校	技师学院
博罗县	—	博罗中等专业学校、惠州市宝山职业技术学院、惠州市华科职业高级中学、惠州华洋科技中等职业技术学校	惠州市西湖技工学校	广东省技师学院
龙门县	—	龙门县职业技术学校	—	—
仲恺高新技术产业开发区	—	惠州市艺术职业技术学校	惠州市仲恺技工学校	—
大亚湾经济技术开发区	—	—	—	—

　　惠城区作为惠州市传统的政治中心、文化中心和人口中心，集中了全市大部分职业教育资源，这种集聚效应有利于充分发挥惠州教育规模优势，共享教育资源，对惠州市职业教育的继续做大做强具有一定的带动效应。然而，职业教育不仅要遵循自身的发展规律、照顾到学生及其家庭的受教育需求，还要能够满足经济和产业的发展需求。从一定意义上说，在现阶段我国制造业转型升级的浪潮当中，经济和产业的需求丝毫不亚于甚至还要略高于人们的受教育需求，但这一经济和产业需求并没有在惠州市职业教育资源布局上得到积极回应。具体而言，仲恺高新技术产业开发区和大亚湾经济技术开发区是惠州市高新技术制造业和规模以上工业的主要聚集区，《2022年惠州市统计年鉴》显示，截至2021年底，仲恺高新技术产业开发区和大亚湾经济技术开发区规模以上工业增加值分别为541.02亿元和644.13亿元，二者合计占惠州当年规模以上工业增加值的53.49%。截至目前，仲恺高新技术产业开发区仅有1所中职学校和1所技工学校，大亚湾经济技术开发区无任何职业教育资源。总而言之，惠州市不同县（区）的高等教育、职业教育在空间覆盖度方面呈现出以下四大类型特征。

　　第一大类型特征是产业经济强且职业院校高度集聚。具体案例是惠城区，它集中了惠州市全部高职院校（4所）、12所中职学校、3所技工学校、1所技师学院。

　　第二大类型特征是产业发展较强但职业教育相对较弱。具体案例较多，其中，惠阳区有3所中职学校、1所技工学校；博罗县有4所中职学校、1所技工学校、1所技师学院；惠东县仅有1所中职学校。

　　第三大类型特征是产业和职业教育都相对较弱。具体案例是龙门县，它仅有 1 所中职学校。

第四大类型特征是产业经济迅猛发展而职业教育极度滞后。具体案例有两个。其中，仲恺高新技术产业开发区仅有 1 所中职学校（且与本地产业关联度不高）、1 所技工学校，大亚湾经济技术开发区没有职业院校（图 3-3 和图 3-4）。

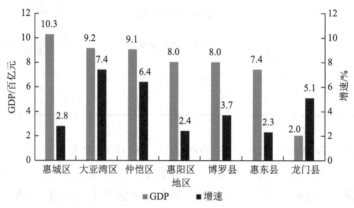

图 3-3　2022 年惠州 7 县（区）GDP 数据

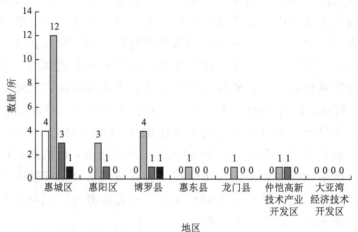

图 3-4　惠州市职业教育资源区域内分布比较

教育资源布局与产业需求的错位，有可能衍生以下不利局面：短期来看，职业教育资源与产业企业的距离较远，不利于职业教育机构与相应行业企业的密切交流和对接，增加了职业院校学生顶岗实习或实践教学的难度，影响了职业教育技术技能型人才培养的质量；长期来看，职业教育机构与产业企业空间距离较远，这样一来，产业技术的转型升级和发展趋势不易被职业教育界所察觉，很容易造成人才培养目标定位与产业技术发展需求错位，对惠州市职业教育的可持续发展以及产教融合的深度发展均会产生制约效应。

（二）惠州市职业教育专业结构与产业结构对应度分析

1. 高职教育的供给能力分析

第一，专业设置。惠州共有 4 所高职院校，分别是惠州城市职业学院、惠州卫生职业技术学院、惠州工程职业学院、惠州经济职业技术学院。其中，除了惠州经济职业技术学院属民办高职院校之外，其他 3 所院校均为公办高职院校。截至 2022 年，惠州城市职业学院现有专业 39 个，惠州卫生职业技术学院现有专业 19 个，惠州经济职业技术学院现有专业 44 个，惠州工程职业学院现有专业 22 个。

第二，专业大类布局。惠州 4 所高职院校共设置专业点 124 个，覆盖《高等职业教育专科专业目录（2021）》中的 15 个大类，分别是装备制造大类、电子与信息大类、文化艺术大类、土木建筑大类、财经商贸大类、农林牧渔大类、教育与体育大类、医药卫生大类、轻工纺织大类、新闻传播大类、公共管理与服务大类、旅游大类、交通运输大类、能源动力与材料大类、食品药品与粮食大类等（表 3-8）。

表 3-8　惠州市高职院校现有专业设置各大类专业点数　（单位：个）

专业大类	专业点数	专业大类	专业点数
财经商贸大类	26	旅游大类	4
装备制造大类	21	食品药品与粮食大类	3
电子与信息大类	20	公共管理与服务大类	1
医药卫生大类	20	轻工纺织大类	1
教育与体育大类	8	新闻传播大类	1
土木建筑大类	7	交通运输大类	1
农林牧渔大类	5	能源动力与材料大类	1
文化艺术大类	5		

在专业设置特色方面，惠州卫生职业技术学院的专业设置具备一定的特色，基本上均为食品药品、医药卫生方面的专业，与其他 3 所高职院校之间

的专业重复率较低。惠州工程职业学院、惠州经济职业技术学院、惠州城市职业学院的专业设置特色不够鲜明，专业设置重复率较高，分别有多个专业在惠州另外 2 所高职院校也有设置。

惠州市高职院校的专业设置不尽如人意，专业结构亟待完善和优化。根据《惠州市国民经济和社会发展第十四个五年规划和 2035 年远景目标纲要》，"十四五"时期，惠州将集中力量打造石化能源新材料、电子信息和生命健康"2+1"产业集群，加快推进先进制造业和现代服务业深度融合，不断提升产业基础高级化、产业链现代化水平。具体而言，石化能源新材料、电子信息和生命健康"2+1"产业集群可以细分为绿色石化产业、清洁能源和新能源产业、新材料产业、电子信息产业、超高清视频产业、大数据和软件信息服务业、先进装备制造业、医药与健康产业、现代农业与食品产业等九大产业。现代服务业相对于传统服务业而言，更适应现代人和现代城市发展的需求；而产生和发展起来的具有高技术含量和高文化含量的服务业，主要包括以下四大类：①基础服务（包括通信服务和信息服务）；②生产和市场服务（包括金融、物流、批发、电子商务、农业支撑服务以及中介和咨询等专业服务）；③个人消费服务（包括教育、医疗保健、住宿、餐饮、文化娱乐、旅游、房地产、商品零售等）；④公共服务（包括政府的公共管理服务、基础教育、公共卫生、医疗以及公益性信息服务等）。职业教育与经济发展紧密联系，随着经济转型，第二产业生产智能化水平和第三产业服务水平不断提升，社会对支撑产业发展的劳动者素质有了更高的要求，相应地，职业教育的层次结构、专业结构也需要做出适应性、引领性调整。[①]

然而，从目前惠州地区的高职教育专业布局现状来看，与绿色石化产业、清洁能源和新能源产业等密切相关的能源动力与材料大类的专业点只有 1 个，与现代农业与食品产业密切相关的农林牧渔大类、食品药品与粮食大类的专业点分别只有 5 个、3 个，与现代服务业密切相关的教育与体育大类、文化艺术大类、旅游大类、公共管理与服务大类分别只有 8 个、5 个、4 个、1 个。惠州市的高职院校的专业结构与布局和惠州市产业发展需求、社会公共服务需求是极不对称和极不均衡的。针对这一问题，研究者专门走访了惠州市一些具有代表性的专精特新型企业，发现不少企业招聘的新员工主要来自广州地区的高校，这印证了笔者之前的猜想——惠州市本地职业教育专业结构与产业结构的错位使得职业教育在服务地方产业发展过程中的能力受到

---

① 苏丽锋. 职业教育发展对产业结构升级的支撑作用分析[J]. 高等工程教育研究, 2017 (3)：192-196.

很大限制，很多产业企业不得不从惠州市以外地区招聘所需人才。总之，惠州市职业教育的发展是严重不足和滞后的，且已经严重影响了惠州市教育与经济社会之间的有效互动和良性发展。

2. 中职教育的供给能力分析

第一，总体规模。2022 年，全市共有中职学校 22 所（不含惠州卫生职业技术学院和惠州工程职业学院两所高职院校的中职部），其中，省级重点及以上学校有 6 所，占 22 所中职学校的 27.27%。国家中等职业教育改革发展示范学校 1 所、国家级重点中等职业学校 3 所、省级重点中等职业学校 3 所（表3-9）；公办院校 7 所、民办院校 15 所。学校布局方面，全市 22 所中职学校中，市直 11 所、惠城区 2 所、惠阳区 3 所、惠东县 1 所、博罗县 4 所、龙门县 1 所，大亚湾经济技术开发区和仲恺高新技术产业开发区无中职学校。

表 3-9　2022 年惠州市中职学校省级以上优质学校一览 （单位：所）

学校名称	数量	级别
惠州商贸旅游高级职业技术学校	1	国家中等职业教育改革发展示范学校 国家级重点中等职业学校
博罗中等专业学校 惠东县惠东职业中学	2	国家级重点中等职业学校 省高水平中等职业技术学校建设单位
惠州市惠阳区职业技术学校	1	省高水平中等职业技术学校培育单位 省级重点中等职业学校
惠州市科技职业技术学校 惠州市宝山职业技术学院	2	省级重点中等职业学校

第二，专业布局。截至 2022 年，惠州全市中职学校共开设专业 67 个。其中，省级重点专业建设点 15 个、市级重点专业建设点 37 个。专业群建设方面，2021 年，惠州市积极组织学校申报广东省高水平中职学校，惠东县惠东职业中学、博罗中等专业学校成为广东省首批高水平中职学校建设单位，会计事务和电子商务 2 个专业群同时入选省高水平中职学校专业群；惠州市惠阳区职业技术学校成为广东省高水平中职学校培育单位，计算机平面设计、电子商务 2 个专业成为省高水平中职学校专业群培育专业群。随着近年惠州市政府及教育行政主管部门对教育的重视、相关宏观战略布局的逐步落地，惠州中职教育已经取得了相对可喜的发展成就和势头。

具体而言，截至 2022 年，惠州市全域 22 所中职学校共有专业点 210 个，开设专业最多的中职学校是惠州商贸旅游高级职业技术学校，该校与惠州城市职业学院采用"两个牌子、一套人马"，因而办学实力在惠州地区相对较强。惠州市宝山职业技术学校、惠州市通用职业技术学校、惠州市财经职业技术学校开设专业也相对较多，分别依次开设了 17 个、16 个、15 个专业。开设专业明显偏少的学校是惠州市艺术职业技术学校、惠州市科技职业技术学校、惠州市华科职业高级中学、惠州市体育运动学校，依次分别仅有 3 个、2 个、1 个、1 个专业，这些学校应该加大对社会资源的整合力度，着力提高办学实力，增加并优化专业设置（表 3-10）。

表 3-10　2022 年惠州市各中职学校开设专业数

学校	专业数/个	学校	专业数/个
惠州商贸旅游高级职业技术学校	18	惠州市成功职业技术学校	10
惠州市宝山职业技术学校	17	惠州市东江职业技术学校	10
惠州市通用职业技术学校	16	惠州市惠阳财经外贸职业技术学校	9
惠州市财经职业技术学校	15	龙门县职业技术学校	7
惠州华洋科技中等职业技术学校	13	惠州市求实职业技术学校	7
惠州市科贸职业技术学校	12	惠州市金山信息工程职业技术学校	7
惠州市理工职业技术学校	12	惠州市惠城职业技术学校	7
博罗中等专业学校	11	惠州市艺术职业技术学校	3
惠州市新华职业技术学校	11	惠州市科技职业技术学校	2
惠州市惠阳区职业技术学校	11	惠州市华科职业高级中学	1
惠东县惠东职业中学	10	惠州市体育运动学校	1

惠州中职学校专业设置涵盖装备制造、交通运输、电子与信息、财经商贸、旅游、文化艺术、新闻传播、教育与体育、轻工纺织、土木建筑、生物与化工、资源环境与安全、公安与司法、公共管理与服务、医药卫生等 15 个大类。具体而言，财经商贸大类和电子与信息大类专业布点最多，分别有 46 个、43 个专业点；交通运输大类和文化艺术大类次之，分别有 29 个、23 个专业点；装备制造大类、教育与体育大类、旅游大类分别有 19 个、17 个、12 个专业点。其他 8 个专业大类专业布点均不足 10 个，比如，轻工纺织大类 6 个，医药卫生大类 5 个，土木建筑大类 3 个，公安与司法大类、公共管理与服务大类均为 2 个，生物与化工大类、资源环境与安全大类、新闻传播大类均为 1 个（表 3-11）。

表 3-11　2022 年惠州市中职学校专业大类一览

专业大类	布点数量/个	专业大类	布点数量/个
财经商贸大类	46	医药卫生大类	5
电子与信息大类	43	土木建筑大类	3
交通运输大类	29	公安与司法大类	2
文化艺术大类	23	公共管理与服务大类	2
装备制造大类	19	生物与化工大类	1
教育与体育大类	17	资源环境与安全大类	1
旅游大类	12	新闻传播大类	1
轻工纺织大类	6		

　　惠州地区中职教育各专业大类专业布点数量差异巨大，数量较多的可以达 40 个以上，数量较少的仅有 1 个专业。这种巨大差异部分源于中职学校对现有市场需求的积极对接，即惠州市乃至粤港澳大湾区现代服务业、电子信息等相关产业的发展对财经商贸、电子信息等专业提出了数量较大的用人需求，同时惠州市的中职学校通过专业建设及时地回应了这一需求所致。部分源于财经商贸、电子信息等专业的资源投入相对较小，即财经商贸专业属于人文社会科学类专业，专业建设需要的实习实训设备等资源投入相对较小，专业设置相对简单；同时，惠州市的中职学校大多办学实力较弱，办学资源投入严重不足，在此情况之下，部分中职学校倾向于选择设置门槛较低的专业。部分源于粤港澳大湾区内部其他地市乃至广东以外省市的人才流入能够在一定程度上暂时缓解惠州产业发展对本地人才培养的迫切需求；同时，这一"借鸡生蛋"的经济发展模式也导致惠州地方政府和地方教育行政管理部门在教育规划的过程中对专业布局与结构的忽视，导致中职学校的专业设置呈现出放任自流、无人管理的混乱状态。

　　专业设置特色方面，财经商贸大类、电子与信息大类、交通运输大类的部分专业的重复设置率较高，专业设置特色不够鲜明。比如电子商务专业有 14 个中职学校设置；会计事务专业有 15 个中职学校设置；计算机网络技术、计算机应用专业均有 11 个中职学校设置；汽车运用与维修专业有 12 个中职学校设置。

　　第三，专业大类集中度[①]。惠州地区 22 所中职学校专业大类集中度在 2.00

---

　　① 专业大类集中度，是指一所学校某专业大类所属专业数量与该校开设专业总量的比值，即专业集中度=某专业大类所属专业数量/该校开设专业总量。专业大类集中度反映一所高校的办学特色和学科专业优势。

及以上的学校仅有 7 所，分别是惠州商贸旅游高级职业技术学校、惠州市宝山职业技术学校、惠州市通用职业技术学校、惠州市财经职业技术学校、惠州市理工职业技术学校、惠州市惠阳区职业技术学校、惠州市惠阳财经外贸职业技术学校。从学科范围上看，这些学校既有理工类中职学校，也有财经商贸类中职学校，又有综合类中职学校（表 3-12）。

表 3-12　2022 年惠州市中职学校专业大类集中度

学校	专业集中度	学校	专业集中度
惠州市惠阳财经外贸职业技术学校	2.25	博罗中等专业学校	1.57
惠州商贸旅游高级职业技术学校	2.25	惠东县惠东职业中学	1.43
惠州市惠阳区职业技术学校	2.20	惠州市惠城职业技术学校	1.40
惠州市财经职业技术学校	2.14	惠州市科贸职业技术学校	1.33
惠州市宝山职业技术学校	2.13	龙门县职业技术学校	1.17
惠州市通用职业技术学校	2.00	惠州市求实职业技术学校	1.17
惠州市理工职业技术学校	2.00	惠州市金山信息工程职业技术学校	1.17
惠州华洋科技中等职业技术学校	1.86	惠州市艺术职业技术学校	1.00
惠州市新华职业技术学校	1.83	惠州市科技职业技术学校	1.00
惠州市成功职业技术学校	1.67	惠州市华科职业高级中学	1.00
惠州市东江职业技术学校	1.67	惠州市体育运动学校	1.00

这些学校之所以专业大类集中度比较高，主要缘于其在充分发挥原有学科优势、做大做强传统强势学科专业的同时，能够密切跟踪国家宏观战略调整和地方产业发展最新规划，增设惠州市地方产业发展急需的非传统学科专业，或走学科综合化发展之路，不断强化学校内部优势学科专业的规模化效应。对于专业大类集中度不足 2.00 的中职学校而言，有些是近年来刚刚成立的学校，这些学校大多成立时间短、办学底子薄，实力相对较弱；有些是民办学校，这些民办学校在办学过程中难免会受到学生及其家庭的怀疑和排斥，因而在扩大办学规模上存在较大困难。

3. 技工教育的供给能力分析

截至 2022 年，惠州地区办学规模较大且比较正规的技工（技师）学校数量有限，笔者根据现有资料研究发现，广东省技师学院、惠州市技师学院、惠州市西湖技工学校、惠州市高迪技工学校、惠州市博赛技工学校、惠州市仲恺技工学校、惠州市华达技工学校、惠州市工贸技工学校等 8 所技工（技师）学校的办学规模相对较大，整体实力相对较强。

1）技工学校的供给能力分析

截至 2022 年，惠州市技工学校共有 69 个专业点，涵盖机械类、电工电子类、信息类、交通类、服务类、财经商贸类、农业类、建筑类、轻工类、文化艺术类和其他类等 11 个专业大类。专业布点最多的专业大类是财经商贸类，数量为 14 个；其次是服务类和信息类，分别是 12 个、10 个；专业布点最少的专业大类是农业类和建筑类，二者均仅设置 1 个专业点（表 3-13）。

表 3-13　2022 年惠州市技工学校各专业大类开设专业点数

专业大类	专业点数/个	专业大类	专业点数/个
财经商贸类	14	文化艺术类	4
服务类	12	机械类	3
信息类	10	轻工类	3
交通类	8	农业类	1
电工电子类	7	建筑类	1
其他类	6		

截至 2022 年，暂时没有任何技工学校设置能源类、化工类、冶金类、医药类这 4 个专业大类的相关专业。这一专业结构布局与惠州市目前的产业结构存在一定的割裂，比如，《惠州市国民经济和社会发展第十四个五年规划和 2035 年远景目标纲要》显示 2020 年"惠州制造展现硬核竞争力，一批烯烃、芳烃等重大石化项目加快建设，埃克森美孚、中海壳牌三期、恒力石化等一批大项目顺利落户，惠州新材料产业园启动建设，大亚湾石化区炼化一体化规模跃居全国第一，4K 电视机产量占全国 1/3，生命健康产业加快培育"。惠州市石化产业、生命健康产业等正以前所未有的规模和速度加快发展。但是，与石化产业密切相关的能源类、化工类、冶金类以及与生命健康产业密切相关的医药类等专业大类在技工学校却没有任何专业布点，惠州市技工学校在技工人才的培养方面存在空白和漏洞。

具体而言，惠州市西湖技工学校开设了工业机器人应用与维护、服装设计、汽车维修、计算机网络技术、计算机广告制作、电子商务、市场营销、会计、烹饪、化妆与美容、幼儿教育等 11 个专业，涵盖 7 个专业大类；惠州市高迪技工学校开设了机电一体化技术、服装制作与营销、汽车检测与维修、计算机网络应用、电子技术应用、人力资源管理、商务文秘、会计、电子商务、烹饪、美术设计与制作、摄影摄像技术、形象设计、幼儿教育等 14 个专业，涵盖 8 个专业大类；惠州市博赛技工学校开设了室内设计、数控加工、机械设备装配与自动控制、汽车维修/营销、计算机网络应用、计算机应用与维修、电子商务、烹饪、形象设计、幼儿教育等 10 个专业，涵盖 7 个专业大类；惠州市仲恺技工学校开设了农业机械使用与维修、机电一体化技术、工业机器人应用与维护、新能源汽车检测与维修、电气自动化、数控加工、汽车维修、电子技术应用、计算机网络应用、计算机动画制作、会计、电子商务、市场营销、烹饪、美容美发与造型、幼儿教育等 16 个专业，涵盖 8 个专业大类；惠州市华达技工学校开设了皮革加工与设计、汽车检测与维修、计算机网络应用、新媒体与互联网应用、电子商务、烹饪、幼儿教育、老年服务与管理等 8 个专业，涵盖 6 个专业大类；惠州市工贸技工学校开设了工程造价、城际轨道运输与管理、汽车维修、计算机及应用、会计、电子商务、美术设计与制作、形象设计、幼儿教育等 9 个专业，涵盖 7 个专业大类。

　　2）技师学院的供给能力分析

　　截至 2022 年，惠州市的技师学院专业设置涵盖装备制造、电子与信息、文化艺术、土木建筑、轻工纺织、交通运输、财经商贸、教育与体育、旅游、生物与化工等 10 个专业大类，共有 56 个专业点。其中，装备制造大类共有 20 个专业点，占技师学院专业点总数的 35.71%；其次是电子与信息大类和财经商贸大类，二者各有专业点 10 个和 9 个；专业点数最少的专业大类是生物与化工大类、旅游大类和轻工纺织大类，分别仅有 1 个专业点。

　　技师学院的某些专业名称既没有完全与人力资源和社会保障部印发的《全国技工院校专业目录》保持一致，也没有完全与教育部印发的《高等职业教育专科专业目录》完全契合。换言之，从目前惠州市 2 所技师学院的专业设置现状来看，有些专业暂且不能在教育部、人力资源和社会保障部等印发的专业目录里找到，这可能是技师学院在自身办学过程仍然存在一定程度的定位不明或目标模糊的情况。从实践层面看，由于当前国家相关政策规定表述的模糊性，加之缺乏统一的专业设置实施标准和要求，多数技师院校专业设置并未完全按照《全国技工院校专业目录》《高等职业教育专科专业目录》等政策文件的规定和要求加强对专业设置的管理与指导，使得部分技师院校专业设置管理出现了新建专业名称表述不规范、专业设置社会调研流于形式等无序状态[①]。此外，技师学院这种专业设置的失范现象有可能对其教育资

---

① 赵学瑶. 技工院校专业设置现状透视与改革路径选择：对广东 32 所技工院校的调查研究[J]. 中国职业技术教育, 2018(5)：19-25.

源的整合产生不利影响，因为技工院校专业设置与技工教育资源是双向的关系。一方面，技工院校专业设置要以技工教育资源的合理配置为前提；另一方面，专业设置的合理性可以实现技工教育资源的合理配置。因此，技工院校专业设置应充分利用技工教育资源，提高技工教育资源综合利用率。

总体来看，惠州地区技工教育目前的发展呈现以下特点。第一，技工学校（包括技师学院）数量偏少且整体实力较弱。通过最新资料和相关数据可以发现，截至 2022 年底，惠州市共有 8 所技工学校（或技师学院）可以报读[①]，其中，除了惠州市技师学院现有在校生超过 10 000 人以外，其他几所技工学校的规模明显偏小，实力严重不足[②]。究其原因，既与在中国高等教育大众化的背景下普通高中获得空前发展从而分流大部分生源有关，也与地方政府及其教育主管部门忽视了对技工教育的可持续发展和做大做强，从而导致资源投入严重不足有关。第二，现有技工学校专业结构尚不能与惠州市产业结构的高层次人才需求之间形成良性的互动机制。表 3-13 显示，技工学校布点较多的专业大类分别是财经商贸类、服务类、信息类等，另据《2022 年惠州统计年鉴》，惠州市的主要产业包括电子工业、石化工业、汽车制造业、非金属矿物制品业、制鞋业、纺织服装服饰业等。与石化产业相关的能源类、化工类以及与非金属矿物制品业相关的冶金类等领域，一方面由于自动化程度较高而用人需求总量较少，另一方面由于学历层次要求较高，技工院校无法为之供给所需人才，因此目前尚无任何技工学校开设这些专业大类的所属专业。第三，惠州市技工学校的现有专业实力明显偏弱，专业点布局分散，规模化人才培养能力严重不足。从现状来看，仅有惠州市仲恺技工学校平均每个专业大类开设了 2 个专业，其他几所技工学校平均每个专业大类的专业数均为 1—2 个。例如惠州华达技工学校仅有计算机网络应用、新媒体与互联网应用专业同属于信息类，烹饪、老年服务与管理专业同属于服务类，其他专业均分属于不同的专业大类。这说明惠州市技工学校普遍缺乏办学特色，还没有形成自己学校人才培养的优势专业或强势学科。究其原因，可能跟大部分学校办学历史较短、培养目标定位不明、总体办学规划不足有关。

---

① 惠州市人民政府. 技工教育——惠州市有哪些技工院校可以报读？[EB/OL]. http://www.huizhou.gov.cn/zmhd/zczx/rlzyhshbz/content/post_5170912.html[2024-10-18]; 惠州市人力资源和社会保障局. 2023 年惠州市技工院校招生名单及招生简章公示[EB/OL]. http://www.huizhou.gov.cn/zdlyxxgk/jycyxxgk/fwjg/content/post_4959629.html[2024-10-18].

② 数据根据各技工学校（或技师学院）官方网站信息整理得出。

4. 职业教育专业结构与产业结构的对应度分析

如上所述，惠州市本地职业院校的专业结构与惠州市排名前 10 的工业、服务业的结构对应度不高，职业院校毕业生供给只能覆盖本地产业所需人才的专业类型的 20%左右。

其中的典型情况分析如下。

第一，与化学原料和化学制品制造业密切相关的生物与化工大类仅开设了 1 个中职专业，没有开设任何高职专业。

第二，与石油、煤炭及其他燃料加工业、非金属矿物制品业密切相关的资源环境与安全大类分别仅有 1 个中职专业，没有高职专业。

第三，与电力、热力生产和供应业、金属制品业密切相关的能源动力与材料大类仅有 1 个高职专业，暂无中职专业。

第四，与水利、环境和公共设施管理业密切相关的能源动力与材料大类仅有 1 个高职专业，暂无任何中职专业。

第五，中职和高职的专业设置，主要集中在电子与信息大类、装备制造大类。而这两大类的产业分布极广，且极易被广州、深圳、东莞吸走毕业生。

第六，惠州市石化产业正以前所未有的规模和速度加快发展。但是，与石化产业密切相关的能源类、化工类、冶金类，因自动化程度高、技工人才需求量少、学历层次要求高，技工学校无力供给，因此没有专业布点（表 3-14 和表 3-15）。

表 3-14　惠州市排名前 10 的工业行业与专业大类对应情况

专业大类		惠州市规模以上工业排名前 10 行业									
		计算机、通信和其他电子设备制造业	化学原料和化学制品制造业	电气机械和器材制造业	石油、煤炭及其他燃料加工业	橡胶和塑料制品业	电力、热力生产和供应业	非金属矿物制品业	金属制品业	汽车制造业	专用设备制造业
电子与信息大类	高职	20	—	—	—	—	—	—	—	—	—
	中职	43	—	—	—	—	—	—	—	—	—
生物与化工大类	高职	—	0	—	—	—	—	—	—	—	—
	中职	—	1	—	—	—	—	—	—	—	—
装备制造大类	高职	—	—	21	—	—	—	—	—	21	21
	中职	—	—	19	—	—	—	—	—	19	19
资源环境与安全大类	高职	—	—	—	0	—	—	0	—	—	—
	中职	—	—	—	1	—	—	1	—	—	—

续表

专业大类		惠州市规模以上工业排名前 10 行业									
		计算机、通信和其他电子设备制造业	化学原料和化学制品制造业	电气机械和器材制造业	石油、煤炭及其他燃料加工业	橡胶和塑料制品业	电力、热力生产和供应业	非金属矿物制品业	金属制品业	汽车制造业	专用设备制造业
轻工纺织大类	高职	—	—	—	—	1	—	—	—	—	—
	中职	—	—	—	—	6	—	—	—	—	—
能源动力与材料大类	高职	—	—	—	—	—	1	—	1	—	—
	中职	—	—	—	—	—	0	—	0	—	—

表 3-15　惠州市排名前 10 服务业行业与专业大类对应情况

专业大类		惠州市规模以上服务业排名前 10 行业									
		交通运输、仓储和邮政业	信息传输、软件和信息技术服务业	房地产业	租赁和商务服务业	科学研究和技术服务业	水利、环境和公共设施管理业	居民服务、修理和其他服务业	教育	卫生和社会工作	文化、体育和娱乐业
交通运输大类	高职	1	—	—	—	—	—	—	—	—	—
	中职	29	—	—	—	—	—	—	—	—	—
电子与信息大类	高职	—	19	—	—	—	—	—	—	—	—
	中职	—	43	—	—	—	—	—	—	—	—
土木建筑大类	高职	—	—	7	—	—	—	—	—	—	—
	中职	—	—	3	—	—	—	—	—	—	—
财经商贸大类	高职	—	—	26	26	—	—	—	—	—	—
	中职	—	—	46	46	—	—	—	—	—	—
教育与体育大类	高职	—	—	—	—	—	—	—	8	—	8
	中职	—	—	—	—	—	—	—	17	—	17
能源动力与材料大类	高职	—	—	—	—	—	1	—	—	—	—
	中职	—	—	—	—	—	0	—	—	—	—
资源环境与安全大类	高职	—	—	—	—	—	1	—	—	—	—
	中职	—	—	—	—	—	1	—	—	—	—
公共管理与服务大类	高职	—	—	—	—	—	—	1	—	1	—
	中职	—	—	—	—	—	—	2	—	2	—
文化艺术大类	高职	—	—	—	—	—	—	—	—	—	5
	中职	—	—	—	—	—	—	—	—	—	23
公安与司法大类	高职	—	—	—	0	—	—	—	—	—	—
	中职	—	—	—	2	—	—	—	—	—	—
农林牧渔大类	高职	—	—	—	—	5	—	—	—	—	—
	中职	—	—	—	—	0	—	—	—	—	—

（三）惠州职业教育的体系完整度分析

现代职业教育体系是包含"中职—专科层次高职—本科职业教育和应用型本科—专业学位研究生教育（专业学位硕士、专业学位博士）"、层次完整且纵向贯通的体系。

中职与本地高职、本科院校之间的升学衔接度越高，越有助于建构市域现代职业教育体系，越有利于培养出适合本地产业需求且愿意在本地就业的专业人才。

1. 中职学校与本地高职院校专业设置的对应度低

（1）在财经商贸大类、电子与信息大类、装备制造大类方面，中职和高职都开设了较多的专业，可以建构起"中职—高职"之间的升学衔接关系。

（2）在教育与体育大类、文化艺术大类、旅游大类、轻工纺织大类、交通运输大类方面，都是中职设置的专业多而高职的专业设置相对缺乏。其中，交通运输大类开设了 29 个中职专业，但没有高职院校设置相应的专业予以对应，不能建立起"中职—高职"之间的升学衔接关系。

（3）在医药卫生大类，高职设置了 15 个专业，而中职仅适合开设 5 个专业，"中职—高职"之间的升学衔接力度较小（图 3-5）。

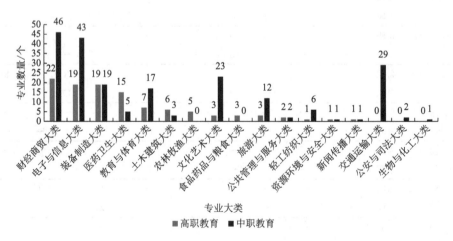

图 3-5　惠州市中、高职专业大类布局情况

2. 中职与本地高职、本科院校的贯通衔接度低

2022 年惠州各中职学校有 69 个专业点 3955 个招生计划名额通过"三二

分段"①人才培养模式进入中职院校继续学习。这些专业分布在装备制造、轻工纺织、交通运输、电子与信息、财经商贸、旅游、文化艺术、教育与体育、农林牧渔、土木建筑、生物与化工等 11 个大类，其中以电子与信息大类、财经商贸大类为最多，分别有 21 个、18 个，交通运输大类、文化艺术大类各 6 个，旅游大类 5 个，教育与体育大类、轻工纺织大类各 3 个，土木建筑大类、装备制造大类、农林牧渔大类各 2 个，生物与化工大类 1 个（表 3-16）。

表 3-16　2022 年惠州市中职教育"三二分段"贯通式人才培养专业大类分布

专业大类	专业点数/个	专业大类	专业点数/个
电子与信息大类	21	轻工纺织大类	3
财经商贸大类	18	土木建筑大类	2
交通运输大类	6	装备制造大类	2
文化艺术大类	6	农林牧渔大类	2
旅游大类	5	生物与化工大类	1
教育与体育大类	3		

截至目前，惠州市实行"三二分段"中高职贯通式人才培养的中职学校共有 17 所。其中，博罗中等专业学校、惠州工程职业学院（中职部）、惠州商贸旅游高级职业技术学校等 3 所学校的"三二分段"中高职贯通式人才培养对接了惠州市本地的高职院校，惠州工程职业学院（中职部）、惠州商贸旅游高级职业技术学校 2 所学校是学校内部中高职一体化办学。其他 14 所中职学校对接的高职院校均在惠州市以外，以广州为主。这种格局并没有从惠州市本地产业发展和社会发展的角度综合考虑，其服务于惠州市产业发展的能力必将十分有限（图 3-6）。

中职与市外高职院校广泛对接的原因至少有三点。

第一，本地高职没有开设可与中职对接的专业。这些专业主要分布在石油化工技术、空中乘务、表演艺术、视觉传达设计、环境艺术设计等领域。

第二，本地高职虽然设置了相关专业，但专业建设水平不高。

---

① 所谓中高职衔接"三二分段"人才培养模式，概括地说，就是指中职学校和高职院校选取相应专业，统筹安排中职三年、高职二年的人才培养模式。具体来说，学生按中高职衔接人才培养方案要求，完成三年中职学段学习，各项考核指标达到标准，并符合相关条件和要求的，在三年级参加高职院校的转段选考考核，通过考核者进入高职院校学习两年，掌握相关专业技术技能人才所需的专业知识和技能，毕业时可以获得高等职业教育的大专文凭。

第三，一些惠州的中职学校认为，与珠三角核心城市的高职对接，有助于提高毕业生在最发达城市的就业率，进而有助于增强学校的招生吸引力。

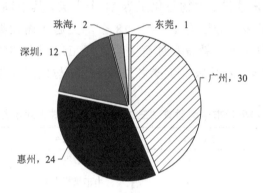

图 3-6　惠州市中职学校"三二分段"对接高职院校专业点分布城市①

3. 惠州学院没有专门面向惠州本地高职院校进行"专升本"招生

惠州学院 2022 年普通专升本招生计划为 179 人，但全部公开招生，没有专门面向惠州的高职院校招生（表 3-17）。

表 3-17　惠州学院 2022 年专升本招生计划　　　（单位：人）

序号	专业名称	计划数	录取批次
1	服装与服饰设计	55	普通批
2	生物技术	40	普通批
3	服装与服饰设计	2	建档立卡批
4	服装与服饰设计	32	退役士兵
5	生物技术	10	退役士兵
6	服装设计与工程	40	三二分段

另外，惠州学院也没有面向惠州市的高职院校，建构起"高职—本科""三二分段"应用型人才协同培养模式。2022 年惠州学院与两所市外高职院校开展"三二分段"协同培养。其中，与广东职业技术学院（在佛山办学）协同培养情况是：针织技术与针织服装（理科招生 50 人）、服装设计与工艺（理科招生 50 人）、服装与服饰设计（美术类招生 50 人）；与广东建设职业

---

① 广州地区的一些高职院校在清远、茂名等地建有新校区，这里暂且将涉及分校区的广州高职院校统一认为是广州高职院校。

技术学院（有广州、清远校区）协同培养的专业是建筑工程技术（文科招生10人、理科招生40人）。

（四）惠州市职业教育的制度创新度分析

目前，惠州市职业院校在产教融合、校企合作等方面进行过一定的探索，但惠州市在产教融合的制度建设上仍然明显滞后，职业院校针对高层次产教融合的实践探索仍显乏力，仍然满足不了惠州市地方产业发展对职业人才的用人需求。

1. 旨在推进职业教育产教融合的地方性法规和政策明显滞后

2017年国务院办公厅印发的《关于深化产教融合的若干意见》，深化产教融合从职教政策提升为国家战略，成为国家教育改革和人力资源开发的整体制度安排，肩负打通教育链、人才链与产业链、创新链的重要使命，进而在新技术革命下促进高等教育和职业教育形态变革，产教融合发展迈入新阶段[①]。在这一背景之下，全国各省市政府制定出台相关文件和法律制度。以广东为例，2018年8月，广东省人民政府办公厅印发《关于深化产教融合的实施意见》，2020年12月，广东省发展和改革委员会等六部门印发《广东省产教融合建设试点实施方案》；2018年11月，肇庆市人民政府办公室印发《肇庆市关于深化产教融合的实施方案》；2019年12月，深圳市向国家发展和改革委员会、教育部报送了《深圳市推进国家产教融合试点城市建设工作方案》；2020年7月，佛山市教育局印发《佛山市促进职业教育发展若干意见的通知》，2022年4月，佛山市印发《佛山市职业技能升级行动方案（2022—2026年）》；2019年12月，湛江市人民政府办公室印发《湛江市职业教育发展三年行动计划（2019～2021年）》；2021年2月，珠海市发改局等部门联合印发《珠海市产教融合建设试点实施方案》；2021年5月，东莞市发布《东莞市推进职业教育产教融合行动计划（2021—2025年）》，2022年5月，东莞市印发《东莞市深化产教融合推动技工教育高质量发展实施方案》；2021年10月，广州市委全面深化改革委员会审议通过《广州市建设国家产教融合城市试点方案》。就惠州市而言，目前市政府层面尚未出台任何促进产教融合的政策，产教融合的制度建设明显滞后于粤港澳大湾区甚至广东省内其他兄弟城市（表3-18）。

---

① 方益权，闫静. 关于完善我国产教融合制度建设的思考[J]. 高等工程教育研究，2021（5）：113-120.

表 3-18　近年来广东省及相关地市促进产教融合的政策梳理

国家/地区	政策文本
国家	《国务院办公厅关于深化产教融合的若干意见》
	国家发展和改革委员会、教育部、工信部、财政部、人社部、国资委六部委出台《国家产教融合建设试点实施方案》
广东	《关于深化产教融合的实施意见》
	《广东省产教融合建设试点实施方案》
肇庆	《肇庆市关于深化产教融合的实施方案》
深圳	《深圳市推进国家产教融合试点城市建设工作方案》
佛山	《佛山市促进职业教育发展若干意见的通知》
	《佛山市职业技能升级行动方案（2022—2026 年）》
湛江	《湛江市职业教育发展三年行动计划（2019～2021 年）》
珠海	《珠海市产教融合建设试点实施方案》
东莞	《东莞市推进职业教育产教融合行动计划（2021—2025 年）》
	《东莞市深化产教融合推动技工教育高质量发展实施方案》
广州	《广州市建设国家产教融合城市试点方案》

政策的具体内容往往涉及对相关主体的权责进行明确的界定和规范。在推进产教融合不断深化的过程中，政府行为在某种程度上可以起到引领、导向和促进作用。惠州市政府在产教融合领域的政策空白直接导致产业界、教育界之间的目标不清、职责不明，阻碍了教育与产业之间的合作往更深层次、更高水平的方向发展。

2. 旨在借力产教融合促进人才培养模式创新的产业学院建设相对乏力

产业学院，是深化校企合作、深度推进产教融合、全面整合"政-产-学"、系统助推产教融合型城市建设的新型组织和有效制度。与东莞、佛山等城市相比，惠州市本科院校、高职院校的产业学院数量均明显不足。

第一，本科院校的产业学院有待继续建设。至今为止，广东省在本科院校中共计遴选三批省级示范性产业学院。惠州学院连续三批都立项省级示范性产业学院，每批立项 1 个产业学院；东莞理工学院共计立项 5 个省级示范性产业学院；佛山大学共计立项 4 个省级示范性产业学院。

根据《教育部办公厅工业和信息化部办公厅关于公布首批现代产业学院名单的通知》，在教育部、工业和信息化部 2022 年初公布的首批现代产业学院名单中，东莞理工学院立项 2 个，且是唯一一家立项 2 个现代产业学院的高校，佛山科学技术学院立项 1 个。

第二，高职院校的产业学院亟须大力建设。在高职院校方面，惠州市建立了 3 个产业学院，分别是惠州城市职业学院的 5G 产业学院、智能制造产业学院，以及惠州工程职业学院的赢合科技智能制造产业学院。

东莞的高职院校共建立了 12 个产业学院，分别是东莞职业技术学院的东职力嘉包装产业学院，广东创新科技职业学院的华为信息与网络技术学院、腾讯云互联网产业学院、电子竞技产业学院，东莞市网红直播产业研究中心，华南电子商务产业学院，新餐饮产业学院，应急产业学院，智慧财经产业学院[①]，以及广东酒店管理职业技术学院的腾讯数字营销产业学院、腾讯广告创意设计产业学院、广酒–万讯创新创业学院。

佛山建设了 21 个产业学院，包括佛山职业技术学院的智能制造产业学院、3D 打印产业学院、华为 ICT 学院、文化旅游产业学院等，顺德职业技术学院的美的数字赋能产业学院、数字能源工程产业学院、广东涂料产业学院、广东康养产业学院、顺商发展学院、酒店与旅游管理产业学院、大湾区直播产业学院、外语服务产业学院、跨境电子商务产业学院、顺德厨师学院等，以及广东职业技术学院的光环境产业学院、ICT 产业学院等产业学院。

惠州市高职教育在试点现代学徒制人才培养模式方面与其他兄弟地区的高职教育并没有拉开太大差距，但是在产业学院这种高端校企合作人才培养模式方面的发展却明显滞后，这种滞后可能是惠州市整体产业发展滞后所致，也可能是惠州市职业教育发展理念或发展战略引导失误所致，甚至是惠州市政府部门对职业教育的重要程度认识不足所致。

单纯从城市 GDP 的规模来看，2022 年底惠州市 GDP 总量超过 5400 亿元，是广东省内名副其实的"GDP 第五城"，但却没有任何职业院校入选 2020 年广东成果转化实效排名前 10 的高职院校，也是省内 GDP 前五的城市中唯一没有高职院校上榜的城市，甚至比不上同是粤港澳大湾区城市的江门。惠州职业教育发展的这一尴尬局面与其在省内的"GDP 第五城"的地位极其不对称，需要以时不我待的魄力和勇气对这一职业教育发展现状进行反思，并拿出切实有效的办法和措施改变这一落后面貌。

总之，由于对职业教育地位的认识不足，以及对职业教育发展的重视不够，惠州市职业教育在资源布局、专业结构、教育体系和制度创新等四个方

---

① 广东创新科技职业学院. 广东创新科技职业学院简介[EB/OL]. http://www.gdcxxy.edu.cn/xygk/xyjj/ [2024-09-13].

面均存在很大问题。这些问题直接导致了惠州市职业教育的发展水平低于省内广州、深圳、东莞、佛山等兄弟城市，甚至不如 GDP 规模低于惠州的珠海、中山、江门等地。有鉴于此，笔者认为，有必要从惠州市全局发展和未来可持续发展的角度对惠州市中高职业教育进行统一布局和统一谋划。

二、发展惠州职业教育、服务产教融合型城市建设的对策探析

通过对惠州市中高职院校的总体发展现状、职业教育专业设置和地区产业结构的匹配情况、职业教育系统内部不同层次之间的专业结构对接现状、职业教育产教融合制度创新现状的分析和研究，本书得出以下结论：一是职业教育资源的区域覆盖度存在职业院校与产业园区空间错配的情况；二是专业大类的集中度低，很多学校没有在某些学科大类或专业大类中形成突出的办学优势，学校普遍缺乏办学特色；三是专业结构不合理，过于集中在财经商贸和电子与信息大类，生物与化工、农林牧渔、能源动力与材料、公共管理与服务大类的人才远远达不到承接珠三角产业转移的迫切需求；四是职业教育体系建设存在严重缺陷，目前还没有本科层次的职业教育以及研究生层次的高等院校，现有职业教育体系内部不同层次之间各自为政、自成一体，没有形成不同层次职业教育的专业结构上下贯通的制度规范；五是职业教育制度创新严重不足，目前尚未出台市级层面促进产教融合的统一行动计划或实施方案，由职业院校和产业企业之间合作建设的产业学院或公共实训平台或基地明显偏少；六是与省内周边兄弟城市相比，惠州市职业教育的整体发展水平严重偏低，与其"GDP 第五城"的地位严重不符。

为了使惠州在新一轮的产业调整转型升级的过程中仍然能够健康发展，实现建设创新驱动发展型城市、粤港澳大湾区重要节点城市和产教融合试点城市的目标，惠州应构建科学合理的职业教育人才培养体系。据此，提出以下建议。

（一）调整空间布局，提高职业教育对本地产业的空间覆盖度

从建设目标看，应按照"立足园区办职校"的原则，在惠州市"3+7"产业园区内举办中职学校或高职院校，保证职业教育与产业园区之间能够实现近距离合作、无边界衔接。

从建设对策看，至少需要关注以下两点。第一，实现职业院校的全域覆盖。仲恺高新技术产业开发区、大亚湾经济技术开发区等"3+7"产业园区举办中职学校、高职院校，至少有三种可供选择的具体方式：一是在技术技

能人才需求极其旺盛的园区，新建职业院校；二是酌情从惠城区等职业院校密集地区向仲恺高新技术产业开发区、大亚湾经济技术开发区等产业园区搬迁职业院校；三是鼓励市域职业院校前往仲恺高新技术产业开发区、大亚湾经济技术开发区等产业园区创建"政-产-学"深度融合的产业学院。第二，鼓励企业参与举办职业教育。在"立足园区办职校"的过程中，政府可以鼓励规模以上企业根据自己的技术技能人才需求，参与甚至主导职业院校的办学。

对于惠州市委、市政府而言，需重点考虑以下工作建议。第一，把惠州市"3+7"产业园区主动参与举办职业院校确定为"科技兴园、技能强园"的重大战略之一。技术技能人才是产业园区的关键要素之一，举办职业院校、培养技术技能人才是落实产业园区"坚持项目为王""要素跟着项目走"等办园策略的重要路径。为了落实这项发展战略，建议市委、市政府出台文件，并由教育局等部门予以具体落实。第二，发挥产业园区在举办职业教育方面的中介桥梁作用，探索、形成"产业园区办职教"的"惠州模式"。产业园区是惠州市建设产教融合型城市的支撑点。发挥产业园区的产业集聚作用，有助于实现产业的集群发展；以产业园区为枢纽，整合政府、产业及职业院校等各类资源，通过产教深度融合来促进职业教育在产业园区的无边界、融入式发展，发挥产业园区的人才凝聚、人才培养作用，有助于实现产业的可持续、高质量发展。

（二）优化专业结构，提高职业院校专业结构与产业结构的对应度

从建设目标看，要坚持"根据产业定专业"的原则，瞄准惠州市"2+1"现代产业体系，调整、优化惠州市中职、高职层次的专业设置，提高职业院校的专业结构与产业结构的对应度，实现专业（及专业群）与产业、职业岗位的对接，进而实现专业课程内容与职业标准对接、教学过程与生产过程对接、学历证书与职业资格证书对接、职业教育与终身学习对接，最终保证职业院校的毕业生"学用一致""学需一致"（学生所学与企业所需一致）并实现"本地就业"。

从建设对策看，一要根据产业需求，确立"惠州市职业教育重点专业目录"，其中，由教育局统筹并鼓励中职院校大力发展目录内专业，由人力资源和社会保障局统筹并鼓励技工院校大力发展目录内专业，由市委、市政府鼓励并支持高职院校和惠州学院大力发展目录内专业、根据目录内专业组建专业群。二要加大财政投入，实施"惠州市重点专业建设工程"，滚动遴选重点对接惠州产业且大多在惠州就业、办学质量较高且毕业生需求旺盛的职

业教育重点专业，酌情划拨五年一周期的重点建设资金，支持重点专业建设、鼓励依托重点专业建设专业群，并围绕"毕业生本地就业的比例和质量"等指标，开展重点专业的建设成效考核。

从推进工作的角度看，要重点关注以下建议。第一，由惠州市发展和改革局牵头，会同市教育局、人力资源和社会保障局、工业和信息化局、科技局，组建专家组，调研惠州市各类产业的技术技能人才需求，广泛听取职业院校的办学意见，统筹确定"惠州市职业教育重点专业目录"。第二，由惠州市发展和改革局、财政局牵头，会同市教育局、人力资源和社会保障局、工业和信息化局、科技局，组建专家组，确定"惠州市重点专业建设工程"的财政投入总量、财政投入方式，并研制评估方案、实施专业建设成效评估。

（三）纵向梳理体系，增强惠州市职业教育体系建设的完整度

从建设目标看，要在惠州市建立起"中职—专科层次高职—本科职业教育和应用型本科—专业学位研究生教育（专业学位硕士、专业学位博士）"层级完整、"中职教育-技工教育"并行发展的现代职业教育体系，以完整的市域现代职业教育体系，强有力地助推惠州市高质量建设产教融合型城市。

从建设对策看，一要统筹规划全市中职学校与高职之间的纵向贯通和衔接升学。二要鼓励和支持辖区内的高职院校与惠州学院的"专插本"对口招生和衔接办学。三要大力支持惠州学院申请硕士学位授予单位、建设专业学位硕士点，整体提升惠州市辖区范围内职业教育体系和应用型高等教育的办学层次。四要试点探索市域范围内的技工院校与中职学校、高职院校之间的横向合作，以及与高职院校、本科院校之间的纵向沟通（表3-19）。

表 3-19　广东省内除广州、深圳之外具备硕士研究生招生培养资格的城市

城市	举办研究生教育的高校或校区
佛山	佛山大学
东莞	东莞理工学院
珠海	中山大学珠海校区等
肇庆	肇庆学院
湛江	广东海洋大学、广东医科大学
茂名	广东石油化工学院
汕头	汕头大学
汕尾	华南师范大学汕尾校区
河源	广东技术师范大学河源校区

从推进工作的角度看，要重点关注以下建议。一要由惠州市发展和改革局、教育局等部门牵头，利用"职教高考"的通道，与"惠州市职业教育重点专业目录""惠州市重点专业建设工程"相配套，利用地方政策、专项资金等管理手段，实施"惠州市现代职业教育体系"建设战略，全面鼓励、统筹促进"中职—高职—本科"的纵向衔接、体系贯通。二要由市政府统筹市教育局、人力资源和社会保障局，整合中职学校和技工学校两个职业教育系统，创新中职学校与技工学校办学的横向联结关系，探索中职学校、技工学校与高职院校之间的纵向贯通关系，以同样力度的政策鼓励和支持中职学校、技工学校的产教融合制度创新。

（四）建设产业学院，提升惠州市职业教育产教融合的制度创新度

从建设目标看，要鼓励和支持本地产业和企业，与在本地办学的中职学校、高职院校以及惠州学院，共建30—50个实体运行且成效良好的产业学院，全面覆盖惠州市的"2+1"现代产业体系和"3+7"产业园区。

从建设对策看，一要整合各方力量共建产业学院。可成立"惠州市职业教育工作联席会议"，由市领导、相关政府部门、全市四区三县组成，并根据工作需要酌情确定联席会议的召集人、牵头单位及参会成员，构建全市产教融合的政府工作平台，为整合各方力量共建产业学院提供强有力的行政支撑。二要借鉴"佛山市顺德区职业教育发展促进会"（表3-20），鼓励惠州市职业院校、行业企业发起成立一般性社团组织性质的"惠州市产教融合促进会"，全面承担起"响应政府号召、落实市域发展战略、激活职业教育活力、建构职业教育体系、升级校企合作、深化产教融合"等社会责任。

表 3-20　佛山市顺德区职业教育发展促进会简介

组织简况	佛山市顺德区职业教育发展促进会（简称"职促会"）是由顺德区研究生教育发展中心、顺德区14所中高职院校联合部分行业企业共同发起的一般性社团组织，于2015年3月依法在顺德区民政局登记注册，由顺德区教育局主管
体制改革使命	"职促会"是顺德职业教育体制改革的重要成果之一，是转变政府职能、推进社会治理的产物。它的成立标志着顺德职业教育也由此进入"大服务、小管理、市场化"的历史进程。"职促会"已逐渐成为顺德现代职业教育治理体系中的核心成员
功能定位	"职促会"成立后，承接了区教育局委托的专业排名、人才供需规划、技能竞赛、第三方考核等重要事项，并吸纳了机动车维修协会、电子商务协会等行业商会成为其会长单位，有效促进了校企合作、产教融合

三要提供政策优惠，发展产业学院。对毕业生在惠州市就业的规模、比

例及年限达到一定要求的产业学院，给予充分的政策优惠。比如，给参与共建产业学院的企业以税收、土地、金融等方面的扶持，给职业院校以专业建设、产业学院建设的政策和（或）资金支持，给进入产业学院的科技人员、职业院校教师以个人所得税优惠。

从推进工作的角度看，要重点关注以下建议。第一，要尽快研制并由市委、市政府发布《惠州市深化产教融合的若干意见》，从政策层面明确政府、学校、行业、企业等不同办学主体的地位和作用、权力和权利、责任和义务，并加大政策支持力度、明确行动路径。

第二，惠州市发展和改革局、教育局、工业和信息化局、财政局、科技局、人力资源和社会保障局、国有资产监督管理委员会、商务局、能源和重点项目局应协同研制并尽快出台《惠州市深化产教融合型城市建设的行动计划（2023—2030）》（以下简称《行动计划》）。具体而言，《行动计划》规定，在深化产教融合上，政府担负着统筹与协调者、规划与引导者、支持与推动者、评估与监督者、宣传与促进者等角色，尤其是要建立与发展和改革局、教育、人力资源和社会保障局、财政局、工业和信息化局等部门密切配合，有关行业主管部门、国有资产监督管理部门积极参与的工作协调机制，统筹运用税收、土地、信息、财政、信用、保险等保障手段，以切实支持和推动产教融合发展，要以多种方式拓宽企业参与产教融合的途径、深化"引企入教"改革、鼓励开展生产性实习实训、强化企业职工在岗教育培训等。这就要求在《行动计划》中明确不同政府部门的具体分工，要既能填补职能空白，又能规避权力交叉等权责问题。对于单一部门负责的事项，要明确具体责任；对于多部门协同负责才能发挥效能的事项，要明确牵头负责部门和相关部门的权责，使牵头负责部门能切实发挥好"牵头负责"的作用，避免出现"牵头部门不知道如何牵""牵头部门小马拉不动大车""联而不动"等问题。

就学校权利而言，一是要适度扩大学校的办学自主权并予以法律保障，突破学校参与产教融合的制度瓶颈；二是要明确学校在产教融合过程中如何有效获得政府资源，并促进政府相关部门的协同配合，以推动产教融合工作的深入开展。就学校义务而言，一是学校深度推进产教融合以增强职业教育适应性的义务；二是学校在深度推进产教融合过程中，必须对如何保持自身独立性做出回应；三是学校在深度推进产教融合时，解决如何保护学校、学生和教师的合法权益，以及如何为师生权益损害提供及时有效的救济问题。

就企业而言，企业应发挥在产教融合中的重要主体作用。各大中小型企业要根据自身的能力和需求，做好人力资源规划，积极参与学校人才培养方案的制定与实施、教材开发、教学设计、教学资源建设、课程设置、实训基地建设、考核评价等人才培养的全过程，实现教学标准与产业标准、课程及教学内容与职业资格标准、教学过程与职业岗位劳动生产过程、学历教育与职业资格证书培训的全面对接，提高学校与企业在人力资源供需方面产教结合的紧密度。企业要结合自身科技发展规划和学校科技供给能力，做好科技研发规划，推进校企合作共建产业发展联盟、企业研究院、研发中心，实现校企之间在研发资源和研发成果上的共建共享。

第三节 产教融合型城市建设的省域研究：以广东为例

在经济发展、教育变革等许多领域，广东在较长时期里一直处于率先启动改革、扩大开放的地位，因此在国内的产教融合型城市建设的省域探索中，广东是一个极具典型性的省域案例。因国际政治、经济形势变化所带来的不利影响，在广东的外向型经济遭遇出口困难、高新技术产业面临美国挑起的贸易战的情况下，以及在广东亟须促进战略性"双十"产业（10个战略性支柱产业集群和10个战略性新兴产业集群）加快发展的背景下，省委、省政府不但要优化经济社会发展的策略，更要夯实经济社会发展的人才、科技根基，深化产教融合、校企合作，促进职业教育的高水平治理、高质量发展。具体而言，一方面，通过提供日益开放、包容乃至具有保障性质的职业教育服务，在现有条件下尽力保障社会公众最大程度地公平享受受教育机会，充分发挥职业教育的优势，彰显职业教育的技术技能积累功能，进而促进技能型社会建设，厚植人力资本、挖掘创新创造潜能，培养技能型人才、拓宽致富渠道，服务乡村振兴、缩小城乡差距，对接困难群体、精准预防返贫，促进产业升级、推动产业兴旺，革新产教融合、促进产教融合型城市建设，进而统筹推进共同富裕[①]；另一方面，通过深化产教融合、促进产教融合型城市建设，进一步促进职业教育的高质量发展。接下来将以广东为案例，从区域适应度、产业对接度、体系完整度、战略管理有效度四个维度，按照"建设目标—实践瓶颈—对策建议"的逻辑进行具体阐述。

---

① 李名梁，庄金环，史静妍. 职业教育助推共同富裕的耦合机理及实践理路[J]. 教育与职业，2022(12)：20-27.

一、面向地方产业，增强省域职业教育的区域适应度

（一）建设目标

遵照"发展有用职教""建设有用专业"的宗旨，对接广东"一核一带一区"区域发展格局，按照凸显"本土性办学、在地化服务"的要求，按照"立足地方办职教""立足园区办职校""立足产业办专业"的原则，在宏观上与广东省的产业结构相配套，特别是与十大战略性支柱产业集群和十大战略性新兴产业集群的"双十"产业相配套；在微观上重点与职业院校所在地区的产业园、与职业院校密切合作的产业园区的空间布局相配套，举办中职学校、高职院校，建设职业教育的相关专业，保证职业教育与产业园区、职业院校的专业与产业需求之间的近距离合作、无边界衔接，切实防止在职业教育领域因盲目追赶而强求区域趋同、因强调共同发展而强求绝对平均等问题，切实发挥职业教育促进产教融合的经济价值、促进区域协调共同发展以助力共同富裕的社会价值，在强化空间覆盖度的同时，增强区域适应度。

（二）实践瓶颈

第一，职业教育资源高度集聚在珠三角地区，虽然有利于提高办学效率，但与均衡发展、共同富裕的目标旨趣存在歧出。

就本科院校而言，截至 2021 年，广东共有 67 所本科高校，其中公办 29 所，民办 38 所；普通本科高校 65 所，本科层次的职业技术大学 2 所。从 2015 年起，广东陆续建设一批高水平大学，其目标是：力争用 5—10 年的时间，建成若干所具有较高水平和影响力的大学，培育一批在全国乃至全世界占有一席之地的特色重点学科。到 2021 年，共遴选建设中山大学、华南理工大学、暨南大学、华南师范大学、华南农业大学、南方医科大学、广东工业大学、广州中医药大学、深圳大学、南方科技大学、广东外语外贸大学、广州大学、广州医科大学 13 所高校。同时，积极建设华南理工大学、广东工业大学、南方科技大学、佛山科学技术学院、东莞理工学院、五邑大学、广东石油化工学院等 7 所高水平理工科大学。从 2016 年 12 月底起，广东省教育厅与 9 个地市的广东医科大学、岭南师范学院、电子科技大学中山学院、广东药科大学中山校区、香港中文大学（深圳）、广东石油化工学院、韶关学院、嘉应学院、惠州学院、肇庆学院、五邑大学、韩山师范学院 12 所本科高校或校区签署省市共建本科高校协议。在广东省的"高水平大学—高水平理工科大学—省市共建本科高校—其他本科高校"的四层级中，13 所高水平大学主要定位

于学术为主型本科高校，第二、三层级的 19 所本科高校以及其他本科高校，则主要是应用为主型、职业导向型本科高校。从区域分布来看，广州有 37 所，其中包含 11 所广东省高水平大学、2 所广东省高水平理工科大学；深圳有 5 所，包含剩余的 2 所广东省高水平大学、1 所高水平理工科大学；珠海、湛江各 4 所，东莞、肇庆各 3 所，汕头、佛山各 2 所，韶关、惠州、潮州、梅州、江门、茂名、中山各 1 所。广东省高水平大学、高水平理工科大学主要分布在广州、深圳，省市共建本科高校则按照照顾各地市的原则均匀分布。随后实施的《高等教育"冲一流、补短板、强特色"提升计划实施方案（2021—2025年）》，针对省内本科高校，按照学科实力和学术水平，分别实施"高水平大学建设计划（重点建设高校）—高水平大学建设计划（重点学科建设高校）—粤东西北高校振兴计划—特色高校提升计划"。纳入"粤东西北高校振兴计划"的高校，数量总体较少，且大多学科实力较弱、学术水平相对较低。

2021 年，广东梅州职业技术学院、广东潮州卫生健康职业学院经教育部备案通过后首次招生，标志着全省各地级以上市实现了高职院校全覆盖（表3-21）。不过，区域分布极不均衡。其中，珠三角地区共有高职院校 72 所，占比 77%；沿海经济带有高职院校 13 所，占比 14%；北部生态发展区有高职院校 8 所，占比 9%（图 3-7）。

表 3-21 各地级以上市高职院校数量 （单位：个）

地市	院校数量	地市	院校数量	地市	院校数量
广州	46	肇庆	3	茂名	4
深圳	3	惠州	4	阳江	1
佛山	4	汕头	2	韶关	1
东莞	4	潮州	1	清远	3
中山	2	揭阳	2	云浮	2
珠海	2	汕尾	1	梅州	1

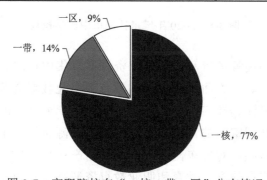

图 3-7 高职院校在"一核一带一区"分布情况

　　2019 年，广东省教育厅印发《关于进一步优化中等职业学校布局结构的意见》（粤教职〔2019〕29 号），要求各地市加快整合公办资源、规范民办学校、优化专业设置、拓展服务功能。经过两年的布局结构调整，全省中职学校布局结构得到一定的优化（表 3-22 和图 3-8）。

表 3-22　部分地级市中职学校布局结构调整方案

城市	名称
珠海	《珠海市中等职业学校布局结构调整方案》
肇庆	《肇庆市中等职业学校布局结构调整实施方案》
广州	《广州市中等职业学校布局调整和提升发展工作方案》
韶关	《韶关市中等职业学校布局结构优化实施方案》
中山	《中山市中等职业学校布局调整工作方案》
佛山	《佛山市中等职业学校布局结构调整实施方案》
揭阳	《揭阳市中等职业学校布局结构优化、资源整合提升工作方案》

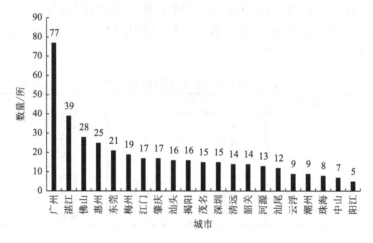

图 3-8　2020 年广东各地市中职学校数

　　总之，广东的高等教育和职业教育资源高度集中在珠三角 9 市，尤其集中在省会城市广州。一方面，广东高等教育和职业教育资源主要集中在珠三角地区，汕头、湛江、茂名等粤东西北产业并不十分落后的地市职业教育资源并不丰富。在共同富裕的背景下，这种教育资源布局将不利于这些地市产业的进一步做大做强，对粤东西北承接珠三角产业转移也可能会产生不利影响。另一方面，广东的高等教育和职业教育资源高度集中在省会广州。广州集中了 37 所普通本科高校和 46 所高职院校，而制造业发达的深圳、佛山、东莞分别仅有 5 所、2 所、3 所普通本科高校，以及 3 所、3 所、3 所高职院校。从分配比例看，广州集中了全省近 57%的普通本科高校、近 50%的高职院校（图 3-9）。广东职业教育资源的非均衡分布情况，远超其他省区市。比如，在江苏省，南京仅集中了 34 所普通本科高校、17 所高职院校，分别占江苏全省普通本科高校总数的近 44%、高职院校总数的近 38%（图 3-10）；在山东省，济南仅集中了 25 所普通本科高校、15 所高职院校，分别占山东全省普通本科高校总数的近 38%、高职院校总数的近 19%（图 3-11）；在浙江省，杭州仅集中了 25 所普通本科高校、19 所高职院校，分别占浙江全省普通本科高校总数的约 43%、高职院校总数的近 39%（图 3-12）。

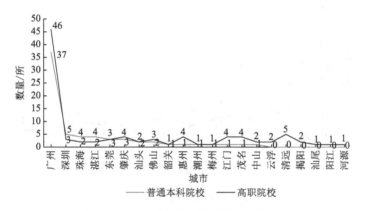

图 3-9 广东高等教育资源分布情况

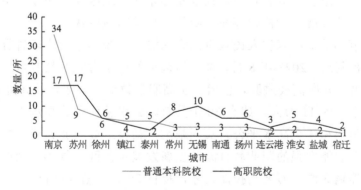

图 3-10 江苏高等教育资源分布情况

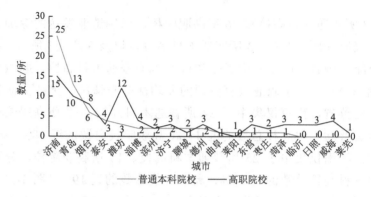

图 3-11　山东高等教育资源分布情况

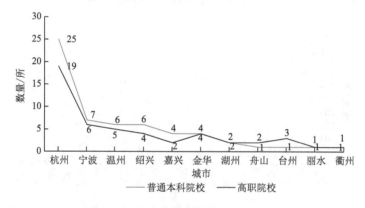

图 3-12　浙江高等教育资源分布情况

　　第二，广东省职业教育城建设以及粤东西北地区职业院校"生源在外、就业在外"的发展困境持续存在，亟待富有策略地解决。

　　2011 年 6 月，广东省人民政府同意在清远市规划建设广东省省级职业技术教育示范基地，2021 年 8 月，位于清远市的广东省职业教育城二期工程交付使用，再添 6 所高校进驻，新增优质高职学位约 6 万个，总计进驻院校 16 所，入学学生约 11 万人，建有 30 个具有辐射引领作用的高水平专业化产教融合实训基地和 3 个高水平公共实训基地，初步形成功能完善、配套齐全、服务区域产业能力强的职业教育改革创新发展示范区，每年可为珠三角地区和全省培养输送约 4 万名高技能人才，提供 20 万个培训岗位。

　　但是，位于清远的广东省职业教育城建设仍有亟待完善之处。其生源主要来自清远市外，本地生源仅占较小比例。同时，与珠三角的广州、深圳、东莞、佛山、中山等地市相比，清远本地的产业并不发达，这势必导致从职业教育城毕业的高职生的主要就业去向是珠三角地区。生源和就业"两头在外"、学校和产业之间的空间距离，增加了产教融合的难度、提高了产教融合的成本，不利于广东省职业教育城高效率、高效益、高效能的发展。

生源和就业"两头在外"的困境，在粤东西北地区的职业院校中同样存在。从专业设置的现状看，珠三角地区的高职院校和中职学校不但数量多，而且多以培养产业人才为主，粤东西北的高职院校和中职学校总量不多，而且多以培养社会公共服务类人才为主，即使培养了一些产业人才也大多流动到珠三角地区就业。

（三）对策建议

第一，调整、优化职业院校的举办体制和拨款机制，促进职业教育的省域均衡发展。在广东省，珠三角地区与粤东西北地区的发展差距非常大，具有"一个广东、四个发展层级"的特征。随着粤港澳大湾区和深圳先行示范区的"双区"建设以及横琴、前海两个合作区的建设全面铺开，广东省域范围内的发展差距仍未得到缩减，珠三角地区与粤东西北地区的中职学校、高职院校、应用型本科及职业技术大学之间，在经费投入、人才吸纳、制度创新等各个方面的发展差距非常明显。以经费投入为例，可以发现形成了以下格局：教育部属高校的经费投入充足、人才高度集聚、办学实力强劲；广州、深圳、东莞、佛山等经济发达地市举办的本科高校、高职院校、中职学校，凭借强劲的经费投入、相对优越的地理位置，储备了大量的人才，保持着较为强劲的办学实力。而对于省属普通高校、高职院校和中职学校而言，在珠三角地区办学者，因办学成本高而日益暴露其经费紧张的困难；在粤东西北地区办学者，却具有相对于当地而言的资源优势。广东省高等教育、职业教育发展的薄弱环节在于，历史上由粤东西北地区举办的本科高校、高职院校和中职学校总体数量较少且质量不高。

为了解决这些问题，一方面，省委、省政府要落实好省属中职学校的划转工作。《广东省人民政府办公厅关于印发广东省职业教育"扩容、提质、强服务"三年行动计划（2019—2021年）的通知》（粤府办〔2019〕4号）提出，要做大做强高等职业教育。"调整省属职业院校管理体制，加快推进省直部门所属职业院校成建制划转工作。改革中职学校管理方式，省教育厅不再直接举办中职学校。实施省属职业院校集团办学，组织部分省属高职院校和中职学校联合组建若干教育集团，增加高等职业学位，扩大高等职业招生规模。"优化中等职业教育结构布局，"健全以地市统筹为主的中等职业教育管理体制。……采取撤销、转型、合作、托管、集团办学、合并、校园土地置换等多种形式，整合职业教育资源……鼓励探索市属中职学校与县属中职学校联动发展机制，人口规模较小的县属中职学校可办成市属优质中职学校的分校。鼓励中职学校联合中小学校开展劳动和职业启蒙教育"。这部行动计划的变革焦点有：省教育厅不再直接举办中职学校，转而划归高职托管；健全以地市统筹为主的中等职业教育管理体制，市属、县属中职学校联动发展。到目前为止，已经基本完成厅属中职学校的托管划转，但还需要深入推进以下两项工作：一是原教育厅属中职学校划转给高职托管之后，要从专业建设上进一步促进中高职衔接办学和资源整合；二是在地市层级，切实加强内涵建设、有效推进市县两级中职学校联动发展机制建设，有效建构与地市经济社会发展紧密结合的市域职业教育体系。

另一方面，要落实好原来由地市举办的本科院校办学体制调整为省属高校的扫尾工作和配套政策。2021年1月，广东省分别与茂名市、韶关市、梅州市、惠州市、肇庆市政府举行了广东石油化工学院、韶关学院、嘉应学院、惠州学院、肇庆学院5所本科高校办学体制调整签约仪式，这些省市共建高校调整为省属本科高校，由省政府主办、省教育厅主管。把这些粤东西北高校的举办者由地市调整为省政府，从长远发展来看，有助于保证经费投入；但从近两年的运行来看，由于调整过渡期需要处理的问题很多，在经费划拨、人事管理、高校治理等方面的工作中出现了积压、延误，造成了高校发展的一些困难，亟待加快处理。与此同时，这些高校的所在地市亟须适应形势变化、端正办学心态。一些地市政府认为，辖地高校已经调整为省属，不属于自己举办了，因此不应该再继续给予经费资助；但另有一些地市政府按照"不求所有、但求所在、唯求所用""所在即所用"的原则，持续资助辖地高校的发展、支持高校与本地产业之间的产教融合。对于后一种办学心态，值得鼓励和宣传。

第二，针对广东省职业教育城和粤东西北地区的职业院校"生源在外、就业在外""两头在外"的发展难题，积极鼓励校企合作、产教融合。以下策略值得注意。其一，鼓励广东省职业教育城和粤东西北地区的职业院校与本地企业、产业之间的深度合作。本地政府在招商引资时，配套考察企业与本地职业教育之间的匹配度，重点引进能与在本地办学的职业院校开展校企合作、实现产教融合的企业。其二，鼓励广东省职业教育城和粤东西北地区的职业院校与珠三角地区的产业、企业共建产业学院。通过产业学院的虚拟办学，既可把外地企业、产业力量引进到广东省职业教育城和粤东西北地区职业院校的办学校园中，也可以把广东省职业教育城和粤东西北地区的职业教育力量拓展到外地产业、企业中，从而借助产业学院的虚拟空间，拉近广东省职业教育城、粤东西北地区职业院校与珠三角地区产业、企业之间的距离，降低产教融合成本，从而实现省内各地的共赢发展、共同富裕。

二、扎根产业需求，强化省域职业教育的产业对接度

（一）建设目标

扎根产业发展需求，坚持"根据产业定专业"的原则，按照《广东省人民政府关于培育发展战略性支柱产业集群和战略性新兴产业集群的意见》(粤府函〔2020〕82号)和《广东省战略性产业集群联动协调推进机制》（粤工信规划政策函〔2021〕15号）的要求，在服务于传统产业、已有产业的基础上，重点瞄准新一代电子信息、绿色石化、智能家电、汽车产业、先进材料、现代轻工纺织、软件与信息服务、超高清视频显示、生物医药与健康、现代农业与食品等十大战略性支柱产业集群和半导体与集成电路、高端装备制造、智能机器人、区块链与量子信息、前沿新材料、新能源、激光与增材制造、数字创意、安全应急与环保、精密仪器设备等十大战略性新兴产业集群，调整、优化全省中职、高职层次的专业设置，提高职业院校的专业结构与产业结构的对应度，实现专业（及专业群）与产业群的对接，不断促进教育链、人才链与产业链、创新链有机衔接，推进人才供给与产业需求精准对接，加强高素质产业人才培养，为"双区"高质量发展提供强有力的人才支撑和技术支持。

（二）实践瓶颈

产业结构是表征区域产业发展水平和质量的重要指标，产业结构决定就业结构；专业结构是表征区域职业院校专业设置科学合理与否的关键指标，专业结构与院校类型结构密切相关；以就业结构为中介，专业结构和产业结构形成互动关系。职业教育的人才培养，以院校类型结构和专业结构为依托，进而回应产业结构和就业结构所提出的人才需求，实现"院校结构和专业结构、就业结构、产业结构"的良性互动。

1. 实践分析

1）院校类型结构与产业结构的匹配度

广东省的高职院校以综合性高职院校和理工类高职院校为主体。以2021

年为例，综合类高职院校占 47.31%，理工类高职院校占 23.66%。高职院校向更加适应社会需求的多元发展格局转变，其中医药院校增加至 7 所，师范院校增加至 5 所，有助于满足社会对大健康产业和计划生育政策调整后对学前教育类人才的需求（表 3-23、图 3-13）。

表 3-23 广东高职院校不同类型数量设置情况 （单位：所）

类型	综合院校	理工院校	林业院校	医药院校	师范院校	财经院校	体育院校	艺术院校	政法院校
数量	44	22	2	7	5	6	2	4	1

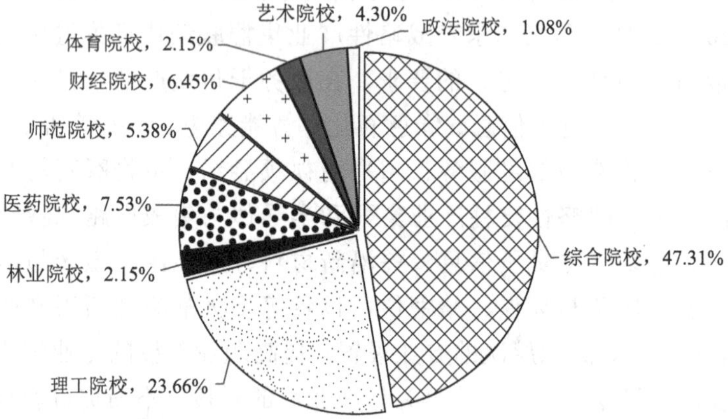

图 3-13 高职院校类型结构情况

2）专业结构与产业结构的匹配度

根据广东教育厅提供的"高等职业教育专科分专业学生数"统计核算结果，2021 年全省高职院校共开设了覆盖 19 个专业大类的 430 个专业，专业布点数为 3329 个，每个专业大类的平均专业布点数为 7.74 个。在广东全省93 所高职院校中，公办高职 67 所，民办高职 26 所。开设专业最多的高职院校分别是深圳职业技术学院、广东轻工职业技术学院、广东文理职业学院、广州华夏职业学院，开设数量依次是 79 个、69 个、67 个、66 个；开设专业最少的高职院校分别是广东汕头幼儿师范高等专科学校、广州幼儿师范高等专科学校、广州康大职业技术学院、广东潮州卫生健康职业学院，开设数量依次是 4 个、6 个、6 个、6 个。

从专业大类看，广东高职院校覆盖了《职业教育专业目录（2021 年）》全部 19 个专业大类；从专业类别看，广东高职院校开设《职业教育专业目录

（2021 年）》的 75 个专业类别，开出率为 77.32%。

各类专业的开出率极不均衡。从开设的专业大类看，有 90 所高职院校开设了财经商贸类专业，有 81 所高职院校开设了电子与信息类专业，有 73 所高职院校开设了文化艺术类专业，有 68 所高职院校开设了装备制造类专业，有 65 所高职院校开设了旅游类专业。与此形成强烈对比的是，仅 1 所高职院校开设了水利类专业，14 所高职院校开设了公安与司法类专业，15 所高职院校开设了农林牧渔类专业，18 所高职院校开设了能源动力与材料类专业，20 所高职院校开设了生物与化工类专业。从开设的专业类别看，部分专业类别相对较少。比如，公安与司法类、水利类、资源环境与安全类、能源动力与材料类等专业大类开设的专业类别数均不足 60%，在交通运输类、医药卫生类等专业大类，分别有 2 个专业类别尚未开设（表 3-24）。

表 3-24　广东省高职院校专业设置覆盖情况（按专业类统计）

专业大类	专业大类布点（开设学校数）/个	专业大类布点学校数占所有学校数比例/%	开设专业类别数/个	目录内专业类别总数/个	已开设专业类占比/%
农林牧渔	15	16.13	4	4	100.00
资源环境与安全	26	27.96	5	9	55.56
能源动力与材料	18	19.35	4	7	57.14
土木建筑	54	58.06	6	7	85.71
水利	1	1.08	2	4	50.00
装备制造	68	73.12	6	7	85.71
生物与化工	20	21.51	2	2	100.00
轻工纺织	28	30.12	4	4	100.00
食品药品与粮食	34	36.56	2	3	66.67
交通运输	35	37.64	5	7	71.43
电子与信息	81	87.1	3	4	75.00
医药卫生	33	35.48	7	9	77.78
财经商贸	90	96.77	8	8	87.50
旅游	65	69.89	3	2	100.00
文化艺术	73	78.49	4	4	100.00
新闻传播	29	31.18	2	2	100.00
教育与体育	83	89.25	3	3	100.00
公安与司法	14	15.05	3	7	42.86
公共管理与服务	62	66.67	4	4	100.00

从专业与产业的相关度看，全省高职院校与第一产业相关的农林牧渔大类有专业布点 38 个；与第二产业相关的资源环境与安全大类、能源动力与材料大类、土木建筑大类、水利大类、装备制造大类、生物与化工大类、轻工纺织大类、食品药品与粮食大类等共有布点数 864 个；与第三产业相关的交通运输大类、电子与信息大类、医药卫生大类、财经商贸大类、旅游大类、文化艺术大类、新闻传播大类、教育与体育大类、公安与司法大类、公共管理与服务大类共有专业布点 2428 个。从宏观上看，广东全省高职院校三次产业相关专业布点占比与三次产业结构比重，不是十分匹配。第三产业的专业布点超出了产业发展的实际需求，第一、第二产业却满足不了产业发展的实际需求（表 3-25）。

表 3-25　广东省高职院校专业布点与产业匹配情况

产业类别	相关专业布点数/个	占比/%	产业结构比重/%
第一产业	38	1.1	4.3
第二产业	864	26.0	39.2
第三产业	2428	72.9	56.5

对广东省高职院校开设的 19 个专业大类进行归类划分可以发现，在第一产业，设有专业大类 1 个，即农林牧渔专业，该专业大类所属专业学生总数占比为 0.86%；在第二产业，设有专业大类 8 个，包括装备制造、土木建筑、食品药品与粮食、轻工纺织、资源环境与安全、生物与化工、能源动力与材料、水利专业，在校生规模占比为 22.66%；在第三产业，设有专业大类 10 个，包括财经商贸、电子与信息、教育与体育、文化艺术、医药卫生、交通运输、旅游、公共管理与服务、新闻传播、公安与司法专业，在校生规模占比为 76.48%（表 3-26）。

表 3-26　2021 年广东省高职院校的专业与产业相关度

产业	专业大类	产业结构比重/%	所属专业学生占比/%
第一产业	农林牧渔	4.3	0.86
第二产业	资源环境与安全 能源动力与材料 土木建筑 水利 装备制造 生物与化工 轻工纺织 食品药品与粮食	39.2	22.66

续表

产业	专业大类	产业结构比重/%	所属专业学生占比/%
第三产业	交通运输 电子与信息 医药卫生 财经商贸 旅游 文化艺术 新闻传播 教育与体育 公安与司法 公共管理与服务	56.5	76.48

从专业布局看高职专业，财经商贸大类布点数量最多，为 561 个；电子与信息大类布点数量位居第二，为 452 个；装备制造大类布点数量位居第三，为 360 个；文化艺术大类专业布点数量排名第四，为 328 个（图 3-14）。可以发现，除了装备制造大类之外，其他三个专业大类均属第三产业，三者合计布点数量为 1341 个。

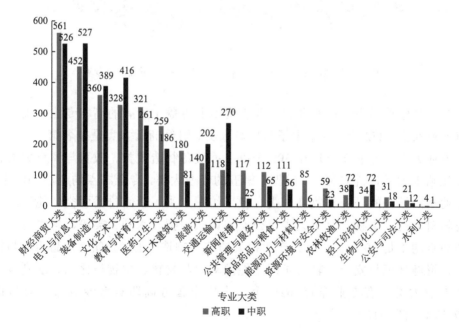

图 3-14　广东省中高职专业大类布点情况

　　从各专业布点数量来看，排名前 5 的专业均为第三产业的专业，分别是大数据与会计、电子商务、市场营销、现代物流管理、商务英语，专业布点数均在 50 个以上，换言之，有 50 个以上的高职院校开设了这些专业。排名前 20 的其他高职专业还有计算机应用技术、大数据技术、软件技术、计算机网络技术、工业机器人技术、物联网应用技术、工商企业管理、学前教育、旅游管理、机电一体化技术、国际经济与贸易、人工智能技术应用、电气自动化技术、新能源汽车技术、跨境电子商务等（图 3-15）。

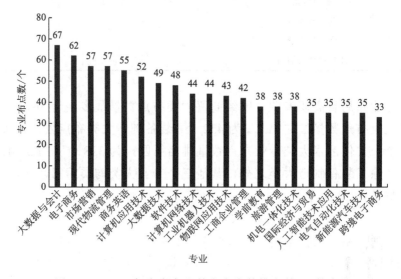

图 3-15　2022 年广东高职教育布点数排名前 20 的专业

　　从办学性质看，广东公办高职教育专业涵盖了所有的高职专业大类，共有专业布点 2272 个，其中电子与信息大类、财经商贸大类是排名第一、第二的专业大类，专业布点均在 300 个以上；装备制造大类、教育与体育大类、文化艺术大类是排名第三、第四、第五的专业大类，专业布点均超过 200 个；专业布点较少的是农林牧渔大类、轻工纺织大类、新闻传播大类、能源动力与材料大类、生物与化工大类、公安与司法大类、水利大类等，这些专业大类布点均不足 50 个；与第二产业相关的装备制造、土木建筑、食品药品与粮食、资源环境与安全、轻工纺织、能源动力与材料、生物与化工、水利等 8 个专业大类共有专业布点 626 个，占广东公办高职教育专业布点总数的 27.55%（图 3-16）。

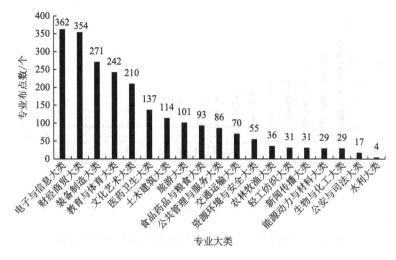

图 3-16　2022 年广东公办高职教育专业大类布局情况

与公办高职相比，广东民办高职教育的专业布点虽然数量较少，但也基本上占据了广东高职教育 1/3 的份额，专业布点总数为 1057 个，涵盖了除水利之外的其他 18 个高职专业大类；财经商贸大类和电子与信息大类是广东民办高职教育排名第一、第二的两个专业大类，分列第三、第四、第五的是医药卫生大类、文化艺术大类、装备制造大类等专业，专业布点数量均超过 100个；数量较少的是公共管理与服务大类、食品药品与粮食大类、轻工纺织大类、资源环境与安全大类、公安与司法大类、能源动力与材料大类、生物与化工大类、农林牧渔大类等，这些专业大类布点均低于 30 个；与第二产业密切相关的装备制造、土木建筑、食品药品与粮食、资源环境与安全、轻工纺织、能源动力与材料、生物与化工等 7 个专业大类共有专业布点 234 个，占广东民办高职教育专业布点总数的 22.14%，这一数据低于广东公办高职教育的 27.55%（图 3-17）。

从地市来看，广州地区高职教育设置了全部 19 个高职专业大类，共有 1685 个专业布点。但各专业大类之间布局仍然不均衡，比如财经商贸、电子与信息、医药卫生等专业大类布点数均在 200 个以上，而公安与司法、能源动力与材料、农林牧渔、生物与化工、新闻传播、轻工纺织、水利等专业大类的布点数基本上在 20 个或以下。广州地区高职教育的专业布局侧重于第三产业，排名前 10 的专业大类除了装备制造大类和土木建筑大类，其他均属于第三产业的专业（图 3-18）。

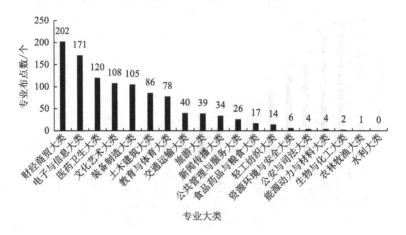

图 3-17　2022 年广东民办高职教育专业大类布局情况

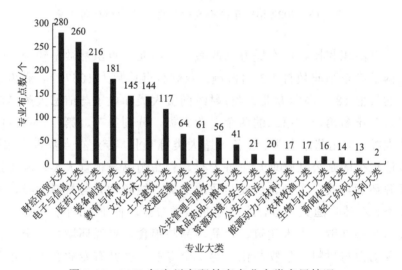

图 3-18　2022 年广州高职教育专业大类布局情况

　　深圳市高职教育的专业结构布局与广州十分相近，专业布局偏重第三产业，比如深圳和广州专业布点排名前 10 的专业大类，都仅有装备制造大类和土木建筑大类属于第二产业的专业，其他均为第三产业的专业。而与第二产业密切相关的能源动力与材料大类尚未在深圳的高职院校开设（图 3-19）。

　　佛山高职教育专业布局相对较为科学，比如与第二产业密切相关的装备制造大类在全市高职专业大类中排名第一，同时，排名前 10 的专业大类有一半是第二产业的专业，它们是资源环境与安全大类、轻工纺织大类、土木建筑大类、能源动力与材料大类。此外，与第二产业密切相关的食品药品与粮食大类、生物与化工大类、水利大类等也有开设（图3-20）。

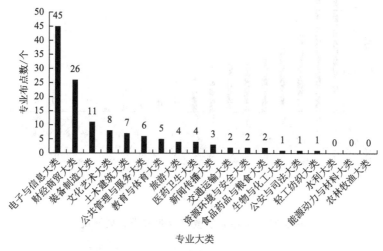

图 3-19 2022 年深圳高职教育专业大类布局情况

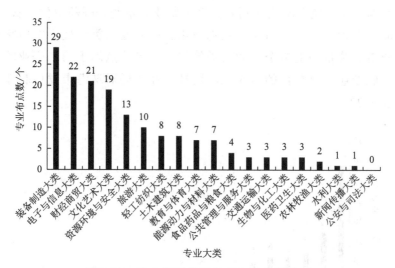

图 3-20 佛山高职教育专业大类布局情况

与佛山相比，东莞高职教育的专业大类布局并不算十分合理。专业大类布点数量排名前5的财经商贸、电子与信息、文化艺术、旅游、教育与体育等专业大类均为第三产业的专业；与此同时，与第二产业密切相关的资源环境与安全、能源动力与材料、水利、生物与化工等专业大类仍处于空白状态。这一专业布局现状不利于东莞"制造业强市"战略规划的顺利推进（图3-21）。

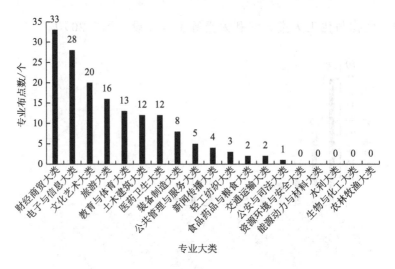

图 3-21　东莞高职教育专业大类布局情况

珠海的高职专业大类布局仍然不甚合理，仅覆盖了 10 个高职专业大类，资源环境与安全、能源动力与材料、轻工纺织、水利、医药卫生、农林牧渔、食品药品与粮食、公安与司法、生物与化工等专业大类仍处于空白状态。仅有土木建筑和装备制造两个专业大类的共 7 个专业点属于第二产业的专业，占该市高职专业布点总数的 9.59%，这种专业布局对珠海市发展制造业极为不利（图 3-22）。

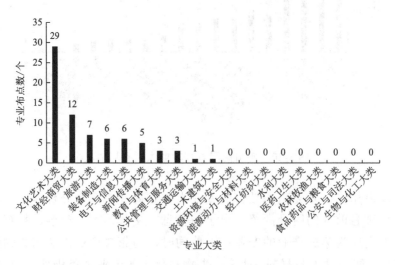

图 3-22　珠海高职教育专业大类布局情况

中山市的高职教育专业大类布局与珠海市有相似之处，比如珠海高职教育有 9 个专业大类仍然处于人才培养的真空状态，中山市则有 8 个专业大类处于真空状态，珠海市处于人才培养空缺的公安与司法、能源动力与材料、农林牧渔、水利、资源环境与安全、医药卫生等专业大类在中山市同样没有开设任何专业。不同的是，中山市与第二产业相关的专业大类有装备制造、轻工纺织、食品药品与粮食、生物与化工等四个专业大类，共有 18 个专业布点，占中山市高职专业布点总数的 33.96%，高于珠海市的 9.59%（图 3-23）。

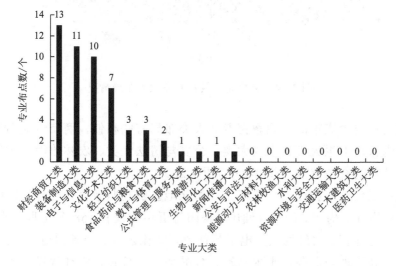

图 3-23　中山高职教育专业大类布局情况

2022 年，惠州市 4 所高职院校共设置专业点 107 个，覆盖《高等职业教育专科专业目录（2021）》中的 14 个大类，分别是装备制造大类、电子与信息大类、文化艺术大类、土木建筑大类、财经商贸大类、农林牧渔大类、教育与体育大类、医药卫生大类、轻工纺织大类、新闻传播大类、公共管理与服务大类、旅游大类、资源环境与安全大类、食品药品与粮食大类等。在专业设置特色方面，惠州卫生职业技术学院的专业设置具备一定的特色，基本上均为食品药品、医药卫生方面的专业，且与其他三所高职院校之间的专业重复率较低。惠州工程职业学院、惠州经济职业技术学院、惠州城市职业学院的专业设置特色不够鲜明，专业设置重复率较高，分别有 6 个、8 个、11 个专业在另外 2 所高职院校也有设置，分别有 6 个、10 个、9 个专业在另外 1 所高职院校也有设置。

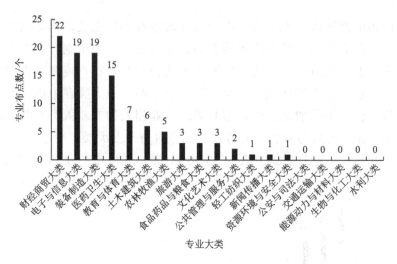

图 3-24 惠州高职教育专业大类布局情况

江门市与肇庆市的高职教育专业大类布局有些相似，两市专业布点数最多的均为医药卫生大类；水利大类、公安与司法大类、农林牧渔大类等则处于人才培养的空白状态（图 3-25 和图 3-26）。

与珠三角 9 市相比，广东粤东、粤北地区的高职教育资源异常短缺，比如粤东的潮州、梅州、汕头、汕尾、揭阳等五市共仅有 158 个高职专业布点，覆盖教育与体育、财经商贸、电子与信息、文化艺术、装备制造、医药卫生、旅游、公共管理与服务、土木建筑、食品药品与粮食、农林牧渔、生物与化

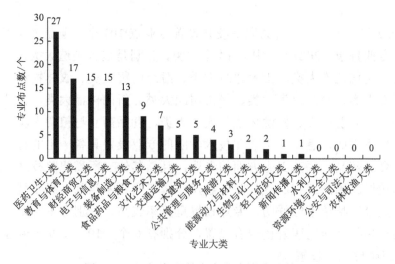

图 3-25 江门高职教育专业大类布局情况

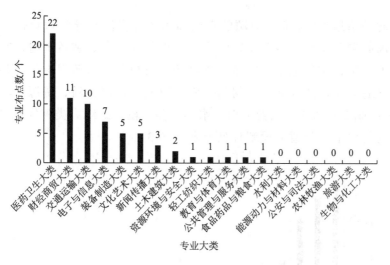

图 3-26 肇庆高职教育专业大类布局情况

工、交通运输、轻工纺织、资源环境与全安等 15 个专业大类。公安与司法、能源动力与材料、水利、新闻传播等 4 个专业大类为真空状态，与第二产业对接的装备制造大类、土木建筑大类、食品药品与粮食大类、生物与化工大类、轻工纺织大类、资源环境与安全大类共 25 个专业，占粤东地区高职专业布点总数的 15.82%（图 3-27）。

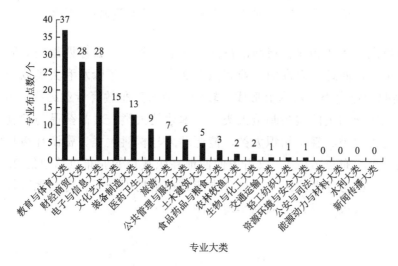

图 3-27 潮州、梅州、汕头、汕尾、揭阳高职教育专业大类布局情况

粤北的清远①、韶关、河源的本土高职教育资源也异常短缺，三地共有144 个高职专业布点，覆盖了财经商贸、电子与信息、装备制造、教育与体育、土木建筑、文化艺术、旅游、食品药品与粮食、医药卫生、公共管理与服务、交通运输、能源动力与材料、农林牧渔、新闻传播、资源环境与安全等 15 个高职专业大类。与此同时，水利大类、轻工纺织大类、公安与司法大类、生物与化工大类暂未设置任何专业（图 3-28）。

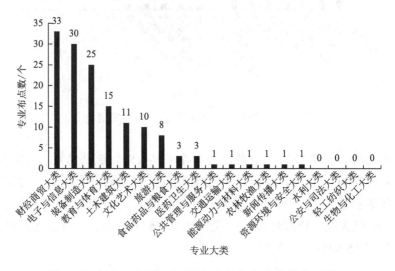

图 3-28　清远、韶关、河源高职教育专业大类布局情况

与粤东、粤北相比，粤西的湛江、茂名、阳江、云浮四地的高职教育资源稍显丰富，四地共有高职专业布点 292 个，覆盖了除水利大类以外的其他 18 个高职专业大类，基本上形成了较为完善的高职教育专业结构。但是，与第二产业密切相关的装备制造大类、土木建筑大类、食品药品与粮食大类、生物与化工大类、轻工纺织大类、能源动力与材料大类、资源环境与安全大类等共有专业布点 67 个，仅占粤西四地高职教育专业布点总数的 22.95%，在平衡发展的总体背景之下，这种专业结构格局不利于将粤西地区打造成广东省"新增长极"目标的顺利实现（图 3-29）。

---

① 因为清远职业教育城的高职院校多为其他地市高职院校的分校区，故本书未将清远职业教育城的职业教育资源列入清远计算。

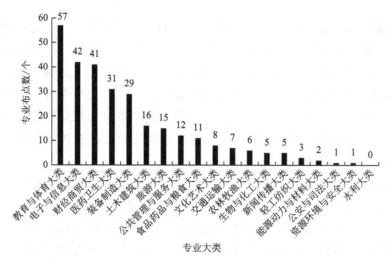

图 3-29　湛江、茂名、阳江、云浮高职教育专业大类布局情况

从就业结构与产业结构的偏离度来看三大产业的专业设置匹配情况。就业结构与产业结构的偏离度的具体计算公式为：产业结构偏离度=各产业的产值比重/各产业的就业比重-1。计算结果的绝对值越小，说明产业结构与就业结构的偏差越小，两者之间的匹配度越高，关系越协调，能较好地促进经济的发展；计算结果的绝对值越大，说明两者的偏差越大，相互之间的匹配度就越低，关系越不协调，将会阻碍经济的发展。而当计算结果出现正偏离绝对值大时，表示就业的吸纳空间大；当结果出现负偏离绝对值大时，则表示就业对人才的吸纳能力比较有限。

根据《广东统计年鉴 2021 年》中的数据统计得出，第一产业的就业结构比重为 11.8%，产业结构比重为 4.00%，两者的偏离度计算结果为-0.66，说明第一产业的就业人数总量出现过剩，需要向其他产业转移调整。而《广东省人民政府关于培育发展战略性支柱产业集群和战略性新兴产业集群的意见》中提出，广东要发展现代化农业，推进农业向特色化、平台化和数字化发展。虽然第一产业的整体就业总量出现冗余，但其能够支撑农业数字转型的高素质技能人才却是缺乏的，因此第一产业的人才内部结构仍有待调整。而农业的数字化发展仅靠对在校生的培养是远远不够的，因此高职院校需利用自身的条件和资源，发挥更大的功能和作用，力求通过多种途径、多种形式积极对现有第一产业的就业人员、职业农民开展在职或业余培训，提高他们的生产技能和职业素质，更好地满足第一产业对人才数量和质量的需求，助力农村农业产业的发展。与之相比，第二产业、第三产业的就业结构比产业结构都要小，偏离度计算结果分别为 0.11、0.07，第二产业的偏离度绝对值更大一些，说明第二产业和第三产业尚有人才缺口且第二产业的人才缺口更大些。未来高职院校的人才培养应向这两个产业倾斜，尤其要重点对标广东省战略性产业集群，培养高端装备制造、新能源动力与先进前沿材料、现代轻工纺织、安全应急与环保、生物医药与健康等第二产业需要的高素质技能人才。从三个产业的在校生规模占比看，第三产业的在校生规模占比达到了 76.48%，占到了所有学生的 2/3。

广东高职院校排名前十的专业布点与产业结构并不完全匹配。广东重点发展"双十"产业，即十大战略性支柱产业集群和十大战略性新兴产业集群。这些产业集群的共同特征是新兴且适应时代和产业发展趋势，但它们对高职院校的人才培养提出了新的挑战：高职院校必须重构其人才培养体系，包括开设新专业、改造已有专业。

需要进一步强化新增专业点与产业之间的匹配。《广东省高等职业教育质量年度报告（2021）》表明，2020 年广东省新增 372 个专业点，对应了 18 个专业大类，停招 336 个专业点。第一、第二、第三产业的新增专业布点占比分别为 2.94%、39.7%、57.36%，第三产业的新增专业布点较原来比重下降，并适当增加了第一、第二产业的新增布点。同时，新增专业布点占比最高的是电子与信息专业大类，为 12.5%；财经商贸专业大类和装备制造专业大类并列排名第二，均占比 11.03%。新增专业对接广东省的十大战略性支柱产业集群和十大战略性新兴产业群，说明专业设置有了整体的优化调整。但是，将 2020 年广东高职院校三大产业专业在校生规模的结构比重（0.86%、22.66%、76.48%）与三大产业结构比重（4%、40.2%、55.8%）进行比较，发现广东高职院校的人才培养仍然跟不上产业发展的需求，专业调整优化应持续贯穿于专业招生与专业布点审批中，对重点领域给予倾斜，以更好地助力现代产业体系的构建，促进产业迈向全国价值链中高端。

3）中职教育

在中职教育阶段，2022 年广东省中职教育招生学校共有 336 所[①]，开设了全部 19 个中职教育专业大类，共有 3208 个[②]专业布点。其中，财经商贸大类、电子与信息大类、文化艺术大类、装备制造大类、交通运输大类、教育与体育

---

① 根据广东省教育厅关于公布 2022 年中等职业教育招生学校名单的通知，2022 年广东省属中等职业学校 24 所，市属中等职业学校 312 所，两者合计 336 所。

② 根据广东省教育厅关于公布 2022 年中等职业教育招生学校名单的通知附件 1"2022 年省属中等职业教育招生学校名单"和附件 2"2022 年市属中等职业教育招生学校名单公布网址汇总表"，于 2022 年 9 月整理和统计得出。

大类的专业布点规模位列前 6。全省中职院校与第一产业相关的农林牧渔大类有 72 个专业布点，占比 2.24%；与第二产业相关的资源环境与安全大类、能源动力与材料大类、土木建筑大类、水利大类、装备制造大类、生物与化工大类、轻工纺织大类、食品药品与粮食大类等共有布点数 646 个，占比 20.14%；与第三产业相关的交通运输大类、电子与信息大类、医药卫生大类、财经商贸大类、旅游大类、文化艺术大类、新闻传播大类、教育与体育大类、公安与司法大类、公共管理与服务大类共有专业布点 2490 个，占比 77.62%（图 3-30）。

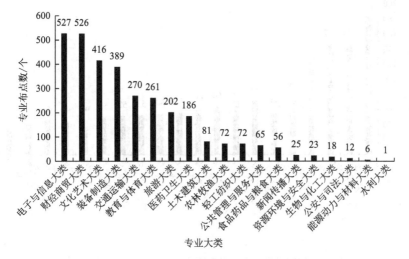

图 3-30　广东全省中职教育专业大类布局情况

从宏观上看，与前述广东高职专业结构存在的问题几乎一样，广东全省中职院校三次产业相关专业布点占比与三次产业结构比重，仍然不是十分匹配，二者存在一定程度的错位。2021 年广东省国民经济三大产业结构比例为4.2∶43.0∶52.8，三大产业对应的中职专业布点数比例为 2.24∶20.14∶77.62。产业结构与中职专业布点在比例上并不完全对应，其中，与第三产业相对应的专业布点比例相对较高，与第一、第二产业相对应的专业布点占比却相对较低（表 3-27）。

表 3-27　广东省中职院校专业布点与产业匹配情况

产业类别	相关专业布点数/个	占比/%	产业结构比重/%
第一产业	72	2.24	4.2
第二产业	646	20.14	43.0
第三产业	2490	77.62	52.8

从专业来看，电子商务、会计事务、计算机应用、汽车运用与维修等专业是广东中职学校布点最多的四个专业，分别有 184、148、147、129 所中职学校开设。其他位列前 20 的专业还有幼儿保育、数控技术应用、计算机网络技术、计算机平面设计、机电技术应用、物流服务与管理、工业机器人技术应用、艺术设计与制作、工艺美术、中餐烹饪、服装设计与工艺、动漫与游戏制作、商务英语、学前教育、市场营销、电子技术应用等专业（图 3-31）。

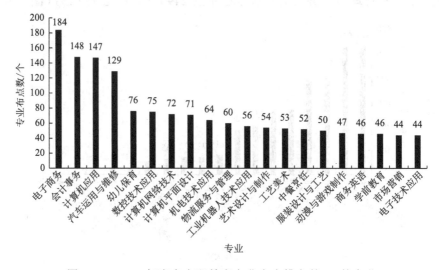

图 3-31　2021 年广东中职教育专业布点排名前 20 的专业

"十三五"期间，广东省重点发展先进制造业、现代服务业和战略性新兴产业，新增技术技能人才 75% 来自职业院校，比"十二五"提高了 5 个百分点。2020 年，全省中职学校向社会输送各类技术技能人才 138 387 人[①]，其中，排名前 3 的专业大类分别是财经商贸大类、电子与信息大类、装备制造大类，分别占毕业生总数的 22.07%、15.29% 和 11.07%[②]。从具体的专业看，在校生人数超过 5 万人的专业有 4 个，分别是电子商务、幼儿保育、计算机应用、汽车运用与维修。而能源动力与材料、水利、生物与化工、公安司法、新闻传播、资源环境与安全等专业大类的专业布点低于 30 个。广东省中职教育的专业布点存在一定程度的不平衡性（表 3-28）。

---

① 此数据为 2020 年全省中职毕业生直接就业人数。
② 数据来源于《2020 年广东省中等职业学校毕业生就业情况分析报告》（内部资料）。

表 3-28　2020 年广东省中职教育在校生人数排名前 10 的专业（单位：人）

序号	专业名称	在校生数
1	电子商务	93 200
2	幼儿保育	66 614
3	计算机应用	64 114
4	汽车运用与维修	56 526
5	护理	36 612
6	计算机平面设计	29 508
7	中餐烹饪与营养膳食	29 195
8	会计	27 242
9	计算机网络技术	24 577
10	数控技术应用	21 562

从地区来看，广州中职专业覆盖了除水利大类之外的其他全部 18 个中职专业大类，共有中职专业布点 646 个，这一数量与广州高职的 1685 个专业布点相比不算很多（图 3-32）。

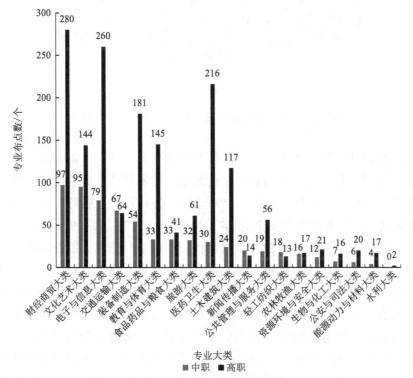

图 3-32　2022 年广州中高职专业大类布局情况

与广州相比，深圳中职教育专业大类的布点数量相对更少，仅有 12 个专业大类共 158 个专业布点。其中，公安与司法、能源动力与材料、农林牧渔、生物与化工、水利、新闻传播、医药卫生等专业大类仍然处于人才培养的真空状态。但是，深圳的中、高职教育的各专业大类差距并不十分明显，甚至各有优势，比如深圳的财经商贸、文化艺术、交通运输、装备制造、旅游、教育与体育、轻工纺织等大类的中职专业布点数高于其相应的高职专业大类布点数量（图 3-33）。

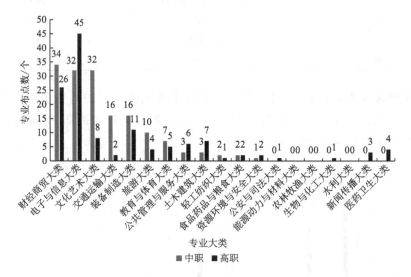

图 3-33　2022 年深圳中高职教育专业大类布局情况

与深圳相比，东莞和佛山的中职教育资源更加丰富，东莞中职教育专业布局覆盖了财经商贸、电子与信息、文化艺术、装备制造、交通运输、教育与体育、旅游、医药卫生、轻工纺织、土木建筑、公共管理与服务、食品药品与粮食、新闻传播、资源环境与安全等 14 个中职专业大类，共有中职专业布点 232 个；佛山中职教育专业布局覆盖了财经商贸、电子与信息、装备制造、文化艺术、教育与体育、旅游、交通运输、医药卫生、土木建筑、轻工纺织、资源环境与安全、农林牧渔、生物与化工、公共管理与服务、新闻传播等 15 个专业大类，共有中职专业布点 226 个。无论是东莞还是佛山，财经商贸、电子与信息、文化艺术、装备制造等 4 个中职专业大类的专业布点数均排名前 4；东莞市与第二产业相关的专业布点有 43 个，占其中职教育专业布点总数的 18.53%，佛山市与第二产业相关的专业布点有 77 个，占其中职教育专业布点总数的

34.07%；与佛山高职教育的装备制造大类一样，佛山中职教育的装备制造大类仍然排名第一，且远超其他专业大类，这一专业布局特点显示了佛山市职业教育界对其产业发展需求的充分回应和密切对接（图 3-34 和图 3-35）。

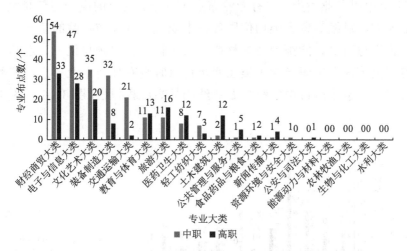

图 3-34　2022 年东莞中高职教育专业大类布局情况

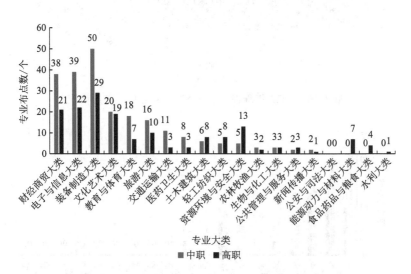

图 3-35　2022 年佛山中高职教育专业大类布局情况

与东莞和佛山两地相比，珠海和中山的中职教育不算发达。比如珠海的中职教育专业布局仅覆盖电子与信息、装备制造、财经商贸、文化艺术、旅游、交通运输、医药卫生、教育与体育、公共管理与服务、土木建筑、新闻传播、轻工纺织等 12 个中职专业大类，共有中职专业布点 104 个，中山的中职教育专业布局仅覆盖电子与信息、装备制造、财经商贸、旅游、食品药品与粮食、交通运输、教育与体育、文化艺术、新闻传播、轻工纺织、土木建筑等 11 个中职专业大类，共有专业布点 103 个。两市的电子与信息大类、装备制造大类、财经商贸大类均位居各自中职教育专业布点数的第一、第二、第三；公安与司法、能源动力与材料、农林牧渔、生物与化工、水利、资源环境与安全等 6 个中职专业大类在两市均暂时没有任何专业布点，这种专业结构与布局显示了两市中职教育专业结构的高度相似性（图 3-36 和图 3-37）。

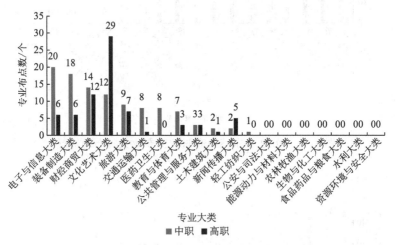

图 3-36　2022 年珠海中高职教育专业大类布局情况

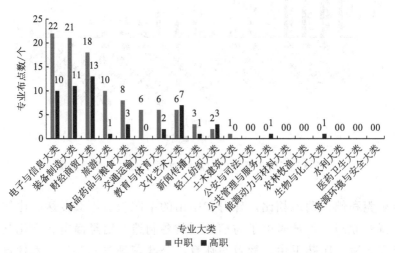

图 3-37　2022 年中山中高职教育专业大类布局情况

惠州市中职教育共有专业点 210 个，专业设置涵盖财经商贸、电子与信息、交通运输、文化艺术、装备制造、教育与体育、旅游、轻工纺织、医药卫生、土木建筑、公安与司法、公共管理与服务、生物与化工、新闻传播、资源环境与安全等 15 个中职专业大类。具体而言，财经商贸大类和电子与信息大类专业布点最多，分别有 46 个、43 个专业点；交通运输大类和文化艺术大类次之，分别有 29 个、23 个专业点；装备制造大类、教育与体育大类、旅游大类分别有 19 个、17 个、12 个专业点。其他 8 个专业大类专业布点均不足 10 个，比如，轻工纺织大类 6 个，医药卫生大类 5 个，土木建筑大类 3 个，公安与司法大类、公共管理与服务大类均为 2 个，生物与化工大类、资源环境与安全大类、新闻传播大类均为 1 个（图 3-38）。

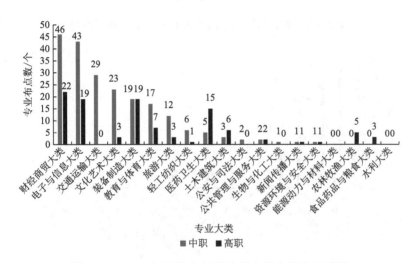

图 3-38　2022 年惠州中高职教育专业大类布局情况

江门市和肇庆市的中职教育的典型特征是第三产业的专业实力较强，比如，两市专业布点数量排名前 10 的专业大类仅有装备制造大类和土木建筑大类是第二产业的专业。其他如财经商贸大类、教育与体育大类、电子与信息大类、文化艺术大类、旅游大类、交通运输大类、医药卫生大类、公共管理与服务大类等均为第三产业的专业。同时，与第二产业密切相关的资源环境与安全大类、能源动力与材料大类、水利大类、生物与化工大类等在两市均开设较少或没有开设（图 3-39 和图 3-40）。

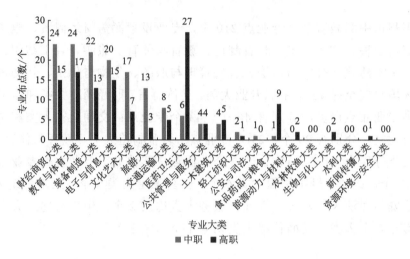

图 3-39　2022 年江门中高职教育专业大类布局情况

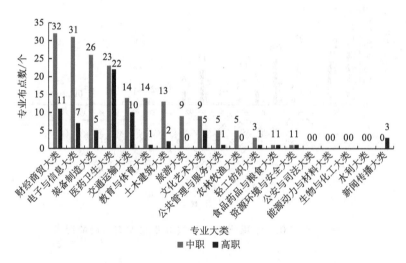

图 3-40　2022 年肇庆中高职教育专业大类布局情况

　　粤东地区的潮州、梅州、汕头、汕尾、揭阳等五市共有中职专业布点 534 个，涵盖了除能源动力与材料大类、生物与化工大类的其他全部 17 个中职专业大类；专业布点排名前 5 的均为第三产业的专业，它们分别是电子与信息大类、财经商贸大类、文化艺术大类、教育与体育大类、交通运输大类，与第二产业相关的轻工纺织大类、食品药品与粮食大类、水利大类、资源环境与安全大类等布点数量明显偏少（图 3-41）。

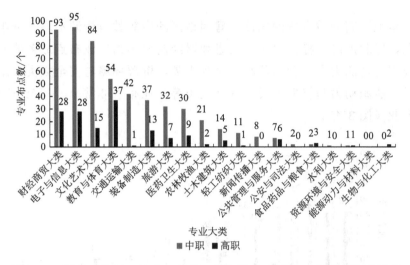

图 3-41 潮州、梅州、汕头、汕尾、揭阳中高职教育专业大类布局情况

与粤东地区相比,粤北山区中职教育专业设置仍然比较重视电子与信息大类和财经商贸大类,这两个专业大类的专业布点数量分列第一和第二;与此同时,粤北地区的中职教育显然也更加重视第二产业的专业,比如,其装备制造大类专业布点达到 60 个,排名第三,但生物与化工、水利、资源环境与安全等专业大类目前仍处于人才培养空白状态,没有设置任何这类专业(图3-42)。

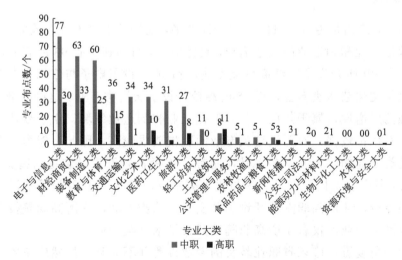

图 3-42 清远、韶关、河源中高职教育专业大类布局情况

与本地区高职教育资源相比，粤西地区的中职教育资源不算十分丰富，与粤东、粤北地区一样，电子与信息和财经商贸仍为专业布点最多的专业大类，公安与司法大类、食品药品与粮食大类、资源环境与安全大类、新闻传播大类、能源动力与材料大类、水利大类等专业布点非常少，甚至没有设置相关专业（图3-43）。

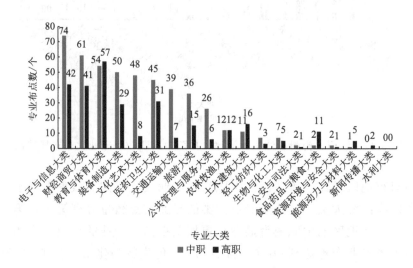

图 3-43　湛江、茂名、阳江、云浮中高职教育专业大类布局情况

2. 瓶颈问题

第一，广谱性专业、热门专业开设得多，而制造业类专业开设相对较少，难以满足工业和制造业的人才需求。具体而言，目前在全省93所高职高专院校中，有90所开设了财经商贸类专业，81所开设了电子与信息类专业，73所开设了文化艺术类专业，有65所高校开设了旅游类专业。这些专业，都具有很强的广谱性，属于热门专业。但在工业和制造业领域，由于专业性、就业的针对性都较强，对开设这类专业的院校要求较高，因此有能力、有意愿开设这类专业的院校并不多。具体而言，68所高校开设了装备制造类专业，仅有20所高职院校开设了生物与化工类专业，18所高校开设了能源动力与材料类专业，14所高职院校开设了公安与司法类专业，15所高职院校开设了农林牧渔类专业，仅有1所高职院校开设了水利类专业。

换个角度看，广东省职业教育的专业设置并不完整。虽然广东省是国内产业链最完整、工业体系最完整的省份，但是，从已开设的专业类别看，《职业教育专业目录（2021年）》中有近23%的专业没有在广东高职中开设，公安与司法类、资源环境与安全类、能源动力与材料类、水利类等专业大类开设的专业类别数均不足60%，交通运输类、医药卫生类等专业大类分别有2个专业类别尚未开设。

第二，技能类专业开设相对较多，而技术类专业开设相对较少，难以满足第二产业继续发展的人才需求。具体而言，广东省的中职教育专业设置与产业结构之间存在极大的不匹配性，尤其在第二产业、第三产业上表现得较为明显。以2020年为例。该年广东省第二产业的比重为39.2%，但与第二产业相关的专业的在校生占比仅为21.15%，面向第二产业的人才培养严重不足；2020年广东省第三产业的比重为56.5%，但与第三产业相关的专业的在校生却高达76.66%，人才培养相对过剩。在与第三产业密切相关的技能类中职专业中，开设专业点数最多的是与服务业密切相关的财经商贸类专业。虽然财经商贸类专业为广东省服务业的发展输送了大量的人才，但是在中美大国竞争、中国产业转型升级、国家宏观战略调整、制造业备受重视等国际和国内宏观背景环境下，仍有必要针对财经商贸类专业的发展进行战略性思考。与此形成对比的是，在与第二产业密切相关的技术类专业中，生物与化工、资源环境与安全、公安与司法、能源动力与材料等专业大类的专业布点低于20个，这些专业设置过少，诚然与产业发展特点对低层次人才的需求较少有关，也可能与这些专业的专业性更强、开设成本更高、开设难度更大有关。但无论如何，这类专业的中职教育力量过于薄弱必将影响对技术技能型人才后备力量的培养，不利于职业教育人才链的健康发展。

（三）对策建议

第一，根据省域产业结构现状及未来发展趋势，研制、发布《广东省急需专业目录》，引导各地市重点建设急需专业。

《中华人民共和国高等教育法》赋予高等学校"依法自主设置和调整学科、专业"的权利，《中华人民共和国职业教育法》赋予职业学校"根据产业需求，依法自主设置专业"的权利。但政府行政部门可以通过政策引导高等学校、职业学校根据地方发展需求，自主设置某些急需专业。具体而言，可由广东省发展和改革委员会牵头，教育厅、人力资源和社会保障厅、工业和信息化厅、科技厅共同组建工作领导小组和专家组，调研全省产业的技术技能人才需求，广泛听取职业院校的办学意见，统筹确定《广东省急需专业目录》。由教育主管部门统筹并鼓励职业院校大力发展目录内专业，由人力资源和社会保障局统筹并鼓励技工院校大力发展目录内专业，由各地市鼓励和支持辖地各类院校大力发展目录内专业、根据目录内专业组建专业群。

加大财政投入，实施"广东省急需专业建设工程"，统筹安排广东省急需专业建设的财政投入总量、财政投入方式，滚动遴选重点对接产业需求的职业教育重点专业，酌情划拨五年一周期的重点建设资金，支持重点专业建设、鼓励依托重点专业建设专业群，并研制评估方案、开展专业建设成效评估。

第二，根据产业发展需求，创新职业教育的专业建设方式。根据调研结果，广东已经在以下各个方面做出了有效探索，值得继续创新和推广应用。

其一，凝聚"产""学"两个方面的力量，继续推进"1+X"证书制度。《教育部等四部门印发〈关于在院校实施"学历证书+若干职业技能等级证书"制度试点方案〉的通知》（教职成〔2019〕6号）提出"学历证书+若干职业技能等级证书"制度试点。其中，每个学生可获得1张学历证书，但可以考取由产学两方力量共同研制的"若干职业技能等级证书"，由此而形成"1+X"证书制度。广东省是职业教育大省，已经在积极推进"1+X"证书制度试点，并将X证书纳入中高职三二分段转段考核、自主招生、"3+技能课程证书"等招生考试证书范围，不断拓展证书应用范围。2021年，共有300多所院校参与了283个证书试点工作，总申报人数超24万，较2020年增长40%，累计完成考核评价近15万人次①。建议全省梳理"1+X"证书制度试点情况，并探明深化试点的主要路径、出台深化试点的措施。

其二，鼓励职业院校通过校企合作的方式开设"微专业"。"微专业"是指在主专业学习以外，围绕某个特定学术领域、研究方向或核心素养所开设的一组核心课程。学生通过灵活且系统的"微专业"培养，能够在特定领域具备一定的专业素养和行业从业能力。微专业是对主专业学习的拓展和延伸，也是实现与其他学科交叉融合、培养学生"一专多能"的重要路径。目前，虽然"微专业"大多是在本科层次开设的，但高职院校、应用型本科院校的相关专业，都可以通过开设"微专业"，帮助学生更好地适应产业、企业及特定岗位的技术技能需求。

其三，继续深化中、高职各专业的现代学徒制改革与实践。现代学徒制坚持学校和企业双主体育人、学校教师和企业师傅双导师教学，学生既是学校的学生又是企业的员工从而具有双重身份，学生与企业签订劳动合同、学校与企业签订联合办学合同从而形成双合同关系。现代学徒制是产教融合、

---

① 广东省高等职业教育质量年度报告（2022）[EB/OL]. https://ddzx.tjtc.edu.cn/gd-zlnb-2022.pdf[2024-09-10].

校企合作并落实专业与产业对接的重要制度。广东省在全国较早开始试点探索，2021 年有 62 所高职院校与 810 家单位开展现代学徒制试点，帮助 1.6 万名在职员工提升学历和技能；2022 年有 53 所高职院校在 183 个专业点开展现代学徒制试点。

在现代学徒制试点中，可做出如下探索。其一，鼓励中职学校通过与高职院校的对接，加入到现代学徒制试点工作之中，以便进一步深化专业人才培养与产业需求之间的对接。其二，适度鼓励高职院校与本地产业、企业的有序对接，防止粤东西北的高职院校因与粤港澳大湾区产业、企业合作开展现代学徒制而进一步扩大技术技能人才就业空间的过度集聚。

三、整合产教因素，提高省域职业教育的体系完整度

（一）建设目标

在广东省域范围内，借助产业界、教育界的双元合力，建构起"中职—专科层次高职—本科职业教育和应用型本科—专业学位研究生教育（专业学位硕士、专业学位博士）"层级完整、"中职教育-技工教育"并行发展的现代职业教育体系，并以体系完整、功能强大的省域现代职业教育体系，从"供给侧"的角度，强力助推广东省的产教融合、促进省域范围内产教融合型城市的高质量建设和高水平发展。

（二）实践瓶颈

第一，职业教育的升学通道已经实现了制度上的贯通，但通道有待进一步畅通且天花板过低。

目前广东与全国其他省份一样，为职业教育建立起了以下升学方式：一是通过普通高考升入高职高专；二是职教高考，包括高职面向中职毕业生的"3+证书"高职高考、初中起点通过五年一贯考试等；三是"专升本"，具体包括普通高等教育专升本（即普通专升本，也叫专转本或专接本等）、成人高等教育专升本（其中有自考专升本、成人高考专升本、远程教育专升本、开放大学专升本等）两种类型；四是本科毕业生的专业学位研究生教育招生。总体而言，已经从制度上大体建立起了现代职业教育升学体系。但从目前的运行情况看，存在以下具体问题。

问题之一是，高职院校在招收中职毕业生时，态度并不积极，招生院校

与学生彼此之间的心理认可度、"教-学"融合度有待提高。不少高职院校及其相关专业认为,来自普通高中的生源更好培养,因此更愿意招收普通高中毕业生;而不少从中职升学而来的学生认为,部分高职与中职的课程衔接不足,存在重复学习、低效学习的情况,因此学生学习的积极性受到一定程度的影响。

问题之二是,"专升本"日益成为职业教育升学体系建设的短板。具体表现在两个方面。其一,全日制普通高等学校的招生规模偏小、录取率偏低。通过成人高考(2020年招生14.5万)、远程教育(2020年招生22万,2022年已经暂停招生)等实现的成人高等教育专升本的规模较大,但通过全日制高等教育实现"专升本"的规模偏小。在2022年,广东省普通专升本和专插本共有15.98万人报名(含三二分段专升本、退役大学生士兵),比上年增加29%;共安排8.1万个招生计划,比上年增加33.6%,虽然招生计划增幅大于报考人数增幅,但由于本科院校的容量有限,招生总量远小于成人高等教育专升本的比例,录取比例远低于其他省份——比如在江苏省,2020年专转本招生30 285人,报考人数约为6.1万,录取率约为49.65%;2021年专转本有80 223人报考,招生计划为30 335人,录取率为37.81%;2022年共有95 461人报考,其中普通高校高职(高专)考生77 898人,总招收32 795人,录取率为42.10%;五年一贯制高职(高师)考生17 563人,招收5384人,录取率为30.66%。[①]其二,参与招生的本科院校,存在结构性不足。在广东,华南师范大学是唯一一所参加"专本"衔接的国家"双一流"大学,该校与深圳职业技术学院、广州番禺职业技术学院、广东轻工职业技术学院等通过"三二分段"培养本科层次的职教师资。而在江苏,有南京信息工程大学、南京邮电大学、南京林业大学等多所国家"双一流"大学,且在多所高校较具优势的工科类学科和专业中开展"专升本"。

问题之三是,普通教育与职业教育的融通、互转并不畅通。学生从普通教育系统转向职业教育系统相对容易,从中职、中专转至技工院校相对容易;但从职业教育系统转向普通教育系统较难。普通教育系统中,对学生的职业素养培养相对薄弱;而在职业教育系统中,特别是在中职阶段,对学生的通识教育较薄弱,核心素养培养亟待强化。

第二,职业教育的高水平建设成效不错,但办学层次仍待继续提升。具体表现在三个方面。其一,在"中国特色高水平高职学校和专业建设计划"

---

① 江苏省教育厅. 省教育厅关于下达 2022 年普通高校"专转本"计划的通知[EB/OL]. http://jyt.jiangsu.gov.cn/art/2022/1/18/art_58320_10319913.html[2024-09-13].

中，广东属于第一阵营，但与江苏、浙江相比较，虽然拥有更大的高职高专教育规模，但办学实力并不突出，反而相对较弱。2019年开始的第一轮"中国特色高水平高职学校和专业建设计划"中，全国入选197所高职院校、253个专业群，分布在全国29个省区市（青海、西藏无"双高计划"院校）。在10所高水平学校建设单位（A档）中，广东与北京、天津、山东、河南、陕西都仅有1所，江苏、浙江各有2所，广东弱于江苏、浙江；在20所高水平学校建设单位（B档）中，广东独占4所，江苏、浙江各3所，山东、重庆各2所，北京、天津、河北、辽宁、湖南、陕西各1所。[①]其二，广东的本科层次职业院校"职业技术大学"建设乏力。职业技术大学（Vocational and Technical University），又称职业大学，是开展本科层次职业教育、培养高层次应用技术技能型人才的高等院校；本科职业技术大学的设立，是国家开展本科层次职业教育试点、政策支持民办高职升格本科、培养经济社会发展急需本科技术人才的重要举措。从2019年开始到2021年，全国共设立了32所职业技术大学。广东的民办本科院校占比较高，申请升格为本科层次的职业技术大学是其重要的发展出路。但截至目前，广东仅有2所成功升格，分别是广州科技职业技术大学（广州）、广东工商职业技术大学（肇庆）；而山东、江西各有3所，广西、浙江、甘肃、陕西等各有2所。这间接表明，广东的民办高职院校办学实力的上升空间亟待拓展。其三，广东的专业学位研究生教育亟待大力发展。专业学位研究生教育，是职业教育的最高层级，也是2022年9月国务院学位委员会、教育部发布《研究生教育学科专业目录（2022年）》和《研究生教育学科专业目录管理办法》中的改革发展重点，即通过一级学科目录和专业学位类别目录"并表"而进一步推进分类培养，以实现学术学位与专业学位并重、着重服务国家重点发展领域和重大需求。广东有67所本科院校，仅有32个研究生培养单位（含2021年新增但未招生的肇庆学院、广东石油化工学院），占比为47.76%；而湖北有68所本科高校，却有48个研究生培养单位，占比为70.59%；江苏有78所本科高校，有46个研究生培养单位，占比为58.97%；辽宁有63所本科高校，有45个研究生培养单位，占比为71.43%。研究生教育的相对滞后，严重影响了广东职业教育体系向上延伸至专业学位研究生教育层次。

　　第三，广东民办职业教育的比例仍然较高。在高等教育普及化时代，广

---

① 中华人民共和国教育部. 教育部、财政部关于公布中国特色高水平高职学校和专业建设计划建设单位名单的通知[EB/OL]. http://www.moe.gov.cn/srcsite/A07/moe_737/s3876_qt/201912/t20191213_411947.html[2024-09-13].

东省域的民办高职院校总量及其在省域高职院校中的占比都高于全国的比例。这对于 GDP 自 1989 年以来一直位居全国第一的广东省而言,是需要反思、亟待改善的重大问题之一(表 3-29)。

表 3-29　广东省 2020 和 2021 年高职院校规模变化情况

类型	2020 年		2021 年	
	总数量/所	全国占比/%	总数量/所	全国占比/%
高职院校①	87	5.87	93	6.26
公办高职院校	62	5.43	67	5.91
民办高职院校	25	7.35	26	7.36
"双高院校"	14	7.11	14	7.11

第四,技工教育总体发展不错,但与中职、高职缺乏衔接、沟通,且技师学院纳入高等学校序列的改革远远滞后于发展需求。

广东省的技工教育较为发达,其中技师学院的办学能力尤其强大。广东省的技师学院,技术技能人才培养能力整体较高,世界影响力越来越大。中国在第 41—45 届(2011—2019 年)世界技能大赛中,累计获得 143 枚奖牌。其中,广东省总计获得金银铜牌 35 枚、优胜奖 20 次。从广东的获奖单位看,职业学校仅获奖 3 枚,其余 32 枚奖牌都由技师学院获得[2]。在 2020 年 12 月举办的中华人民共和国第一届职业技能大赛中,全国 31 个省区市及新疆生产建设兵团均派出代表队参加比赛,共有 291 名选手获得 86 个项目的金、银、铜牌。从比赛结果看,广东共获得 32 金、13 银、11 铜和 27 个优胜奖,金牌数占全国的 37.0%,金牌数、奖牌数和团体总分均名列全国第一,充分展现了广东省技能人才的高超技能和积极向上、斗志昂扬的精神风貌,充分展示了广东省从制造大省向制造强省迈进的基础和实力,充分体现了广东省高技能人才队伍建设和技工教育、职业教育高质量发展的水平。[3]从广东省的获奖单位看,技工院校成绩斐然——仅以广州市属技工院校为例,获得金牌 13

---

① 未计入广州科技职业技术大学和广东工商职业技术大学等两所本科职业大学。

② 根据世界技能大赛中国组委会官方网站(http://worldskillschina.mohrss.gov.cn/sszg/jpb/)发布的奖牌榜资料整理得出。

③ 广东省人民政府. 广东省人民政府关于表扬中华人民共和国第一届职业技能大赛我省获奖选手和为办赛参赛工作作出突出贡献的单位及个人的通报(粤府函〔2021〕11 号)[EB/OL]. http://www.gd.gov.cn/zwgk/gongbao/2021/3/content_post_3367081.html[2024-10-18].

枚，占广东省所获金牌的 40.6%，占全国金牌的 15.1%。[①]

国内其他省份在"技师学院纳入高等学校序列"领域，远远领先于广东。教育部、人力资源和社会保障部、财政部等六部委联合颁布的《现代职业教育体系建设规划（2014—2020 年）》提出，"根据高等学校设置制度规定，将符合条件的技师学院纳入高等学校序列"。《国务院关于印发国家职业教育改革实施方案的通知》重申了这项政策。2020 年 11 月，教育部、广东省联合印发的《推进粤港澳大湾区高等教育合作发展规划》提出，"按照高校设置程序和标准，有序推进符合条件的技师学院纳入高等职业学校管理系列试点"。在此政策的推进下，对于技师学院，兄弟省份至少探索了以下四种改造方式。一是直接改造为高职院校。二是允许技师学院的某些专业以高职的名义试点招生、培养。比如，2013 年，山东省教育厅与人力资源和社会保障厅联合下发《关于印发高等职业教育与技师教育合作培养试点实施方案的通知》，并在 2014 年确定了 8 所技师学院以高职院校的名义招生，招生目录、招生计划单列，学生同时注册高职（专科）学籍和预备技师学籍，但只缴其中一种学费。三是直接给予技师学院以高职院校的待遇。比如，河南省调整技师学院的隶属关系，技师学院不更名，但直接享受高职待遇。《河南省人民政府关于设立郑州技师学院等 9 所技师学院的通知》规定，"许昌技师学院属于高等职业教育范畴，由许昌市政府举办和管理，业务上接受省人力资源和社会保障厅的指导和监督"。四是在技师学院的基础上，加挂高职院校牌子。比如，山东省组建了山东劳动职业技术学院（山东劳动技师学院）等。各省多样化的改造方式，实践成效明显、社会反响较好。

2021 年 2 月，经广东省高等学校设置评议委员会评议，广东省教育厅公示：广东省轻工业技师学院纳入高等学校序列，设立为"广东省轻工业技师职业学院"；深圳技师学院纳入高等学校序列，设立为"深圳技师职业学院"；中山市技师学院纳入高等学校序列，设立为"中山技师职业学院"或"中山信息职业学院（中山市技师学院）"[②]，三所学校的办学性质为公办。但从实际情况看，进展极其缓慢。这都表明，广东技工教育与中职、高职之间仍然没有建立起有效的沟通、衔接渠道，技工教育的改革与发展仍待加快。

---

① 广州市人民政府. 广州市人民政府关于表扬中华人民共和国第一届职业技能大赛我市获奖选手和为办赛参赛工作作出突出贡献的单位及个人的通报[EB/OL]. https://www.gz.gov.cn/zwgk/fggw/szfwj/content/post_7105753.html [2024-10-18].

② 广东省人民政府. 粤 3 所技工院校拟纳入高校序列[EB/OL]. http://www.gd.gov.cn/zwgk/zdlyxxgkzl/jy/content/ post_3220265.html[2024-10-18].

（三）对策建议

第一，进一步促进省域职业教育体系在升学制度上的纵向贯通。持续推进中职和高职之间的衔接；持续扩大"专升本"的规模，出台政策，鼓励和支持更多的公办本科院校、高水平大学、高水平理工科大学，通过"专升本"和"三二分段"应用型人才培养改革等渠道，招收学有特长、经济社会发展急需和特需的专科毕业生，既进一步畅通职业教育的升学体系，也拉高职业教育升学的天花板，还可以进一步提高广东省的高等教育的毛入学率（57.65%）、高质量地弥补广东高等教育毛入学率与全国平均水平（2021 年为 57.8%）的差距。

第二，进一步扩大现代职业教育体系的横向沟通。通过制度创新，促进职业教育与普通教育的横向融通，一方面扩大转学渠道，拓展普通教育与职业教育之间的转学通道；另一方面在职业院校加强普通通识教育，提升职业院校毕业生的通用能力、核心素养。

通过政策创新，促进人社部门的技工教育与教育厅主管的职业教育体系之间的横向贯通；根据中央和教育部的政策要求，有效推进广东省轻工业技师学院、深圳技师学院、中山市技师学院纳入高等学校序列、转设为职业技术学院，探明"技师学院纳入高等学校序列"的广东模式、广东道路，建构技师学院与高等职业技术学院、职业技术大学之间的横向转学路径。

第三，进一步扩大现代职业教育体系的高层次办学。逐步把现代职业教育体系的建设重心从中职和高职教育向本科职业教育和应用型本科、专业硕士转变，有序扩大专业博士研究生教育。

鼓励和支持高职高专院校发展成为职业技术大学。在"中国特色高水平高职学校和专业建设计划"中，广东表现抢眼但仍有上升空间。为了继续高水平地建设广东的高职高专，建议出台政策，鼓励和支持省域范围的高职高专积极建设成为职业技术大学，通过"升本"的方式实现院校发展的弯道超车，同时进一步提高广东高等教育中的本科教育比例。

积极发展专业学位研究生教育。制定省域研究生发展规划，一方面争取通过 6 年的努力，在未来的两轮硕士学位授予单位审批中，使全省所有公办本科院校、部分办学条件较好且办学水平较高的民办本科院校获批立项，并高水平地开展专业学位研究生教育；另一方面争取提高全省公办本科高校的硕士研究生免试推荐的比例，并出台有效政策，吸引获得免试攻读硕士研究生资格的本科毕业生留在省内高校继续攻读硕士学位。

第四，充分发挥民办职业教育的活力，同时进一步强化公办职业教育的贡献力度和主导能力。民办职业教育在广东省高等教育供给相对不足而人民群众对高等教育的需求极为强劲的情况下，发挥了巨大的作用，但是，民办职业教育的专业设置大多限于人文社会科学领域，对教育投入较为敏感，办学水平和经济社会适应能力有待进一步提高。在"新工科"等国家急需、省域急需的专业领域，公办职业院校必须勇担重责，开设相关专业、扩大人才培养的规模，充分发挥主导者、推进者和服务者的作用。

四、针对产教系统，强化省域职业教育的战略管理有效度

（一）建设目标

充分发挥政府在产教融合领域的战略规划、政策创新、平台搭建等方面的作用，切实有效地建设"有为政府"；依靠"有为政府"，强化省域职业教育的战略管理，创新产教融合的组织和制度，建设、盘活"有效市场"，并把广东职业教育建设成为"有用教育"。通过政策法规建设、组织制度创新，进一步促进广东的技能型社会建设，在强化制度创新度的基础上进而强化战略管理的有效度。

（二）实践瓶颈

第一，国家和省域的产教融合重点政策尚未得到有效落实。

产教融合是当前中国的重大政策议题，也是广东实现高质量发展的重要支撑。《国务院办公厅关于深化产教融合的若干意见》强调，"深化职业教育、高等教育等改革……促进人才培养供给侧和产业需求侧结构要素全方位融合"。《国家产教融合建设试点实施方案》要求，"健全以企业为重要主导、高校为重要支撑、产业关键核心技术攻关为中心任务的高等教育产教融合创新机制"，并确定 18 个省域和宁波、青岛、深圳三个计划单列市为试点范围，计划 5 年左右试点布局建设 50 个左右产教融合型城市。由于目前的产教融合主要是以城市为空间载体、以企业为产业载体，因此国家日益注重产教融合型城市建设，并强调以之为支撑，带动职业教育、高等教育的高质量发展。《国家发展改革委办公厅、教育部办公厅关于印发产教融合型企业和产教融合试点城市名单的通知》确定广州市、深圳市等城市的"国家产教融合试点城市"身份。

　　为了进一步发挥产教融合型城市建设的战略性价值，广东省发展和改革委员会、教育厅等印发的《广东省产教融合建设试点实施方案》确定了以下发展目标："支持广州、深圳等市试点建设国家产教融合型城市，组织开展省级产教融合试点。"同时，拟在市级、县（市、区）级分批次布局建设省级产教融合型城市，建设培育产教融合型行业、产教融合型企业，重点打造一批产教融合创新平台和实训基地。中国逐渐以产教融合型城市建设为节点，统筹区域协调发展的战略布局；以产教融合型行业为支点，强化产教融合发展的监督功能；以产教融合型企业为重点，落实校企协同育人的主体责任。[①]

　　国家和省的政策重心在于开展产教融合型城市试点、推进产教融合型城市建设，但是，对于这些政策重点，至今为止缺乏强有力的政策实施、政策督导以及政策评估（表 3-30）。

表 3-30　广东省主要政策文件一览表

类别	名称	发布部门
地方立法	广东省职业教育条例	广东省第十三届人民代表大会
发展规划	推进粤港澳大湾区高等教育合作发展规划	教育部、广东省人民政府
	广东省教育发展"十四五"规划	广东省人民政府
专项政策	关于推进深圳职业教育高端发展　争创世界一流的实施意见（粤府〔2020〕63 号）	教育部、广东省人民政府
	广东省教育现代化 2035、广东省加快推进教育现代化实施方案（2019—2022 年）	中共广东省委、广东省人民政府
	新时期产业工人队伍建设改革实施方案、关于提高我省技术工人待遇的实施意见（粤办发〔2018〕56 号）	中共广东省委办公厅、广东省人民政府办公厅
	关于印发广东省进一步提高等教育毛入学率实施方案（2019—2021 年）的通知（粤府〔2019〕7 号）	广东省人民政府
	关于印发广东省深化普通高校考试招生制度综合改革实施方案的通知（粤府〔2019〕42 号）	广东省人民政府
	关于深化产教融合的实施意见（粤府办〔2018〕40 号）	广东省人民政府办公厅
	关于印发广东省职业教育"扩容、提质、强服务"三年行动计划（2019—2021 年）的通知（粤府办〔2019〕4 号）	广东省人民政府办公厅
	关于鼓励社会力量兴办教育促进民办教育健康发展的实施意见（粤府〔2018〕36 号）	广东省人民政府
	关于广东省深化高等教育领域简政放权放管结合优化服务改革的实施意见（粤教人〔2017〕5 号）	广东省教育厅等五部门

① 张志军, 范豫鲁, 张琳琳. 国家产教融合的历史演进、现代意蕴及建设策略[J]. 职业技术教育, 2021, 42(1): 38-44.

续表

类别	名称	发布部门
专项政策	广东省深化新时代职业教育"双师型"教师队伍建设改革实施意见（粤教师〔2021〕1号）	广东省教育厅等四部门
	广东省加强新时代高校教师队伍建设改革实施意见（粤教师〔2021〕8号）	广东省教育厅等七部门
	关于印发广东省产教融合建设试点实施方案的通知（粤发改社会〔2020〕418号）	广东省发展改革委等六部门
	关于印发《广东省建设培育产教融合型企业工作方案》的通知（粤发改社会函〔2019〕3514号）	广东省发展改革委等五部门
	关于全面推进高职院校课程思政建设工作的意见（粤教职〔2020〕9号）	广东省教育厅
	关于印发广东省高等学校高层次人才队伍建设工作指引的通知（粤教人〔2020〕3号）	广东省教育厅
	关于高等教育学分认定和转换工作实施意见（试行）（粤教高〔2019〕10号）	广东省教育厅
地方标准	广东终身教育资历框架等级标准	广东省技术监督局

第二，市域产教融合的潜力尚未得到主动挖掘、充分挖掘。

一方面，各地市促进产教融合的政策力度并不相同，有强有弱。为了响应中央有关促进产教融合的政策，广东省出台了《关于深化产教融合的实施意见》、《广东省产教融合建设试点实施方案》，肇庆、深圳、佛山、湛江、珠海、东莞、广州等城市出台了相应的实施方案、工作方案。具体而言，2018年11月，肇庆市人民政府办公室印发了《肇庆市关于深化产教融合的实施方案》；2019年12月，深圳市向国家发展和改革委员会、教育部报送了《深圳市推进国家产教融合试点城市建设工作方案》；2020年7月，佛山市印发了《佛山市促进职业教育发展若干意见的通知》，2022年4月，印发两《佛山市职业技能升级行动方案（2022—2026年）》；2021年1月，湛江市出台例《湛江市职业教育发展三年行动计划（2019～2021年）》；2021年2月，珠海市发展和改革局等部门联合印发了《珠海市产教融合建设试点实施方案（修订版）》；2021年5月，东莞市发布两《东莞市推进职业教育产教融合行动计划（2021—2025年）》，2022年5月，印发例《东莞市深化产教融合推动技工教育高质量发展实施方案》；2021年10月，广州市委全面深化改革委员会审议通过了《广州市建设国家产教融合城市试点方案》。但是，惠州、茂名、阳江、江门、中山、云浮、韶关、河源、梅州、汕尾、汕头、潮州、揭阳、清远等14市尚未出台任何促进产教融合的政策，产教融合的制度建设明显滞后（表3-31）。

表 3-31　近年来广东省及相关地市促进产教融合的政策梳理

国家/地区	政策文本
国家	《国务院办公厅关于深化产教融合的若干意见》 国家发展和改革委员会、教育部、工信部、财政部、人社部、国资委六部委出台《国家产教融合建设试点实施方案》
广东	《关于深化产教融合的实施意见》 《广东省产教融合建设试点实施方案》
肇庆	《肇庆市关于深化产教融合的实施方案》
深圳	《深圳市推进国家产教融合试点城市建设工作方案》
佛山	《佛山市促进职业教育发展若干意见的通知》 《佛山市职业技能升级行动方案（2022—2026年）》
湛江	《湛江市职业教育发展三年行动计划（2019—2021年）》
珠海	《珠海市产教融合建设试点实施方案（修订版）》
东莞	《东莞市推进职业教育产教融合行动计划（2021—2025年）》 《东莞市深化产教融合推动技工教育高质量发展实施方案》
广州	《广州市建设国家产教融合城市试点方案》

　　另一方面，各地市的产教融合程度并不平衡。从职业教育的角度看，产业学院是深化校企合作、深度推进产教融合、全面整合"政-产-学"、系统助推产教融合型城市建设的新型组织和有效制度，产业学院的建设情况是衡量与表征产教融合程度的重要指标。

　　在本科院校中，广东省遴选了三批省级示范性产业学院。从地区分布看，广州凭借高校集聚的优势，获批16项，产教融合实力强劲；东莞、佛山、惠州各凭一所本科高校，分别获批省级示范性产业学院5项、4项、3项，产教融合实力不容小觑；深圳仅有深圳大学获批2项，产教融合实力并没有在这个项目中得到充分彰显（表3-32）。

表 3-32　广东省三批省级示范性产业学院

所在地市	院校名称	产业学院名称		
		首批	第二批	第三批
广州	华南理工大学	微电子学院 软件学院	自动化科学与工程学院	—
	华南农业大学	温氏集团产业学院	华南农业大学-大北农研究院	—

所在地市	院校名称	产业学院名称		
		首批	第二批	第三批
广州	广东白云学院	曙光大数据学院	—	—
	华南理工大学广州学院	智能制造产业学院	—	—
	华南师范大学	—	华南师范大学人工智能机器人教育产业学院	智能软件产业学院
	广东工业大学	—	集成电路设计产业学院	印刷电子电路产业学院
	广州大学	—	广州大学智能软件学院	—
	广州医科大学	—	金域检验学院	—
	广东培正学院	—	—	百度云智学院
	仲恺农业工程学院	—	—	仲华基因科技产业学院
	暨南大学	—	—	人工智能产业学院
	广州工商学院	—	—	智慧冷链产业学院
湛江	广东医科大学	—	—	体外诊断产业学院
	广东海洋大学	—	广东海洋大学现代滨海畜牧产业学院	—
惠州	惠州学院	旭日广东服装学院	惠州学院仲恺信息学院	惠东时尚创意学院
深圳	深圳大学	—	深圳大学微众银行金融科技学院 深圳大学腾讯云人工智能学院	—
江门	五邑大学	—	—	智能装备产业学院
韶关	韶关学院	—	—	信息技术产业学院
潮州	韩山师范学院	—	—	凯普生命健康学院
东莞	东莞理工学院	粤港机器人学院 先进制造业学院（长安）	西门子智能制造学院 东莞理工学院粤台产业科技学院	华为信息与网络技术学院
佛山	佛山大学	半导体光学工程学院 机器人产业学院	中国中药产业学院	新能源产业学院
肇庆	肇庆学院	—	电子信息产业学院	—

续表

所在地市	院校名称	产业学院名称		
		首批	第二批	第三批
珠海	吉林大学珠海学院	—	阿里云大数据应用学院	—
茂名	广东石油化工学院	—	广油—瑞派创新设计学院	石油化工与应急管理产业学院

在教育部、工业和信息化部 2022 年初公布的首批现代产业学院名单中，广东省总计获批 7 项，其中，广州获批 3 项，分别是广州医科大学的金域检验学院、广州大学的智能软件学院、广东工业大学的集成电路设计产业学院；东莞理工学院获批 2 项，即粤港机器人学院、西门子智能制造学院；深圳大学获批 1 项，即腾讯云人工智能学院；佛山大学获批 1 项，即半导体光学工程学院。地处珠三角的惠州等地市无立项。

在高职院校中，各地市的产业学院建设情况也是进展不一。比如，东莞的高职院校共建立了 12 个产业学院，佛山建设了 21 个产业学院，而惠州市的高职院校仅建立了 3 个产业学院。

（三）对策建议

第一，督促落实国家和省域政策，重点激活各地市落实产教融合型城市试点建设的主体作用、有力激活各厅局委办促进产教融合的支撑作用。全省全面、深入地推进产教融合型城市的试点建设工作，督促已发布产教融合政策的地市深入实施、不断完善相关政策，督促尚未颁发产教融合政策的地市尽快研制并由市委、市政府发布全市深化产教融合的若干意见，从战略上鼓励和推进产教融合，鼓励各地市的发展和改革局牵头教育局、工业和信息化局、财政局、科技局、人力资源和社会保障局、国有资产监督管理委员会、商务局等相关部门协同研制并尽快出台市域深化产教融合型城市建设的十年行动计划。

针对广州、深圳入选国家产教融合试点城市，以及省内已遴选和拟遴选的产教融合试点市、产教融合型试点县（市、区），给予政策扶持。建立广东省产教融合"十四五"储备项目库，省财政统筹安排资金，主要支持产教融合型试点城市的重大项目建设，配套推进产教融合实训基地、实训用房等建设。

　　借鉴"国务院职业教育工作部际联席会议制度"，成立广东省"职业教育工作联席会议"，由省领导、相关政府部门、各地市共同组成，并根据工作需要酌情确定联席会议的召集人、牵头单位及参会成员，构建全省产教融合的政府工作平台，为整合各方力量共建产业学院提供强有力的行政支撑。同时，鼓励各地市建立相应的"职业教育工作联席会议"。

　　推广、借鉴"佛山市顺德区职业教育发展促进会"，鼓励各地市职业院校、行业企业发起成立一般性社团组织性质的市域"产教融合促进会"，全面承担起"响应政府号召、落实市域发展战略、激活职业教育活力、建构职业教育体系、升级校企合作、深化产教融合"等社会责任。

　　第二，通过政策鼓励，探索有效的产教融合组织模式。针对产教融合利益共同体尚不稳固、产教融合校企合作长效机制尚未建立的问题，加强统筹谋划，组织优势资源，面向区域行业需求，挖掘行业人才需求的动力，激发各类主体参与产教融合的意愿。为此建议，一方面，探索打造区域产教联合体，发挥集聚效应。以产业园区为基础，打造兼具人才培养、创新创业、促进产业经济高质量发展功能的产教联合体。成立政产学研用多方参与的理事会，实行实体化运作，引导资金、技术、人才等要素向联合体集聚。促进产教精准对接，提升企业参与办学收益，拓宽职业教育办学空间。另一方面，打造行业产教融合共同体，发挥行业牵引作用。选择新一代技术发展产业、双十产业集群等重点领域，由龙头企业和高校牵头，组建普通高校与职业院校、科研院所、上下游企业等共同参与的产教融合共同体，为行业提供具有前瞻性和可持续发展的人力资源供给保障。

　　提供政策优惠，鼓励各地市深化"政-产-学"合作关系、发展产业学院，并对于建设成就卓著的产业学院，给予充分的政策优惠。在建设和发展产业学院的过程中，为产教融合型企业提供充分的政策优惠。全面落实产教融合型企业"金融+财政+土地+信用"组合式激励政策。强化金融支持，鼓励金融机构开发针对产教融合的信贷新品种。落实财政税收政策，按规定给予开展学徒制的企业每人每年4000—8500元的职业培训补贴,试点企业兴办职业教育按规定投资额30%的比例抵免当年应缴纳教育费附加和地方教育附加。落实土地保障，可通过划拨方式提供产教融合建设用地，优先保障产教融合储备项目中总投资1亿元以上的项目。加强信用监管，信用良好的产教融合型企业可享受简化申请和审核手续、绿色通道等服务，优先推荐参与评优评先活动。对院校的校企合作进行评价考核，为有效开展校企合作的院校提供政策优惠。强化评价导向功能，深化教育评价改革，将产教融合成效纳入高校绩效评价体系，对产教融合建设方面有突出表现或取得突出成果的高校给予专项奖励。给职业院校以专业建设、产业学院建设的政策和（或）资金支持，给进入产业学院的科技人员、职业院校教师以个人所得税优惠。继续探索"引校进企""引企驻校""校企一体"等校企合作模式，继续完善园区办学、企业办学、厂中校、校中厂等多种办学模式，不断完善"人才共有、过程共管、成果共享、责任共担"的校企合作办学制度，促进校企双赢发展，夯实产业学院的建设基础。

第三，运用政策杠杆，支持职业教育全面服务于产业发展和社会发展。为了促进社会均衡发展、全面促进高质量发展、全面服务于高质量生活，广东省目前主要面向粤东西北地区，在定点院校实施订单定向医学生培养计划、在基础教育阶段实施定向师范生培养计划。职业教育，不仅要关注产业类人才培养，还要关注社会发展、培养公共服务类人才。因此，非常有必要发挥省和各地市的政策导向功能，基于促进高质量发展、率先实现共同富裕等目标，在职业教育领域继续实施订单定向医学生培养计划、定向师范生培养计划，满足公共服务类产业的人才需求；支持院校、相关地市共建乡村振兴学院，校企共同办好"涉农"专业；重点加强餐饮、学前、护理、康养、家政、托育等社会服务领域的紧缺人才培养。

第四，研制、出台省域产教融合的配套政策法规。针对目前产教融合的具体指导性细则缺乏、可操作性不强、财税政策落实有待优化等问题，尽快研制、出台省域产教融合的配套政策法规，解决校企合作最大障碍产权利益问题，解除职业院校面临审计、巡视时界定国有资产流失、利益输送的困扰，保护和鼓励职业院校开展产教融合的积极性和创造性，畅通校企合作机制，具体落实国家层面提出的建立股份制、混合所有制学校的政策号召，具体落实中央办公厅、国务院办公厅《关于推动现代职业教育高质量发展的意见》"健全国有资产评估、产权流转、权益分配、干部人事管理等制度"的要求。

后　记

　　在大学发展史中，许多国家和民族在不同的历史阶段，从不同角度，做出了自己的贡献。具体而言，大学和学院在12世纪左右产生之时，欧洲诸国的教学和人才培养的职能已经体制化和组织化；18—19世纪德国大学和学院的变革，首次从组织、制度上确立了科学研究和知识创新的职能；19世纪下半叶以来，美国大学和学院的变革，使得服务社会的职能得到体制化支撑、赢得组织性支持。进入20世纪之后，世界各国的大学和学院以服务社会的职能为基础，日益重视与产业界的联系；在中国，依托历来与产学两界形成强耦合关系的政府的支持，产教融合的实践不仅在计划体制时代做出了极富社会实验价值的探索，而且在改革开放之后历经变革，特别是进入21世纪的第二个十年以来依赖中央政策而得到全面推进。由此而彰显出的、以"政-产-学"合作为核心的产教融合模式、规律及特色，不仅强化了大学和学院直接服务社会的职能，而且探索了大学和学院直接服务社会的新路径，甚至可以做出如下假设或理论期待：在中国得以不断强化和全面体制化的产教融合，将促使世界大学和学院在新时代积淀形成"第四职能"、进入新的发展阶段，也可能因此而促使中国日益贴近世界学术中心，甚至最终使得世界学术中心从美国逐渐转移至中国。

　　正因为产教融合在大学和学院发展史上具有如此之高的发展价值，近年来我带领研究团队，从多个角度具体而微地探究了产教融合的实践路径及发展可能。在此过程中，由于学术界和地方政府都高度重视产教融合问题，因此本研究团队既从学理上持续探究了产教融合的内在规律，也承接了一系列委托课题，以对特定地域的产教融合问题开展实践对策研究和决策咨询研究。作为本书的学理支撑，我主持申报并立项了国家社会科学基金"十四五"规划2021年度教育学一般课题"高等教育促进产教融合型城市建设的机制创新研究"（BIA210157）——可以说，本书就是该课题的阶段性成果之一。与此同时，且也是为了更为全面、深入地推进该课题的研究，我同时申报主持了广东省2021年度教育科学规划课题（高等教育专项）"校企共建产业学院的模式和路径创新研究"（2021GXJK221），还主持承担了中国民主同盟惠州市委员会 2022 年度委托课题"发展惠州职业教育、建设产教融合型城市的对策研究"、2023 年度委托课题"加快推进我市科技公共服务平台建设助力高质量发展研究"。在开展上述课题攻关的过程中，本研究团队发表了一系列学术论文，同时还撰写了一系列咨询报告并获得省、市各级领导的肯定性批示，并被吸纳为广东省两会重要提案、惠州市的决策咨询参考等。尽管已有许多成果转化为正式出版的学术论文、得到官方采纳的咨询报告，但有关产教融合问题的相关研究报告并未得到公开出版，其中许多资料汇总、问题探究、对策建议等仍有公开发表以供学术界和管理界参考的价值。为了向学术界更为全面地分享我们此前的研究成果，本团队按照"基层组织—科技创新服务—区域空间"的逻辑线索，从三个方面分章具体阐释了产教融合的实践路径及改革对策。其中，第一章的第一、第二节由陈伟删减韩娟的硕士学位论文（陈伟指导，2020 年 4 月提交华南师范大学答辩）而成，第三节由陈伟撰写，且其中的核心观点经与郑文研讨、删减后发表[①]；该章在撰写过程中，曾于 2018 年 10 月至 2019 年 12 月得到广州科技贸易职业学院题为"广州科技贸易职业学院创建产业学院的理论研究与技术路径探索"的横向项目资助。绪论、第二章、第三章是陈伟主持的其他课题的研究成果，主要由薛亚涛和陈伟执笔撰写完成。全书的研究框架由陈伟设计；统稿工作是在陈伟的统筹下，由陈伟、薛亚涛、韩娟共同完成。

　　本书在研究过程中，得到了国家社会科学基金"十四五"规划 2021 年度教育学一般课题"高等教育促进产教融合型城市建设的机制创新研究"（BIA210157）的经费资助，同时得到了广东省政协、广东省教育厅、中国民主同盟惠州市委员会的大力支持。本书作为集体研究成果，有幸得到科学出版社的认可，并顺利出版。在此，谨致最崇高的敬意、最诚挚的谢意！

　　本书是在一个快速变革且仍在快速变革的时代开展研究、撰写而成的，其中的许多资料、数据也许会因为中国的快速发展而很快过时，其中的一些观点和对策建议也许会因为中央和地方新的决策创新而不再具有创意，但贯穿本书始终的则是本研究团队尝试从实践中找出产教融合之逻辑和规律的理论初心。因此之故，其中若有不足之处，敬请方家包容并批评指正。

陈　伟
于怡心阁

---

① 陈伟, 郑文. 产业学院的共生—演化逻辑[J]. 高等工程教育研究, 2024 (4): 101-105, 152.